ARMIN FALK

Warum es so schwer ist, ein guter Mensch zu sein

ARMIN FALK

Warum es so schwer ist, ein guter Mensch zu sein

… und wie wir das ändern können:
Antworten eines Verhaltensökonomen

Siedler

Klimaneutral*
Druckprodukt
ClimatePartner.com/14044-1912-1001

MIX
Papier aus verantwor-
tungsvollen Quellen
FSC® C014496
FSC
www.fsc.org

Penguin Random House Verlagsgruppe FSC® N001967

1. Auflage
Copyright © 2022 by Siedler Verlag, München,
in der Penguin Random House Verlagsgruppe GmbH,
Neumarkter Straße 28, 81673 München
Bildnachweis:
Abb. 4 l. Aus: Der Stürmer, September 1935 Nr. 37, Titelseite
Abb. 4 r. Getty Images/Sean Gallup
Abb. 15 Bundesarchiv, Bild 101I-212-0221-06, Fotograf(in): Thiede
Abb. 21 Encyclopædia Britannica
Alle anderen Abbildungen:
Institut für Verhaltensökonomik und Ungleichheit (briq)
Umschlaggestaltung: Büro Jorge Schmidt
Satz und Repro: Vornehm Mediengestaltung GmbH, München
Druck und Bindung: GGP Media GmbH, Pößneck
Printed in Germany
ISBN 978-3-8275-0160-8
www.siedler-verlag.de

Für Anna, Helene, Konrad und Luise

Inhalt

Worum es geht

Wären Sie bereit, auf 100 Euro zu verzichten, um ein Menschenleben zu retten? Vielleicht kommt Ihnen diese Frage merkwürdig
vor. *Klar,* sagen Sie. *Natürlich bin ich dazu bereit.* Aber sind Sie es
wirklich? Haben Sie zum Beispiel in letzter Zeit Geld gespendet,
um genau das zu tun: Leben retten? Wenn nicht, wieso nicht?

Immerzu konfrontiert uns das Leben mit moralisch schwierigen Entscheidungen. Der Frage nämlich, ob wir bereit sind,
auf einen persönlichen Vorteil zu verzichten, wenn wir damit
für andere etwas Gutes tun können. Unser Alltag ist eine einzige
Zumutung, denn er fordert uns auf, immer wieder zwischen Richtig und Falsch, zwischen Gut und Böse zu entscheiden, zwischen
Altruismus und Eigennutz. Sind wir bereit, anderen zu helfen, für
Bedürftige zu spenden, uns klimafreundlich zu verhalten, ehrlich
zu sein und kooperativ? Oder wählen wir die »angenehmere«
Alternative und denken in erster Linie an unseren eigenen Vorteil?

Sie kennen das: Bei Regen und in Eile bequem mit dem Auto in
die Stadt oder doch lieber klimafreundlich – aber umständlich –
mit Bus und Bahn? Im Supermarkt das tierwohlgerechte, gleichwohl teurere Schnitzel kaufen? Endlich mal auf Ökostrom umstel-
len? Oder die liebe alte Tante im Altenheim besuchen? Oder sich
in der Schulpflegschaft, beim Verein oder beim nächsten Straßenfest engagieren? Hab ich eigentlich den Organspendeausweis
beantragt? Wollte ich doch schon längst mal getan haben. Hatten wir nicht vor, die Nachbarn zum Essen einzuladen? Ich muss
mich unbedingt bei Herrn Meier entschuldigen, ist ja eigentlich

alles nur ein Missverständnis. Bleib ich für meine Kollegin heute länger auf Station? Sie hat einen wichtigen Termin und nett wäre es ja. Soll ich schwarzfahren? Kontrolliert ja keiner. Ist es okay, der Versicherung mein eigenes Verschulden zu verschweigen? Machen doch alle. Und so weiter.

Permanent ringt das Gute mit dem Eigennützigen in uns. Und es geschieht eben ziemlich oft, dass wir uns für unseren eigenen Vorteil und gegen das Gemeinwohl entscheiden, obwohl wir doch eigentlich davon überzeugt sind (oder zumindest gerne von uns denken wollen), dass wir im Grunde anständige Typen sind. Und obwohl wir doch alle gerne in einer besseren Welt leben wollen. Es stimmt ja auch: Wäre es nicht schön, wenn wir unser Verhalten häufiger nach den Bedürfnissen anderer ausrichten würden? Ganz sicher. Wieso tun wir es dann nicht? Was hindert uns daran? Wieso ist die Welt, wie sie ist? Voller Schmerz, Leid und Lügen? Mit einem Wort: Warum fällt es uns so schwer, ein guter Mensch zu sein? Und was können wir tun, um dem Guten auf die Sprünge zu helfen? Das sind die beiden Leitfragen, denen dieses Buch folgt. Es geht darum zu verstehen, welche Mechanismen das Gute behindern. Warum wir mit unseren eigenen Vorstellungen vom *richtigen* Handeln so oft scheitern. Und was wir dagegen tun können.

Dass wir regelmäßig darum ringen müssen, uns anständig und richtig zu verhalten, ist nur allzu menschlich. Denn zum einen sind wir von moralischen Stolperfallen umgeben: Weil wir Umstände vorfinden, die uns zum Fehltritt verleiten, Situationen, die uns veranlassen, gegen unsere eigenen Moralvorstellungen zu verstoßen, auch wenn wir das vielleicht *eigentlich* gar nicht wollen. Zum anderen ist Egoismus Teil unserer menschlichen Natur. Denn wir sind immer beides zugleich: gut *und* böse. Beide Dispositionen sind in uns angelegt und niemand verhält sich immer richtig oder immer falsch. Die Welt ist nicht schwarz-weiß. Sie ist grau. Es ist das Wechselspiel aus Situation und Persönlichkeit, das bestimmt, wie wir uns verhalten.

Aber wie kommt es, dass die gleiche Person sich in einer bestimmten Situation anständig und altruistisch verhält und in einer anderen egoistisch? Warum handeln zwei Menschen in einer für beide identischen Lage unterschiedlich? Welche Situationen verführen uns zum Egoismus? Wie stark unterscheiden sich Menschen in ihrer moralischen Persönlichkeit, und wovon hängt diese ab?

Warum wir am Guten scheitern – das zu klären und zu verstehen, hilft nicht nur unserem persönlichen Zusammenleben, sondern letztlich auch dem Gemeinwohl. Denn alle gesellschaftlich relevanten Probleme hängen mit der Frage zusammen, ob und wie wir es schaffen, unsere kurzsichtigen Eigeninteressen zurückzustellen. Ob wir wollen oder nicht. Das Klimaproblem ist so ein Fall. Nur wenn wir bereit sind, unser Verhalten zu ändern und die Emission klimaschädlicher Gase dramatisch zu reduzieren, besteht ein Funke Hoffnung, dass die Welt noch zu retten ist. Solidarität mit den Benachteiligten in unserer Gesellschaft ist ein anderes Beispiel. Nur wenn wir Chancengleichheit, vor allem einen fairen Zugang zu Bildung und gesellschaftlicher Teilhabe ermöglichen, können wir die Spaltung der Gesellschaft verringern und damit auch die schleichende Zerstörung der Demokratie aufhalten. Dasselbe lässt sich für globale Ungleichheiten sagen: Nur wenn wir bereit sind, etwas von unserem Wohlstand abzugeben, zu *teilen,* kann das Elend, das Hunger, mangelnder Zugang zu sauberem Trinkwasser oder tödliche Krankheiten mit sich bringen, gelindert werden.

Jeder in unserer Gesellschaft trägt Verantwortung für das Gemeinwohl, ist aufgerufen zu kooperieren, auch wenn es mit Kosten und Anstrengungen verbunden ist. Sei es, darauf zu verzichten, schwarzzufahren und den Müll im Wald abzuladen, oder sich zu engagieren, in Vereinen, bei einer Tafel vor Ort, der Betreuung von Geflüchteten oder Kindern aus sozial benachteiligten Verhältnissen. Oder bei der Pandemie-Bekämpfung, die davon abhängt, ob man kooperiert und sich impfen lässt oder lieber Trittbrett fährt. Gesellschaften, die ihre Kooperationsprobleme nicht lösen, sind zum Scheitern verurteilt. Das gilt im Kleinen wie im Großen, in der Nachbarschaft, beim Job genauso wie auf der großen Bühne, der internationalen Zusammenarbeit und Kooperation.

Wenn wir unser Verhalten ändern wollen, müssen wir die Ursachen kennen, die uns daran hindern zu tun, was wir eigentlich für richtig erachten. Dieses Buch ist der Versuch, genau darüber aufzuklären, also besser zu verstehen, warum es uns schwerfällt, ein guter Mensch zu sein. Zu untersuchen, wieso wir häufig im Widerspruch zu unseren Wertvorstellungen handeln und im Alltag an uns selbst scheitern.

Ein »guter Mensch« zu sein, was heißt das eigentlich? Was verstehen Verhaltenswissenschaftler darunter? Was ist im Folgenden gemeint mit moralischem, prosozialem oder altruistischem Verhalten? Viel klügere Köpfe sind daran gescheitert, Moral allgemeinverbindlich zu definieren. Und im konkreten Einzelfall wird darüber immer Uneinigkeit herrschen. Und doch hat sich in der philosophisch-wissenschaftlichen Debatte ein Grundverständnis, eine Art Minimalkonsens herausgebildet, der sich zudem mit den meisten religiösen und kulturellen Vorstellungen moralischen Handelns deckt. Dieser Minimalkonsens lautet abstrakt formuliert, dass es als unmoralisch gilt, jemand anderem absichtsvoll und aus niedrigen Motiven einen Schmerz oder Schaden zuzufügen.[1] Diese Definition ist gerade für unsere Zwecke so produktiv, weil sie sich auf Verhalten bezieht, also den Akteur einer Handlung in den Blick nimmt, nicht die Beurteilung von Zuständen. Moralisch bedeutsam ist unser absichtsvolles Verhalten demnach dadurch, dass es einen Einfluss auf den Nutzen für andere hat. Ein Verhalten ist moralisch, wenn es positive Effekte auf andere Menschen erzeugt, etwa wenn ich einem Blinden über die Straße helfe. Negative Effekte hingegen kennzeichnen unmoralisches Verhalten. Wenn ich mich also zum Beispiel klimaschädlich verhalte, indem ich ein spritfressendes Auto fahre, oder unsolidarisch, indem ich meine Versicherung betrüge.

Gutes tun ist eine Entscheidung, eine Handlung. Und das Hauptproblem moralischen Handelns ist, dass es regelmäßig in Widerstreit gerät mit unserem persönlichen Wohlbefinden und Nutzen. Ich nenne das den *fundamentalen Zielkonflikt*. Er beschreibt das Spannungsverhältnis, das sich aus der Abwägung von Eigen- und Fremdinteressen ergibt. Nehmen wir das eingangs erwähnte Beispiel, für 100 Euro ein Leben zu retten. Was könnte moralisch höher zu bewerten sein, als einen Menschen vor dem Tod zu bewahren? Aber zugleich muss ich auf Geld verzichten, das ich gut gebrauchen kann. Und überhaupt: Wieso soll ich mir davon nicht etwas Hübsches kaufen? Auf der einen Seite steht der Nutzen der guten Tat, auf der anderen die Kosten. *Allen* moralisch relevanten Handlungen liegt dieser Konflikt zugrunde. Und er begründet den Kern des Problems. Ich gehe darauf im nächsten Kapitel näher ein.

Neben der Abwägung von Kosten und Nutzen möchte ich beschreiben, was aus dem Wunsch folgt, vor sich selbst und vor anderen »gut« dazustehen. Das Streben nach einem guten *Image* verleiht prosozialem Handeln Flügel. Einerseits. Andererseits aber erklärt der Wunsch nach einem guten Selbstbild auch, wieso wir häufig und zuverlässig in moralische Stolperfallen geraten und uns am Ende egoistisch verhalten. Weil wir uns gerne betrügen, weil wir uns die Welt so zurechtbiegen, dass wir gut über uns denken können, obwohl wir uns *gleichzeitig* gegen das Gute entscheiden.

Wie wir dieses Kunststück vollbringen, gehört zu den spannendsten Fähigkeiten unserer Psyche. Dazu zählen Geschichten, die wir über uns erzählen mit der Absicht, unser egoistisches Verhalten zu entschuldigen und uns zu entlasten. Aber auch das Wegschauen und Nicht-wissen-wollen, das uns ermöglicht zu glauben, wir hätten es nicht besser gewusst. Hinzu kommt unser selektives Erinnern, das unsere Handlungen in allzu rosigem Licht erscheinen lassen, oder kreative Formen moralischer Buchhaltung, die mithilfe kleiner Wohltaten unser Gewissen ruhig stellen und allerhand weitere Tricks, von denen wir manchmal gar nicht merken, dass und wie sie uns irreführen. Am Ende sind wir sogar fest davon überzeugt, dass wir richtig gute Typen sind. Vielleicht erinnern Sie sich, dass Sie schon so manches Mal die Straßenseite gewechselt haben, um einem Bettler auszuweichen?

Welche Rolle spielen Stimmungen und Emotionen für unser Verhalten? Sind wir verschiedene Menschen, je nachdem, in welchem emotionalen Zustand wir uns gerade befinden? Wenn wir erregt sind oder müde oder traurig und niedergeschlagen, werden wir uns mitunter anders verhalten, als wenn wir uns ausgeglichen und gut gelaunt fühlen. Manche Gefühle, etwa der Neid, haben die Macht, uns moralisch regelrecht zu korrumpieren. Aber leider macht es uns auch nicht universell glücklich, wenn wir uns anständig verhalten. Das Glücksversprechen der guten Tat würde das Problem mit der Moral theoretisch im Handumdrehen lösen. Aber so einfach ist es leider nicht.

Ein weiterer wichtiger Treiber unseres Verhaltens ist unser Handeln in Gruppen. Sie können uns moralisch indifferent machen, weil Verantwortung *diffus* wird. Weil die Konsequenzen unseres Handelns nicht mehr eindeutig zurückverfolgt werden können. Wer hält bei kollektiven Entscheidungen für die Folgen unmoralischer Ergebnisse den Kopf hin? Die Chefin, der Kollege, der Auftraggeber, der Zulieferer, der Controller oder der Handelspartner? Jeder kann sich herausreden. Kann sagen, dass es auf ihn ja nicht ankommt. Am Ende ist niemand verantwortlich. Verzicht üben am Wühltisch mit den moralisch fragwürdig hergestellten T-Shirts? Wenn ich es nicht kaufe, kauft es jemand anders. Im Bus einer bedrängten Person zu Hilfe eilen? Wieso ich? Wieso nicht jemand anders? Die Diffusion von Verantwortung, gerade im Kontext der Marktwirtschaft, führt oft zu fragwürdigem Handeln.

Und welche Rolle spielt das Verhalten unserer Mitmenschen? Eines der Grundprinzipien menschlichen Handelns ist die Reziprozität: Wir kooperieren, wenn andere es auch tun, und sind viel eher bereit, andere fair zu behandeln, wenn sie zuvor freundlich zu uns waren. Ich werde diskutieren, welche Rolle Respekt und Vertrauen in unserem alltäglichen sozialen Gefüge, etwa am Arbeitsplatz, spielen. Und dabei auch auf die Rolle sozialer Normen eingehen: Können wir sie durch gezieltes Erwartungsmanagement für das Gemeinwohl aktivieren? Etwa im Kampf gegen den Klimawandel? Tatsächlich haben wir in einer Studie für die USA zeigen können, dass viele Menschen wenig für den Klimaschutz tun, weil sie die Bereitschaft anderer *unterschätzen,* ebenfalls ihren Beitrag zu leisten. Ich werde aufzeigen, welche Folgen dies hat und was wir tun können, um unsere Bereitschaft zu klimafreundlichem Handeln zu stärken.

Nicht nur Umstände und andere Menschen beeinflussen unser Verhalten. Entscheidend ist auch unsere eigene moralische Einstellung und unsere Persönlichkeit. Aber wie unterschiedlich sind wir eigentlich? Und wie kann man das messen? Sind Frauen moralischer als Männer? Gibt es kulturelle Unterschiede und woher kommen sie? Und was begünstigt oder behindert die Entwicklung unserer Persönlichkeit? Welche Rolle spielen hierbei Herkunft, Sozialisation und Vorbilder? Können wir als Gesellschaft einen produktiven Einfluss auf die Herausbildung prosozialer Persönlichkeiten nehmen? Können wir die Welt dadurch verbessern, dass wir die Chancen prosozialer Persönlichkeitsentwicklung begünstigen?

Ich lade Sie auf eine Spritztour in die Verhaltenswissenschaft ein! Dabei werde ich Ihnen erzählen, was ich in den letzten Jahren über allzu menschliches Verhalten herausgefunden habe. Als Verhaltenswissenschaftler richtet sich mein Interesse dabei auf das *Individuum* und sein *Handeln,* das ganz normale Verhalten von ganz normalen Leuten. Es ist ein eher pragmatischer Zugang. Aber er verspricht am Ende ein tieferes Verständnis, weil er die Entscheidungsnöte des Menschen ernst nimmt und eine empathische Perspektive auf unsere Schwächen und Einschränkungen ermöglicht.

Ziel meiner Forschung ist nicht, andere Menschen zu beurteilen. Sondern besser zu verstehen, *warum* wir uns für oder gegen prosoziales Handeln entscheiden. Nur dann können wir die Dinge ein bisschen zum Besseren wenden.

Uns interessiert, wie der Mensch ist, nicht wie er sein soll. In meinen Augen ist nichts langweiliger, als zu diskutieren, wie alles sein könnte oder sollte. Deshalb stützen sich Verhaltenswissenschaftler auf Daten und Fakten. Der empirische Ansatz unterscheidet sich daher auch vom Moral-Diskurs in den Geisteswissenschaften, bei dem häufig mit Hinweis auf große Denker Spekulationen über »die Natur des Menschen« angestellt werden und selbsterfahrene oder erdachte »Plausibilitäten« und Intuitionen die Debatte beherrschen. Aber Vorsicht: Gerade der Rückgriff auf *eigene* Erfahrungen kann bei der Analyse in die Irre führen. Denn das Umfeld, das unseren Erfahrungsschatz bestimmt, wird durch uns selbst gewählt. Zudem haben wir alle die Angewohnheit zu glauben, andere Menschen seien wie wir selbst. Dieser sogenannte Konsensüberschätzungs-Effekt bezeichnet die Tendenz anzunehmen, andere Menschen hätten ähnliche Überzeugungen und Einstellungen wie wir. Denken Sie beim nächsten Mal an diesen Effekt, wenn Ihnen jemand erzählt, wie schlecht angeblich die Welt sei: Nicht selten ist dies eine unfreiwillige Selbstauskunft, die mehr über den Sprecher als über die Welt verrät.

Statt auf Intuitionen und eigene Erfahrungen zu vertrauen, werde ich Ihnen in den folgenden Kapiteln Einblicke geben in einen Ausschnitt der empirischen Evidenz, warum wir uns unter bestimmten Umständen prosozial verhalten und unter anderen Umständen nicht. So werde ich beispielsweise erzählen, wie sich ganz normale Studenten einer deutschen Universität verhalten, wenn sie vor genau die Wahl gestellt werden, die ich eingangs beschrieben habe: Entweder 100 Euro zu bekommen – oder auf das Geld zu verzichten und dafür ein Menschenleben zu retten. Was glauben Sie: Wie viele entscheiden sich für das Leben? 10 Prozent? Die Hälfte? Alle?

Für meine Analyse werde ich vor allem auf Ergebnisse von Labor- und Feldexperimenten zurückgreifen. Denn Ökonomen sind in der Regel an kausalen Befunden interessiert, nicht nur an Korrelationen. Nur weil ich beobachte, dass zwei Ereignisse A und B positiv korreliert sind, kann ich nicht schlussfolgern, dass A einen Effekt auf B hat. Gerade für Handlungsempfehlungen ist es aber wichtig, kausale Wirkungskanäle zu identifizieren. Aus der Beobachtung, dass es typischerweise regnet, wenn viele Regenschirme aufgespannt sind, können wir ja z. B. auch nicht folgern, dass wir einem unbeliebten Arbeitskollegen mit schlechtem Wetter die Hochzeit vermiesen können, indem wir einen Regenschirm aufspannen. Oft liegt trotz einer beobachteten Korrelation zweier Ereignisse überhaupt keine Kausalbeziehung vor, oder es gibt einen weiteren Effekt C, der beide simultan beeinflusst und die Korrelation erzeugt. Aus der Beobachtung etwa, dass die Leute häufiger einen Schirm aufspannen, wenn sich auf den Straßen Pfützen gebildet haben, folgt keine Kausalität, weder in die eine noch in die andere Richtung.

Gerade beim menschlichen Verhalten, das sich typischerweise jeweiligen Situationen anpasst, neigen wir dazu, eine Kausalität anzunehmen, die es nicht gibt. Wenn wir etwa beobachten, dass glücklichere Menschen – oder solche in besserer Stimmung – sich zugleich altruistischer verhalten, kann man dann sagen, dass altruistische Handlungen uns glücklich machen? Oder ist es die gute Stimmung, die unseren Altruismus beeinflusst? Oder möglicherweise ein dritter Faktor, zum Beispiel ein höheres Einkommen, das für beide ursächlich ist, bessere Stimmung und eher prosoziales Verhalten? Auch sogenannte Selektionseffekte erschweren kausale Schlüsse. Angenommen, Sie sind an der Wirksamkeit einer bestimmten arbeitsmarktpolitischen Maßnahme interessiert, zum Beispiel Weiterbildungsangebote für Arbeitslose. Was liegt da näher, als Teilnehmer der Maßnahme mit Nicht-Teilnehmern zu vergleichen? Aber Vorsicht. Wenn man feststellt, dass die Teilnehmer zum Beispiel bessere Arbeitsmarktchancen haben, liegt das vielleicht nicht so sehr an der Weiterbildung, sondern an der Tatsache, dass sie motivierter und engagierter sind als die Nicht-Teilnehmer. Die Motivierten nehmen eher an einer Weiterbildung teil, und das wiederum erklärt womöglich den ganzen Unterschied.

Um kausale Aussagen treffen zu können, empfiehlt es sich, ein Experiment zu machen: Bei Labor- oder Feldexperimenten werden Teilnehmer (Probanden) zufällig in unterschiedliche Gruppen (Treatments, Bedingungen) eingeteilt. Durch die zufällige Einteilung stellt man sicher, dass sich die Gruppen in ihrer Zusammensetzung nicht systematisch unterscheiden. Zwischen den Gruppen ist die Entscheidungssituation identisch, bis auf genau *den* Unterschied, der Sie als Forscher interessiert. Experimente erlauben die kontrollierte Variation der Entscheidungssituation, was kausale Rückschlüsse auf bestimmte aufschlussreiche Faktoren ermöglicht.[2] Verhaltensökonomische Laborexperimente dauern manchmal nur ein paar Minuten, manchmal aber auch ein oder zwei Stunden. Die Teilnehmer erhalten eine Entschädigung für ihre Teilnahme und – das ist sehr wichtig – verdienen, abhängig von ihren Entscheidungen, zusätzlich Geld. Die Tatsache, dass ihr Verhalten im Experiment *reale* (meist monetäre) Konsequenzen hat, bedeutet, dass wir es nicht mit bloßen Meinungsäußerungen zu tun haben, sondern mit realen und glaubwürdigen Entscheidungen. Das erlaubt belastbare Rückschlüsse auf die zugrunde liegende Motivation: Denn es ist einfach zu behaupten, man sei ein altruistischer und fairer Mensch. Aber tatsächlich zu spenden und deshalb weniger Geld für sich selbst zu haben, ist eine andere Geschichte.

Manche Studien erwähne ich nur beiläufig, bei anderen gehe ich ins Detail. Weil mir wichtig ist, nicht nur über Forschungsergebnisse, sondern auch über Forschungs*prozesse* zu berichten. Ich möchte Ihnen nicht nur mundgerecht die fertigen Gerichte servieren, sondern Sie hin und wieder mit in die Küche nehmen. Damit Sie sehen, wie die Forschung gemacht wird und durch welche Zutaten die Ergebnisse zustande kommen. Zum einen hilft der Blick hinter die Kulissen vielleicht dabei, die Befunde und ihre Glaubwürdigkeit besser einzuschätzen. Zum anderen aber verstehe ich den Blick ins Forscherlabor als Ermunterung und Einladung, selbst zu experimentieren. Forschung macht Spaß und ich hoffe, dass das deutlich wird.

Noch eine Anmerkung: Ich habe mich bemüht, die Dutzenden in diesem Buch zitierten Studien zu veranschaulichen und zu erläutern. Doch viele Details, Nuancen, Einschränkungen und Resultate bleiben unerwähnt. Das möge man mir nachsehen. Allen Interessierten sei daher empfohlen, sich in die Originalartikel einzuarbeiten. Dort finden Sie übrigens auch viele Hunderte weiterführende Artikel, für die in diesem Buch leider kein Platz mehr war.[3] Alle Forscherinnen und Forscher, deren relevante Arbeit ich nicht erwähnt habe, bitte ich schon hier um Entschuldigung. Und: Wegen der besseren Lesbarkeit wird im Text überwiegend das generische Maskulinum verwendet. Gemeint sind jedoch immer alle Geschlechter.

Und noch etwas in eigener Sache. Wer über moralische Angelegenheiten schreibt, setzt sich leicht dem Vorwurf von Überheblichkeit aus. Zweifellos. Daher ein kleines Bekenntnis. Es ist für den Inhalt dieses Buchs zwar bedeutungslos, ob ich *selbst* ein guter Mensch bin. Aber so viel sei gesagt: Ich scheitere regelmäßig und habe in meinem Leben schon verdammt viel falsch gemacht. In diesem Sinne: Viel Spaß bei der Lektüre!

Kapitel 1

Moral kontra Eigennutz: Der fundamentale Zielkonflikt

Ich habe Ihnen anfangs zwei Fragen gestellt: Würden Sie auf 100 Euro verzichten, um einen Menschen vor dem Tod zu retten? Und was glauben Sie, wie verhalten sich ganz »normale« Studenten und Studentinnen einer deutschen Universität in diesem Fall? Die Antwort auf die erste Frage kennen nur Sie selbst. Die zweite Frage beantworte ich Ihnen weiter unten. Denn ich habe viele Hundert Teilnehmer zu einer Experimentalstudie eingeladen und sie genau vor diese Entscheidung gestellt.[1] Nennen wir sie im Folgenden die »Lebensretter-Studie«.

Die Teilnehmer konnten entscheiden, ob sie zusätzlich zu ihrer Aufwandsentschädigung einen Betrag von 100 Euro für sich selbst erhalten oder damit eine Organisation unterstützen wollten, die Menschen vor dem Tuberkulose-Tod bewahrt. Bevor sie ihre Entscheidung trafen, wurden die Teilnehmer ausführlich über die Krankheit informiert: Laut Weltgesundheitsorganisation WHO ist Tuberkulose weltweit eine der zehn häufigsten Todesursachen. Für 2019 schätzt die WHO, dass etwa 1,4 Millionen Menschen an dieser tückischen Infektionskrankheit gestorben sind, deutlich mehr als an HIV oder Malaria. Ein erschreckendes Bild: Im fortgeschrittenen Stadium hustet der Erkrankte Blut ab, während das Lungengewebe systematisch von den Bakterien angegriffen und zerstört wird. Die Teilnehmer erfuhren aber auch, dass Tuberkulose heilbar ist und dass durch eine konsequente Diagnose und die regelmäßige Einnahme von Antibiotika in den Jahren 2000 bis 2014 nach Schätzungen rund 43 Millionen Menschenleben gerettet werden konnten.

Anschließend wurde ihnen erklärt, wie sie ihre Entscheidung treffen können. Wörtlich hieß es: *Sie haben zwei Optionen, A und B. Wenn Sie Option A wählen, erhalten Sie einen zusätzlichen Geldbetrag in Höhe von 100,00 € nach der Studie per Überweisung ausgezahlt. Wenn Sie Option B wählen, erhalten Sie keine zusätzliche Auszahlung. Ihre Entscheidung hat eine weitere Konsequenz: Durch die Wahl von Option B retten Sie ein Menschenleben.*

Konkret: Durch die Wahl von Option B veranlassen die Probanden eine Spendenzahlung in Höhe von 350 Euro an eine Organisation, die an Tuberkulose erkrankte Menschen identifiziert und behandelt. Der Geldbetrag von 350 Euro wird von den Leitern der Studie überwiesen und stellt sicher, dass mindestens fünf an Tuberkulose erkrankte Menschen erfolgreich behandelt werden können. Wären diese fünf Personen nicht behandelt worden, wäre einer von ihnen gestorben. Diese statistische Aussage basiert auf konservativen Berechnungen, die wir mithilfe epidemiologischer Studien und öffentlichen Angaben der WHO sowie der indischen Regierung ermittelt haben.

Für die Studienteilnehmer gilt also: Wenn sie die Spende in Höhe von 350 Euro veranlassen, retten sie ein Menschenleben – weil sie die Behandlung von mindestens fünf Erkrankten ermöglichen, von denen ohne Behandlung höchstwahrscheinlich einer gestorben wäre. Dieser Zusammenhang wurde den Teilnehmern auch noch einmal grafisch verdeutlicht (siehe Abbildung 1).

Abb. 1: Für fünf an Tuberkulose erkrankte Patienten gilt: Ohne Spende können die fünf Patienten nicht behandelt werden und es stirbt – voraussichtlich – einer von ihnen (obere Zeile). Mit der Spende können die fünf Patienten behandelt werden und es stirbt – voraussichtlich – keiner dieser Menschen (untere Zeile).

Die Teilnehmer wurden auch darüber informiert, dass wir mit der *Operation ASHA* zusammenarbeiten, einer gemeinnützigen Organisation, die seit 2005 auf die Behandlung von Tuberkulose spezialisiert ist und deren Behandlungsmethode von der WHO als »höchst effizient und kosteneffektiv« bewertet wird. (Inzwischen betreibt Operation ASHA über 360 Behandlungszentren, fast alle davon in ärmeren Gegenden Indiens. Über 60 000 Betroffene wurden auf diese Weise bereits behandelt.)

Jetzt zur Auflösung: Was schätzen Sie, wie viele Probanden sich für Option B entschieden haben, also auf 100 Euro zu verzichten, um im Gegenzug ein Menschenleben zu retten? Klar, 100 Euro ist viel Geld für einen Studierenden. Andererseits: Es geht um ein

Menschenleben, was sind da schon lächerliche 100 Euro? Die Antwort lautet: 57 Prozent. Etwas mehr als die Hälfte der Probanden entschied sich für Option B, also dafür, auf das Geld zu verzichten, um im Gegenzug einen Tuberkulose-Kranken vor dem Tod zu bewahren. Ist das viel oder wenig? Ich weiß es nicht. Es ist, was es ist.

Wohlgemerkt: Dies war kein Gedankenexperiment. Die Studie wurde exakt so durchgeführt wie gerade beschrieben. Allen Teilnehmern, die sich für die 100 Euro entschieden haben, wurden die 100 Euro auch ausgezahlt. Und für jeden Teilnehmer, der sich für die Spende entschieden hat, haben wir 350 Euro an die Hilfsorganisation überwiesen. Insgesamt konnten durch die Zahlungen aus unseren Lebensretter-Studien 7145 Menschen behandelt und dadurch schätzungsweise über 1200 Menschenleben gerettet werden. Operation ASHA geht sogar von deutlich höheren Zahlen aus. Als positiver Nebeneffekt wurden Menschen zugleich auf HIV und Diabetes getestet und bei positiven Ergebnissen an entsprechende Hilfsprogramme weitergeleitet.[2]

Kosten und Nutzen

Die Entscheidung, entweder 100 Euro zu erhalten oder ein Menschenleben zu retten, repräsentiert exakt, worum es bei altruistischem bzw. moralischem Handeln immer geht: den Nutzen der »guten Tat« mit den damit verbundenen Kosten abzuwägen. Alle moralisch relevanten Handlungen folgen diesem Muster.

Aber was ist gemeint mit »Kosten« und »Nutzen«? Verhaltensökonomen wollen verstehen, wie sich Menschen verhalten, warum wir also aus verschiedenen Handlungsoptionen eine bestimmte Option auswählen. Hierbei wird unterstellt, dass wir bei unseren Entscheidungen den Nutzen einer Handlungsoption mit den Kosten vergleichen, dass also letztlich diese Abwägung darüber bestimmt, wie wir uns in einer konkreten Situation entscheiden. Wenn wir uns überlegen, eine Ferienwohnung zu mieten, wägen wir die Kosten der Wohnung mit dem zu erwartenden Nutzen ab, ebenso beim Kauf eines Kinotickets oder eines Schokoriegels. Im ersteren Fall kann die Abwägung einige Google-Suchen lang dauern, im letzteren fällt die Entscheidung oft in Sekunden, aber der Mechanismus bleibt derselbe. Bei den meisten alltäglichen Konsumentscheidungen geht es dabei in erster Linie um Kosten und Nutzen, die *für uns selbst* entstehen.

Bei altruistischen oder moralisch relevanten Handlungen kommt noch etwas Entscheidendes hinzu: der Nutzen für *andere* Menschen oder Lebewesen. Eine altruistische Handlung stiftet nicht nur einen Nutzen für mich selbst, etwa in Form eines guten Selbstbilds, sondern vor allem einen Nutzen für andere.[3] Wenn ich etwa einem gehbehinderten Menschen helfe, die Straße zu überqueren, oder mich für die Rechte politisch verfolgter Menschen einsetze oder um die Integration und Unterstützung Geflüchteter bemühe, richtet sich das Ziel meines Handelns darauf, anderen Menschen zu helfen und damit Gutes zu tun. Moralisches oder altruistisches Verhalten unterscheidet sich daher grundsätzlich von Konsum- oder Freizeitentscheidungen, bei denen der Nutznießer der Handlung das handelnde Individuum selbst ist. Wenn ich das Theater besuche, mir ein neues Handy kaufe oder meiner Gesundheit zuliebe Joggen gehe, dann geschieht das um meiner selbst willen. Ich handle so, weil ich meinen eigenen Nutzen mehren will, nicht den von anderen Menschen.

Da der moralische, also prosoziale, Akt sich auf die Lebensverhältnisse anderer Menschen auswirkt, nennen wir die Ergebnisfolgen moralischen Handelns auch *externe Effekte*. Indem ich jemanden von seiner Krankheit befreie oder ihm das Leben rette, übe ich also, technisch gesprochen, einen »positiven externen Effekt« auf ihn aus. Und wenn ich umweltgerecht mit dem Fahrrad statt mit dem Auto zur Arbeit fahre, übe ich einen »positiven externen Effekt« auf die gesamte Menschheit aus, da wir global von der Erderwärmung bedroht sind. Von negativen externen Effekten sprechen wir hingegen, wenn wir einem anderen Lebewesen Leid oder Schaden zufügen. Der Nutzen der guten Tat bemisst sich folglich am Umfang der positiven, das Unmoralische am Ausmaß der negativen externen Effekte.

Wenn ich in Bezug auf altruistisches oder moralisches Verhalten von »externen« Effekten, also den positiven oder negativen Auswirkungen meines Verhaltens auf andere spreche, muss oft zunächst definiert werden, was damit in einer konkreten Situation gemeint ist. Denn es herrscht kein allgemeinverbindlicher Konsens darüber, welches Verhalten zugleich konkret und universell als moralisch richtiges Verhalten zu gelten hat – und welches nicht. Nehmen wir das Beispiel Abtreibung. Während es für viele von uns völlig selbstverständlich ist, dass eine Frau (oder ein Paar gemeinsam) entscheidet, ob sie ein Kind austragen möchte oder nicht, gilt anderen allein der Gedanke daran als Teufelszeug. In Deutschland etwa wird seit Langem kontrovers darüber diskutiert, ob Ärzte damit werben oder überhaupt darauf hinweisen dürfen, dass sie Abtreibungen vornehmen. Manche halten das für legitim, andere für illegal. In den USA sind viele Leute, die Abtreibung als Mord verteufeln, zugleich Befürworter von uneingeschränktem Waffenbesitz (der dort nachweislich mehr Opfer zur Folge hat als etwa der Terrorismus). Was wiederum andere dazu motiviert, sich gegen den Besitz von Waffen zu engagieren. Oder der Fleischkonsum: Manchen ist die Vorstellung, Tiere zu züchten, um sie zu essen, ein moralischer Albtraum, während andere darin nicht einmal eine ethisch relevante Frage sehen. Oft ist es unmöglich, uns im Einzelfall konkret auf einen Konsens von »moralisch richtigem« Verhalten zu verständigen. Moralisch richtiges Verhalten gegenständlich zu definieren scheint mir daher weder möglich noch zweckmäßig.

Bleiben wir also im Folgenden bei der abstrakten Arbeits-Definition, wonach moralisches oder altruistisches Verhalten sich anhand der externen Effekte bemisst. Sie deckt sich mit dem in der Philosophie erreichten Minimalkonsens, wonach es als unmoralisch zu gelten hat, jemand anderem absichtsvoll und aus niedrigen Motiven einen Schmerz oder Schaden zuzufügen. Oder aber als moralisch, anderen einen Nutzen zu stiften.[4] Auch für die in meinem Buch beschriebenen Situationen existiert zumindest eine breit geteilte Übereinstimmung darüber, was Absicht und Schaden beziehungsweise Nutzen bedeutet. Im Beispiel der Lebensretter-Studie etwa scheint mir unstrittig, worin der Nutzen der guten Tat besteht, und dass die Rettung von Menschenleben als eine moralische Handlung gilt. Auch in den Beispielen aus der experimentellen Forschung, die in den folgenden Kapiteln beschrieben werden, ist der Nutzen jeweils offensichtlich.

Und was ist mit Kosten gemeint? Im Beispiel der Lebensretter-Studie etwa drücken sich die Kosten der moralischen Handlung im Geldbetrag aus, auf den ich verzichte. Leben retten kostet mich als Teilnehmer der Studie 100 Euro. Jede moralische oder altruistische Handlung ist mit Kosten für den Handelnden verbunden. Die Kosten – das ist jede Art von Verzicht, den ich freiwillig übe, um etwas Gutes zu erreichen. Wenn ich für einen guten Zweck spende, bestehen die Kosten im Geldbetrag, den ich von meinem Konto an eine Organisation überweise. Bei der Freiwilligenarbeit, zum Beispiel für die Feuerwehr, dem Besuch von Alten und Kranken, beim Freiwilligen Sozialen Jahr, der Hausaufgabenhilfe oder dem Engagement im Kindergarten, in einer politischen Partei, bei Aktionen gegen den Klimawandel, beim Straßenfest oder dem Fußballverein, sind die Kosten die Zeit, die Kraft und die Aufmerksamkeit, die ich aufbringe und die ich nicht für andere, vielleicht subjektiv angenehmere Dinge zur Verfügung habe.

Hier geht es also nicht um unmittelbare Kosten in Form von

Geldzahlungen, sondern um den Verzicht auf alternative Beschäftigungen, die mir möglicherweise mehr Spaß machen würden: Statt im Heim Tante Ernas Arztrechnungen zu sortieren, könnte ich mit meinen Freunden im Biergarten sitzen. Statt einem lernschwachen Kind den Unterschied zwischen Dativ und Genitiv zu erläutern, könnte ich im Freibad mit guter Musik auf dem Ohr ein bisschen ausspannen und Sommerbräune ansetzen. Wenn ich in der Straßenbahn einem Menschen zur Hilfe eile, der beleidigt oder diskriminiert wird, entstehen mir Kosten, weil es unangenehm oder sogar gefährlich ist, aufzustehen und Partei zu ergreifen. Kosten entstehen auch, wenn ich mich entscheide, nicht schwarzzufahren (*obwohl* ich weiß, dass ich nicht kontrolliert werde), oder zu viel Rückgeld an der Supermarktkasse zurückzugeben oder darauf zu verzichten, staatliche Leistungen einzustreichen, die mir eigentlich nicht zustehen. Ich habe Kosten, wenn ich mich klimafreundlich verhalte und auf das Auto, Fleisch oder einen Kurztrip nach Mallorca verzichte, weil ich das doch alles sehr gerne täte; weil es für mich angenehm wäre und meinen eigenen Nutzen erhöhen würde.

Es geht beim moralischen Wahlakt also immer um den fundamentalen Zielkonflikt zwischen positiven externen Effekten und dem Eigennutz. Wir wägen das moralisch Wünschbare ab mit den Unannehmlichkeiten und Nachteilen, die mit unseren Handlungen verbunden sind. In diesem Zielkonflikt, so simpel er uns erscheinen mag, liegt der Kern des Problems begründet, warum nicht jeder von uns immer ein »guter Mensch« ist und nicht automatisch den allgemein akzeptierten moralischen Vorstellungen folgt. Schlicht deswegen, weil es *teuer* ist.

Vor einigen Jahren, auf dem Höhepunkt der »Flüchtlingskrise«, hatte ich am Rande einer wissenschaftlichen Tagung eine Diskussion mit einer österreichischen Spitzenpolitikerin. Wir erörterten die Frage, wie man die Aufnahme von Geflüchteten bewerten sollte. Die Ministerin legte sich mächtig ins Zeug, um zu erklären, die Aufnahme sei schließlich *mit erheblichen Kosten* für die aufnehmenden Länder verbunden – und deshalb könne sie einer Aufnahme von Geflüchteten nicht zustimmen. Es sei einfach nicht richtig. Ich erwiderte, sie habe recht: Wenn wir Asyl gewähren oder die Menschenrechte zum Maßstab unseres Handelns machen, ist dies für uns mit Kosten verbunden. Aber bestehe darin nicht genau das Wesen der Humanität und des Altruismus? Dass Altruismus teuer sei? Wer nicht bereit sei, die Kosten zu tragen, verhalte sich eben nicht altruistisch, sondern *egoistisch.* Sie schaute mich irritiert an.

Hohe Kosten, geringer Nutzen: schlecht für die Moral

Die Tatsache, dass moralisches Handeln einer Abwägung von Kosten und Nutzen folgt, begründet, warum es uns grundsätzlich schwerfällt, ein guter Mensch zu sein. Wäre der moralische Akt kostenlos zu haben, wären wir wohl alle moralische Superhelden. Könnten wir ohne viel Aufwand von Geld, Zeit, Kraft und Aufmerksamkeit Gutes verrichten, würden wir das sicher gerne und häufig tun. Aber so verhält es sich nicht. Das Gute ist in der Regel nicht kostenlos zu haben. Und man muss sich entscheiden, ob man die Kosten auf sich nimmt oder die egoistische Variante wählt.

Unsere Überlegungen liefern eine erste Erklärung dafür, unter welchen *Umständen* moralisches Verhalten wahrscheinlicher oder eben unwahrscheinlicher ist. Erhöht sich der Nutzen der guten Tat, werden wir moralisches Handeln häufiger beobachten; erhöhen sich hingegen die mit der Handlung verbundenen Kosten, wird moralisches Verhalten unwahrscheinlicher.

Wenn es im oben beschriebenen Lebensretter-Experiment zum Beispiel nicht darum gehen würde, *ein* Menschenleben zu retten, sondern vielleicht zwei oder zehn oder fünfzig, wäre die Bereitschaft, 100 Euro aufzugeben, deutlich höher. Tatsächlich belegen viele Studien, dass altruistisches Handeln umso wahrscheinlicher ist, je größer die positiven Auswirkungen einer Handlung sind.[5] Potenzielle Spender beispielsweise achten sehr genau auf die Wirksamkeit ihrer Spende, also auf das Ausmaß der positiven externen Effekte.[6] Die Spendenbereitschaft hängt etwa davon ab, wie viel Prozent einer Spende für den eigentlichen Spendenzweck und wie viel für die Deckung von indirekten Kosten (z. B. für Verwaltung oder Fundraising) verwendet werden.

Auch eine Veränderung der Kosten führt regelmäßig zu einer Veränderung im moralischen Verhalten, wie zahlreiche Studien belegen. In einer Variante der oben beschriebenen Lebensretter-Studie kann ich das zeigen. Hierzu haben wir die Kosten der guten Tat variiert.[7] Bei geringen Kosten von 20 Euro sind 82 Prozent der Teilnehmer bereit, sich für das Leben zu entscheiden. Bei 40 Euro fällt der Wert auf 73 Prozent, bei 50 Euro auf 64 Prozent. Weniger als die Hälfte der Teilnehmer ist bereit, ein Leben zu retten, wenn die Kosten 200 Euro betragen. Bei einem Wert von 250 Euro sind dann schließlich nur noch 29 Prozent der Teilnehmer zur guten Tat bereit. Den anderen sind die Kosten zu hoch – sie entscheiden sich für das Geld.

Eigennutz und Moral stehen in einer Konfliktbeziehung, das heißt: Moral hat ihren Preis. Wie wir in den folgenden Kapiteln sehen werden, verändern jedoch die jeweiligen Umstände die realen oder subjektiv wahrgenommenen Kosten und Nutzen und damit den Grad an moralischem Handeln. Und darum geht es uns ja hier, nämlich zu verstehen, warum und unter welchen Umständen wir uns gut oder böse verhalten. Wie ich zeigen werde, verändert sich zum Beispiel durch Handeln in Gruppen, in Organisationen oder auf Märkten objektiv der Nutzen, weil wir als Akteure nur einen begrenzten Einfluss auf das tatsächliche Geschehen haben. Aber auch subjektive Faktoren spielen eine wichtige Rolle, etwa wenn ich mein Gewissen beruhige, indem ich mir erzähle, dass ein Bedürftiger vielleicht gar nicht bedürftig und vielmehr »selbst schuld« an seiner Misere ist. Indem die Umstände objektiv oder zumindest in unserer Wahrnehmung Kosten und Nutzen beeinflussen, prägen sie unser moralisches Verhalten.

Wie wir unser Handeln abwägen, hängt nicht nur allein davon ab, was wir als gut oder böse betrachten, sondern auch inwiefern ein Wahlakt unserem eigenen Vorteil zuwiderläuft. Dieser grundlegende Zielkonflikt zwischen Moral und Eigennutz ist entscheidend für das Verständnis moralischen Verhaltens. Er speist sich aus der Tatsache, dass wir mit unserem Verhalten immer und gleichzeitig verschiedene Ziele verfolgen. Wir suchen unseren eigenen materiellen und egoistischen Vorteil. Zugleich berücksichtigen wir die Interessen der anderen. Beide Motive sind zutiefst menschlich und in der Evolution angelegt.[8] Ohne Egoismus kann sich das Individuum nicht behaupten. Aber Gruppen, die gelernt haben zu kooperieren, waren anderen Gruppen überlegen. Die Evolution legt beides an, Eigennutz und prosoziales, kooperatives Verhalten. Aber die entscheidende Frage lautet: *Unter welchen Bedingungen* sind wir eher eigennützig und wann eher moralisch? Wie verändern Situationen und Kontexte die Wahrnehmung von Kosten und Nutzen? Und was können wir tun, um dem Guten eine bessere Chance zu geben? Darum wird es in den folgenden Kapiteln gehen.

Kapitel 2

Wie wir und andere über uns denken: Image Concerns

Ich gehe gerne spazieren. Mitten im Wald, bildhübsch und schattig eingefasst vom hellgrünen Laub der umstehenden Buchen, steht einladend eine Bank. Zeit für eine Pause. Gedanken schweifen lassen, was für eine Aussicht. Herrlich! Da fällt mein Blick auf eine kleine, aber unübersehbare Messingplakette. *Gestiftet von Dr. Hubertus Meier.* Es ist sehr warm heute. Deshalb hatte ich mir an einem Büdchen eben noch eine Bio-Limonade gekauft. Als ich die Flasche öffne, lese ich auf der Rückseite: *Wir unterstützen Landbauern in Lateinamerika.* Die Botschaft lenkt mich kurz davon ab, dass die Limonade merkwürdig schmeckt, dann wende ich mich der Zeitung zu, die ich mitgenommen habe, um gleich bei einer Werbung für die neue S-Klasse von Mercedes-Benz zu stutzen: Da steht, dass die Autos ökologisch »vorbildlich produziert werden«.

Dreimal das Motto: »Tu Gutes und sprich darüber.« Überall begegnet uns dieser Treiber moralischen Handelns: Der Wunsch, vor anderen und vor uns selbst gut dazustehen. Unsere Bereitschaft, Gutes zu tun, hängt maßgeblich davon ab, ob wir in einer Situation handeln, in der andere unser Verhalten beobachten. Aber auch davon, wie wir über uns selbst denken oder gerne denken wollen. In der Öffentlichkeit in der Nase zu bohren, fällt wohl den meisten schwer. Aber scheinbar unbeobachtet im Auto? Wie oft werden wir Zeugen dieser Angewohnheit von Menschen, die sich unbeobachtet glauben? Weniger gut sichtbar, aber wissenschaftlich erforscht ist die Tatsache, dass sich die Leute in öffentlichen Toiletten oft nicht die Hände waschen, wenn sie allein und unbeobachtet sind. Sind hingegen andere Menschen zugegen, steigt die Bereitschaft zur Reinlichkeit. Es ist also immer ratsam, zusammen auf die Toilette zu gehen, wenn Sie jemandem anschließend noch die Hand geben wollen.

Beginnen wir mit dem Wunsch, vor *anderen* gut dazustehen. Verhalten wir uns besser, wenn andere uns beobachten? Welche Rolle spielt die Sehnsucht nach einem guten Image?

Stellen Sie sich vor, Sie sind Teilnehmer an der oben beschriebenen Lebensretter-Studie. Vergleichen Sie zwei Situationen. Entweder Sie entscheiden völlig unbeobachtet und anonym, oder drei weitere Teilnehmer erfahren von Ihrer Entscheidung. Diese beiden Varianten haben wir in einer Studie untersucht.[1] Die Teilnehmer, deren Verhalten beobachtet wurde, gingen im Anschluss an ihre Entscheidung in einen separaten Raum, in dem an einem Tisch drei Personen saßen, deren einzige Aufgabe es war, zuzuhören. Ihnen mussten die Teilnehmer berichten, ob sie sich für das Geld oder das Leben entschieden hatten. Obwohl es sich dabei um drei fremde Menschen handelte, die man wahrscheinlich nie mehr wieder sehen würde, hatte ihre Gegenwart eine deutliche Wirkung. In der anonymen Versuchsanordnung, bei der niemand zuschaut oder von der Entscheidung erfährt, waren weniger als die Hälfte der Probanden (48 Prozent) bereit, 100 Euro für die Rettung eines Menschenlebens aufzuwenden.[2] Wusste man hingegen, dass andere Personen Zeugen der Entscheidung werden würden, stieg der Anteil der Lebensretter auf fast drei Viertel (72 Prozent). Ein ähnlicher Unterschied fand sich auch, wenn wir den Geldbetrag auf 200 Euro erhöhten. Jetzt entschieden sich in der anonymen Versuchsanordnung 26 Prozent für die Rettung des Lebens, während es unter Beobachtung 44 Prozent waren – ein Anstieg um fast 70 Prozent und allein dadurch ausgelöst, dass man bei seiner Handlung beobachtet wird!

In einer anderen Studie, die sich der Rolle des sozialen Image widmet, konnten Probanden durch eine simple Arbeitsaufgabe Gutes tun.[3] Hierzu mussten sie abwechselnd die X- und die Y-Taste auf einer Computertastatur drücken, für maximal fünf Minuten. Je mehr X-Y-Kombinationen sie eintippten, desto mehr Geld wurde für einen guten Zweck gespendet. Zudem wurde variiert, ob die prosoziale Arbeitsleistung anonym blieb oder öffentlich wurde. Hierzu wurde zum Schluss des Experiments allen Teilnehmern mitgeteilt, wie sehr sich jeder einzelne im Experiment ins Zeug gelegt hatte. Wenn die Arbeitsleistung öffentlich gemacht wurde, wenn man also gegenüber anderen ein gutes soziales Image erwerben konnte, stieg die Anzahl der X-Y-Klicks gegenüber der anonymen Bedingung von 548 auf 822 Klicks, ein erheblicher Anstieg. Diese und weitere Studien belegen, dass wir unser prosoziales Verhalten gern davon abhängig machen, ob andere uns beobachten. Mehr Geld wird gespendet, häufiger kooperiert, der Egoismus in die Schranken gewiesen.[4]

Wenn wir beobachtet werden, erzeugt eine prosoziale Handlung nicht nur einen Nutzen für andere, sondern auch für uns selbst. Weil es uns nicht egal ist, wie andere über uns denken. Denn wenn andere uns positiv beurteilen, erwachsen uns daraus viele Vorteile, im Beruf oder auch im privaten Alltag. Eine Reputation als »guter Mensch« verspricht Zuspruch und soziale Anerkennung, verlässliche Freundschaften und Partner und bessere Jobs. Würden Sie mit jemandem zusammenleben wollen oder ihn in Ihrem Betrieb einstellen, von dem Sie glauben, dass er lügt, stiehlt oder notorisch unkooperativ ist? Würden Sie jemanden zum Bürgermeister oder als Abgeordneten wählen, von dem Sie vermuten, dass er korrupt und zuallererst auf den eigenen Vorteil bedacht ist?

Es nützt uns, wenn andere glauben, wir seien prosozial. Deshalb nehmen wir zähneknirschend Kosten auf uns, um unsere *Gutartigkeit* zu signalisieren – solange andere zusehen. Deswegen tragen nicht nur Parkbänke, sondern auch große Wohltätigkeits-Stiftungen die Namen ihrer Geldgeber, genauso wie Gebäude oder Lehrstühle. Deshalb bleiben wir trotz Zeitnot an der Ampel stehen, wenn wir nicht allein sind, und geben mehr Trinkgeld, wenn wir mit einer größeren Gruppe unterwegs sind. Und wahrscheinlich wird man es sich dreimal überlegen, seinen Abfall am Wegesrand zu hinterlassen, wenn andere Wanderer in der Nähe sind.

Wir sind dermaßen konditioniert auf die Wahrnehmung anderer, dass man sich dies zu Nutze machen könnte. Sie wollen als Spendenorganisation, als Förderverein oder als Museum möglichst viele Leute zum Spenden motivieren? Machen Sie die Namen der Spender öffentlich. Oder bieten Sie es als Wahloption an. Noch edler ist es nämlich, anonym zu spenden, es aber durch Dritte durchsickern zu lassen. Verwenden Sie bei der Kollekte in der Kirche keinesfalls einen Beutel, sondern eine offene Schale. Jeder soll sehen können, ob und wie viel jemand wirklich gegeben hat. Ob Sie es glauben oder nicht, das ist sogar erforscht worden. Oder führen Sie bei der nächsten Teambesprechung Ihre Mitarbeiter in Versuchung, altruistisch auszusehen, indem Sie vor versammelter Mannschaft fragen, wer die nächste Weihnachtsfeier organisieren *möchte*.

Eine positive Fremdwahrnehmung ist uns wichtig. Und das Streben nach einer guten Reputation verleiht prosozialem Verhalten Flügel. Aber wie sieht es mit der Selbstwahrnehmung aus? Wie relevant ist es für uns, vor *uns selbst* gut dazustehen? Wenn wir ganz allein sind mit uns, vielleicht in einem dunklen Raum – es ist ganz still, von draußen ist nur das Rauschen der Blätter zu hören –, und wir denken darüber nach, wer wir sind. Wäre es da nicht schön, glauben zu dürfen: *Ja, ich bin ein guter Mensch!*?

In der Psychologie ist mit einem positiven Selbstbild das Bewusstsein gemeint, im Einklang mit den eigenen Werten zu leben. Dass unser Verhalten also nicht im Widerspruch zu unseren normativen Vorstellungen steht. Das Bedürfnis nach einer Harmonie mit den eigenen moralischen Werten erzeugt zwei Handlungsoptionen. Einmal, sich gut und anständig verhalten. Zum anderen: die Welt ein bisschen umdeuten, um das nicht so altruistische Verhalten in Einklang mit den Vorstellungen zu bringen. Der zweite Kanal ist sehr menschlich und wir werden später darauf zurückkommen. Für den Moment unterstellen wir, dass es dem Individuum wichtig ist, dass sein Verhalten mit seinen Werten übereinstimmt und es keinen Interpretationsspielraum dafür gibt, was genau gutes und schlechtes Verhalten bedeutet. Gibt es denn empirische Belege dafür, dass der Wunsch nach einem positiven Selbstbild das Verhalten positiv beeinflussen kann?

Um diese Frage zu beantworten, habe ich kürzlich ein Experiment durchgeführt, bei dem die Probanden zwischen zwei Handlungsoptionen wählen konnten.[5] Option A bedeutete dabei, dass der Teilnehmer kein Geld bekam, aber auch keinen Schaden anrichtete. Bei der Wahl von Option B hingegen erhielt ein Teilnehmer 8 Euro und ein anderer Teilnehmer einen schmerzhaften, elektrischen Schock. Keine Sorge, die Schocks sind gesundheitlich völlig unbedenklich, und die umfassend aufgeklärten Teilnehmer nahmen freiwillig teil und konnten das Experiment jederzeit beenden, wenn sie wollten. Dennoch: Ist es nicht eine ausgemachte Sauerei, jemandem für 8 Euro Schmerzen zuzufügen? Die beiden Optionen spiegeln die Definition von moralischem Verhalten wider, wie ich es oben beschrieben habe, wonach es unmoralisch ist, jemand anderem aus niedrigen Motiven, absichtlich einen Schmerz zuzufügen (ein negativer externer Effekt). Die

Kosten-Nutzen-Abwägung ist daher: moralisch sein oder 8 Euro bekommen. Und Spielraum für Interpretation erlaubte das Experiment nicht. Es wurde genau beschrieben, wie die Elektroden zum Schocken am Arm des anderen Teilnehmers befestigt werden, und wir zeigten ihnen auch ein Bild davon (siehe Abbildung 2). Zudem wurde den Teilnehmern in den Instruktionen deutlich gesagt, worum es geht, nämlich darum, ob man bereit ist, einem anderen Menschen für Geld Schmerzen zuzufügen. Wären Sie es – für 8 Euro?

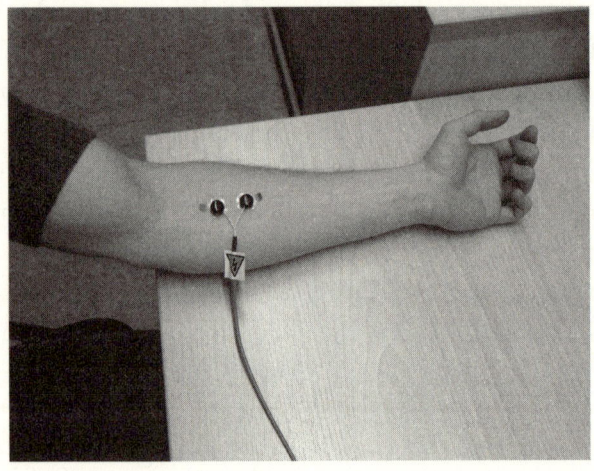

Abb. 2: Foto aus den Instruktionen des Experiments. Es zeigt, wie die Elektroden zum Schocken am Unterarm platziert werden.

Die Teilnehmer am Experiment wurden zufällig in verschiedene Situationen gelost. In der Kontrollgruppe saßen die Probanden anonym und unbeobachtet in ihrer experimentellen Kabine. Und man spürte im Labor regelrecht, wie sie ihre Entscheidung abwogen. *Natürlich mach ich das nicht, ich bin ein guter Mensch, aber hey …, das Geld wäre auch super.* Im Vergleich zu dieser Kontroll-bedingung wurden die Teilnehmer in der Hauptbedingung mit sich selbst konfrontiert. Dazu befand sich am oberen Rand des Entscheidungsbildschirms eine Webcam, die während des gesam-ten Entscheidungsprozesses das Gesicht des Teilnehmers filmte, das dann wiederum in der oberen Bildschirmmitte gezeigt wurde. Keine Chance, seinem Angesicht zu entkommen: Die Kameras sind mit einem Gesichtsverfolgungsmodus ausgestattet, halten also den Kopf fest im Blick, wohin auch immer er sich bewegt. Und hochauflösend sind die Kameras noch dazu – sie zeigen dem Probanden selbst die subtilsten Veränderungen seines eigenen Antlitzes.

Das ist also der Kontrast: Einmal sehen die Teilnehmer nur den Entscheidungsbildschirm, während sie sich für eine der beiden Optionen entscheiden. Oder sie sehen dabei zusätzlich sich selbst. Das heißt, sie werden an sich selbst erinnert und mit sich selbst konfrontiert, was ihre Selbsterfahrung bzw. ihr Ichbewusstsein steigert. Das Bedürfnis nach einem guten Selbstimage kann sein Werk verrichten. Anders als beim sozialen Image ist es jetzt nicht der Wunsch, vor anderen gut dazustehen, sondern vor sich selbst. Wenn das Selbstbild eine Rolle spielt, wäre zu erwarten, dass wir in der Hauptbedingung eine höhere Bereitschaft beobachten, auf das Geld zu verzichten und sich anständig zu verhalten.

Die Ergebnisse des Experiments bestätigen die These, dass das Selbstbild für uns relevant ist. Während in der Kontrollbe-dingung 72 Prozent der Teilnehmer den elektrischen Schock aus-lösten, sank dieser Wert auf 54 Prozent in der Bedingung, in der die Rolle des Selbstbildes verstärkt wurde. Die Konfrontation mit sich selbst erhöht die moralischen Widerstände, jemand anderem ohne guten Grund einen Schmerz zuzufügen.

Jetzt könnten Sie einwenden, dass das Video von einem selbst vielleicht gar nichts mit dem Selbstbild zu tun hatte, sondern lediglich eine Ablenkung darstellte, und dass es diese Ablenkung war, die den Unterschied erzeugte. Guter Punkt. Deshalb gab es eine weitere Versuchsanordnung, in der wiederum ein Video gezeigt wurde, allerdings nicht vom Probanden selbst, sondern von einem bekannten deutschen Fernsehmoderator. Gezeigt wurde eine Endlosschleife von Claus Kleber, wie er beginnt, das *heute journal* zu moderieren. Also wieder ein Video, aber eben nicht von einem selbst, sondern noch dazu von jemandem, bei dem offensichtlich ist, dass er mich nicht sehen kann. Dieses Video sollte keinen Effekt auf das Selbstbild haben – und hatte es tatsächlich nicht.

Noch eine kritische Bemerkung? (Wenn Sie sich der wissenschaftlichen Evaluation durch Gutachter stellen, müssen Sie mit allem rechnen, so auch hier.) Ein Gutachter meinte, es könne ja sein, dass die Probanden glaubten, dass das eigene Videobild nicht nur sie selbst sehen könnten (was der Fall war und auch deutlich beschrieben worden war), sondern auch andere Leute. Wäre dies der Fall, wäre es kein Selbstbild- sondern ein Fremdbild-Experiment.

Was also tun? Kamera abbauen und einen Spiegel am Bildschirm befestigen! Das sieht zwar sehr merkwürdig aus, erfüllt aber seinen Zweck. Beim Blick in den Spiegel wird wiederum das Selbstbild hervorgehoben, ohne aber den Verdacht zu erwecken, gleichzeitig von jemand anderem beobachtet zu werden. Diese Spiegel-Bedingung sollte Ergebnisse liefern wie die Hauptbedingung mit der Kamera. Und so geschah es.

Zusammen genommen ergeben die Resultate der Studie ein recht schlüssiges Bild. Eine Verstärkung des Ichbewusstseins führt tendenziell zu stärker prosozialem Verhalten, was wiederum die Bedeutung eines positiven Selbstbildes belegt. Dies deutet nicht nur darauf hin, dass Image relevant für Moral ist, sondern eröffnet auch neue Perspektiven, wie wir menschliches Verhalten zugunsten des Allgemeinwohls beeinflussen könnten. Firmen, Organisationen oder Finanzämter könnten sozial verantwortliches Verhalten fördern, indem sie Entscheidungsumgebungen so gestalten, dass die handelnden Personen auf sich selbst aufmerksam gemacht werden. Sei es durch die Verwendung von Fotos, persönliche Unterschriften oder die Aufforderung, darüber nachzudenken, wer man ist oder sein möchte, bevor man eine Entscheidung trifft. Die Bedeutung des Selbstbildes erklärt darüber hinaus, wieso wir manchmal versuchen, uns unserer eigenen Selbst-Gegenwart zu entledigen, oder ganz bewusst vermeiden, an Dinge erinnert zu werden, die nicht im Einklang mit unserem Selbstbild stehen. Wir meiden Orte, Erinnerungen und Bilder, die uns an Situationen erinnern, in denen wir uns falsch verhalten haben.

Tatsächlich scheint es unser Gedächtnis gut mit unserem Selbstbild zu meinen. Wie sonst können wir erklären, weshalb wir uns häufig nur selektiv erinnern – wenn nicht, um unser gutes Selbstbild aufrechtzuerhalten? Wenn wir uns eher an unsere Wohltaten erinnern als an unsere Schandtaten, gehen wir unbeschwerter durchs Leben. Erinnerungen an eigenes Fehlverhalten zu vergessen, ist für die Psyche ähnlich entlastend, wie es sich für den Bergsteiger anfühlt, der einen schweren Rucksack ablegt.

Aber funktioniert das wirklich? In einer kürzlich erschienenen Studie untersuchten Forscher, ob wir uns zugunsten einer positiven Selbstwahrnehmung tatsächlich selektiv erinnern.[6] Die zu testende Hypothese war, dass Gedächtnisfehler systematisch auftreten und wir uns eher an prosoziale Entscheidungen erinnern als an egoistische: Dass wir uns also als bessere Menschen in Erinnerung behalten, als wir eigentlich sind.[7]

Die Teilnehmer nahmen hierzu an einem sogenannten *Diktatorspiel* teil. Ein merkwürdiger Name für ein Experiment. Als ich zu Beginn meiner Promotion in Zürich zum ersten Mal davon hörte, dass Wissenschaftler Diktatorspiele durchführen, dachte ich: die spinnen. Ich hatte keine Ahnung, was das sein sollte. Dabei ist es ganz einfach. Der sogenannte *Diktator* heißt so, weil er von den Leitern der Studie einen Geldbetrag erhält, über den er gewissermaßen diktatorisch verfügen kann. Er entscheidet nämlich, wie viel von seinem Geldbetrag er mit einem anderen Teilnehmer teilen möchte, den Rest behält er für sich. Er kann auch einfach gar nichts abgeben. Im klassischen Diktatorspiel erhält ein Teilnehmer in der Rolle des Diktators 10 Euro und kann diesen Betrag zwischen sich und einem anderen Teilnehmer aufteilen, ganz wie es ihm beliebt. Ein Egoist behält alles für sich. Jemand, der altruistisch ist, wird eher bereit sein, die Hälfte abzugeben. Am gewählten Geldbetrag für den anderen kann man also ablesen, wie altruistisch jemand ist. Dieses einfache Spiel ist in verschiedenen Versionen schon sehr oft studiert worden und mittlerweile zu einer Art Drosophila der Altruismusforschung mutiert. Im Allgemeinen geben die Diktatoren in einem solchen Spiel etwa 25 Prozent ab, viele geben nichts, manche auch die Hälfte, aber extrem selten mehr als das.[8]

Zurück zur Gedächtnis-Studie. Auch hier gab es Teilnehmer in der Rolle des Diktators, die darüber entscheiden konnten, wie viel sie einer anderen Person abgeben wollen. Allerdings wurden sie nicht nur für *eine* Ausstattung gefragt, wie viel sie abgeben wollen (so wie im klassischen Diktatorspiel), sondern für fünf *verschiedene* Ausstattungen. Das heißt, die Diktatoren trafen insgesamt Aufteilungsentscheidungen für fünf mögliche Ausstattungen zwischen 10 und 30 Schweizer Franken. Dieses Design-Feature ist sinnvoll, da es bei nur einer Entscheidung wohl kaum zu Erinnerungsfehlern kommen würde. Wer aber fünf Entscheidungen treffen muss, den kann das Gedächtnis schon mal im Stich lassen … Im Anschluss an die Aufteilungsentscheidungen absolvierten die Teilnehmer einen Fragebogen und einen Mathematiktest. Sinn und Zweck dieser »Ablenkungsmanöver« war es, die Diktator-spiel-Entscheidungen aus dem Kurzzeitgedächtnis zu löschen.

Und dann kam der entscheidende Teil: Die Teilnehmer wurden aufgefordert, ihre fünf Diktator-Entscheidungen zu rekapitulie-ren und aufzuschreiben. Das heißt, sie sollten für jede der fünf Ausstattungen erinnern und angeben, was sie der anderen Person gegeben hatten. Sie hatten einen materiellen Anreiz, sich mög-lichst akkurat zu erinnern, denn für Genauigkeit wurde bezahlt. Trotz dieser Anreize wurde die Hypothese, wonach wir uns in einer für uns günstigen Weise erinnern, bestätigt. Die erinner-ten Beträge im Diktatorspiel waren im Schnitt signifikant *höher* als die tatsächlich geleisteten. Besonders ausgeprägt war dieser Effekt bei Teilnehmern, die relativ wenig gegeben hatten. Das ist insofern plausibel, als diejenigen, die relativ viel gegeben hatten, wenig Grund hatten, sich nicht an ihre Großzügigkeit zu erinnern.

Im Wunsch, vor uns selbst gut dazustehen, betrügen wir uns also selbst – und merken es oft nicht einmal. Wundern Sie sich also nicht, wenn Ihre Mitbewohner voller Überzeugung behaup-ten, sie hätten häufig die Spülmaschine ausgeräumt und den Müll nach draußen gebracht (woran *Sie* sich *nicht* erinnern können), dass Ihre Arbeitskollegen kundtun, regelmäßig und üppig an Wohltätigkeitsorganisationen zu spenden (obwohl sie nicht mal was in die Kaffeekasse einzahlen) und sich beim besten Willen niemand in der WG daran erinnern kann, wer als letzter Pizza bestellt und die verschmierten Verpackungen samt Bierkisten im Flur »vergessen« hat.

Moralische Buchhaltung

Neben selektiver Erinnerung beherrschen wir weitere psychologische Tricks, die uns in unserem Bestreben nach einem guten Selbst- und Fremdbild helfen. Zum Beispiel unsere »moralische Buchhaltung«: Wir registrieren und erinnern uns daran, dass wir uns gut und richtig verhalten haben. Merken uns genau, wenn wir moralisch etwas auf der Habenseite verbuchen können. Fatalerweise kann genau das zu moralischem Versagen führen. Schließlich haben wir uns und anderen unsere Tugendhaftigkeit ja schon unter Beweis gestellt. Wieso also nachliefern? Warum sich weiter bemühen, wenn du doch gerade schon gezeigt hast, was für ein famoser Mensch du bist!? Niemand kann erwarten, dass wir immer und überall gut sein können, wir sind schließlich keine Helden!

Anders formuliert: Wir führen Buch über unsere Wohltaten und fühlen uns weniger (oder mehr) verpflichtet, etwas Gutes zu tun, wenn wir gerade gut (oder schlecht) gehandelt haben. Vielleicht ist es Ihnen auch schon einmal so ergangen. Gerade haben Sie einem Obdachlosen in der Fußgängerzone einen Euro geschenkt und sind selbst noch ganz ergriffen von Ihrer moralischen Großtat. Da hält Ihnen jemand einen Spendenaufruf für mehr Kältebusse in Ihrer Stadt unter die Nase. 10 Euro und eine Unterschrift können helfen, viele Menschen den ganzen Winter über zu wärmen. Hätte Sie das normalerweise in ein moralisches Dilemma gestürzt, können Sie sich jetzt als guter Buchhalter sagen, dass Sie ja nun genug Gutes getan, Ihre Großzügigkeit schon unter Beweis gestellt haben. Indem wir die kleine gute Tat erinnern, erteilen wir uns eine Lizenz zum Nichtstun. Ironischerweise kommt das Böse daher auch deswegen in die Welt, weil wir viele kleine gute Dinge tun. Dinge, die uns nicht viel kosten.

Greenwashing ist so ein Fall. Hier kaschiert die kleine und für

mich leicht zu bewerkstelligende Wohltat das viel größere moralische Problem. Neulich im Supermarkt. Mir sticht ein Produkt ins
Auge, das sich sehr »grün« verpackt hat und mit Klimafreundlich-
keit wirbt, »GO GREEN« steht da. Ich geh mal hin, schau mir an,
worum es geht und stelle fest, dass sich der positive Klimabeitrag
auf die *Verpackung* bezieht, die klimaneutral in Pappe gehüllt ist,
»bis zu 70 Prozent weniger Kunststoff« lese ich. Und was ist drin?
Ein saftiges Rindersteak. Wer weiß, wie sehr vor allem der Fleischkonsum das Klima bedroht, reibt sich die Augen. Nicht so der
Fleischfan. Grillen für das Klima! Immerhin ist ja die Verpackung
klimaneutral, also bitte.

Manche Unternehmen beschreiben nicht nur die guten Eigenschaften ihres Produkts, sondern loben auch die Kunden für ihre
Kooperationsbereitschaft und Gesinnung. So etwa die Kette Starbucks, die ihre Kunden mit den Worten lobte: »DU. Bist ein Pio-
nier bei der Verwendung von recycelten Bechern. Alles, was wir
tun, tust Du. Deine Handlung ermöglicht es Starbucks, Geschäfte
auf eine Weise zu tätigen, die besser für den Planeten ist.«[9] Kaffeebecher retten die Welt und ich bin dabei. Gemäß moralischer
Buchhaltung kann ein auf diese Weise aufgebautes moralisches
Kapital dazu verleiten, sich anschließend egoistischer zu verhalten, wie eine US-amerikanische Studie vermuten lässt.[10] Teilnehmer, die für ihren moralisch begrüßenswerten Konsum gelobt
wurden, gaben anschließend in einem Diktatorspiel weniger von
ihren 20 Dollar an einen anderen Teilnehmer ab, als Leute, die
ohne Applaus auskommen mussten.

Moralische Buchhaltung bei der Arbeit: Wenn ich schon kli-
maneutrale oder recycelbare Verpackungen kaufe, dann kann ich
ohne größere Schatten auf meinem Selbstbild auch mal was für
mich tun oder einfach konsumieren, was mir Spaß macht. Plug-
in-Hybrid-Autos funktionieren nach dem gleichen Schema –
bequem das »E« auf dem Nummernschild spazieren fahren und

sich und anderen sagen: Hier fährt ein guter, ein klimabewusster Mensch. Aber dann doch immer nur Sprit tanken. Angeblich wird in vielen dieser Autos nicht einmal das Ladekabel ausgepackt. Der satte Sound des Sechszylinders bewegt mein Zwei-Tonnen-Auto geschmeidig und mühelos, wohin ich will. Steuerlich begünstigt, gefördert vom Staat und das gute Gewissen gibt es gratis obendrauf. Win-win. Nur nicht für das Klima.[11] Tricks dieser Art begegnen uns auf Schritt und Tritt. Und sie funktionieren so gut, weil gleichzeitig zwei Ziele erreicht werden: uneingeschränkter, aber klimaschädlicher Konsum, ein positives Selbstbild noch obendrein.

Auch Tierwohl-Labels führen diesen Zaubertrick vor. Billig konsumieren, und das Tier kann sich auch noch glücklich schätzen. Was alles angeblich tierwohlkonform ist: Bodenhaltung bei Eiern zum Beispiel. Welches Huhn möchte nicht auf dem Boden leben und picken? Die Industrie – im Bunde mit einem Landwirtschaftsministerium, das vor allem ein Landwirte-Subventionsministerium ist – will uns weismachen, dass beides geht: Gutes tun und billig konsumieren. Einen *selbstbildkonformen Egoismus* könnte man es nennen – und er funktioniert gut, weil wir uns so gerne selbst in die Tasche lügen.

Eine frühe Arbeit zu moralischer Buchhaltung illustriert ihre Logik am Beispiel von Vorurteilen.[12] Es ging um die Frage, ob es uns Menschen leichter fällt, politisch anstößige Vorurteile zu äußern, wenn wir vorher die Möglichkeit hatten zu demonstrieren, dass wir *eigentlich* keine Vorurteile pflegen. Im Survey-Experiment mussten die Probanden auf zwei Seiten Stellung zu jeweils einer bestimmten Frage beziehen. Auf der ersten Seite gaben sie an, ob sie sexistischen Aussagen zustimmen oder nicht. Dazu gehörten Aussagen wie: »Frauen sind nicht wirklich intelligent«, oder »Frauen sind besser dran, wenn sie zu Hause bleiben und auf die Kinder aufpassen«. Daneben gab es eine Kontrollbedingung, bei der Probanden diese erste Seite nicht vorgelegt bekamen. Diese Gruppe bezog also zunächst keine Stellung.

Auf der zweiten Seite, die für alle Teilnehmer identisch war, erhielten die Probanden eine Jobbeschreibung, verbunden mit der Frage, wer besser für den Job geeignet sei, ein Mann oder eine Frau. Es ging um einen Job in der Baubranche, der als typischer Männerjob beschrieben wurde. Die Probanden wurden nun um ihre Einschätzung gebeten, ob ein Mann oder eben eine Frau besser dafür geeignet sei.

Im Ergebnis zeigte sich, dass diejenigen Probanden, die mit sexistischen Aussagen auf der ersten Seite konfrontiert wurden (»die meisten Frauen ...«), auf der zweiten Seite mit einer *höheren* Wahrscheinlichkeit angaben, dass Männer besser für den Job geeignet sind, im Vergleich zu Teilnehmern, die zuvor keinerlei Aussagen getroffen hatten. Offenbar fiel es den Teilnehmern leichter, auf der zweiten Seite geschlechtsspezifische Vorurteile zu offenbaren, wenn sie zuvor die Gelegenheit hatten, ihre »vorurteilsfreie« Gesinnung zu dokumentieren, indem sie die Frage verneinten, dass Frauen im Allgemeinen dumm sind. Diese Effekte zeigten sich übrigens nur bei männlichen Teilnehmern, was insofern plausibel ist, als Vorurteile gegenüber Frauen bei Männern stärker ausgeprägt sind.

Man könnte aus diesen und weiteren Befunden nun eine Kritik an der allgegenwärtigen Gender-Symbolpolitik ableiten: Wenn ein Unternehmen sich etwa Frauenförderung auf die Fahnen schreibt und in Sonntagsreden Gleichstellung predigt, fällt es ihm womöglich leichter, im entscheidenden Moment – wenn es zum Beispiel bei Einstellungsentscheidungen wirklich darauf ankommt – doch zu diskriminieren und den männlichen Kandidaten auszuwählen. Oder bei der Gehaltsfindung Frauen weniger großzügig zu bedenken als Männer. Das Lippenbekenntnis, nicht zu diskriminieren, verschleiert dann die Tatsache der tatsächlichen Diskriminierung.

Moralische Buchhaltung erzeugt hier im Ergebnis moralisch unerwünschte Ergebnisse. Symbolische Wohltaten können also gefährlich sein. Sie bringen das Gute nicht wirklich weiter, erzeugen aber das Gefühl, bereits Gutes geleistet zu haben, wodurch wiederum Nichtstun oder sogar problematisches Handeln wahrscheinlicher wird. Nichts gegen gut gemeinte Symbolpolitik – ihr müssen aber auch Taten folgen.

Moralische Buchhaltung scheint auch bei rassistischen Vorurteilen zu funktionieren. So belegt eine Studie aus den USA die Tendenz, rassistischen Aussagen stärker zuzustimmen, wenn zuvor die Möglichkeit bestand, sich als nicht rassistisch zu verorten. Etwa dadurch, dass man angeben konnte, bei der US-Präsidentschaftswahl für (den schwarzen) Barack Obama gestimmt zu haben.[13] Wurden die Probanden stattdessen gefragt, ob sie den (weißen) Kandidaten John Kerry gewählt hatten, funktionierte der Trick nicht: Für einen weißen Politiker zu stimmen, »rechtfertigt« eben nicht, sich anschließend rassistisch zu äußern.

Vielleicht sollten Sie hellhörig werden, wenn Ihnen Ihre Partnerin oder Ihr Partner unverhofft ein Geschenk macht. Zwei US-amerikanische Psychologen jedenfalls fanden heraus, dass Dating-Websites, die speziell für Menschen entwickelt wurden, die ihre Partner betrügen wollen (ja, sowas gibt es tatsächlich), am häufigsten im Monat Februar besucht werden, also genau um den Valentinstag herum, an dem Amerikaner in der Regel ihre Partner beschenken.[14] Könnte es sein, dass es sich hier um eine Art moralischer Buchhaltung handelt? Dass das Geschenk also in Wahrheit eine Lizenz zum Fehlverhalten bedeutet und einen Mangel an Respekt entschuldigen soll?

Um sich der Antwort zu nähern, untersuchten die Forscher in verschiedenen Studien, ob Geschenke tatsächlich gefühlt dazu »berechtigen«, sich in Beziehungen etwas egoistischer zu verhalten. Teilnehmer sollten in verschiedenen Szenarien beurteilen, ob ihr Verhalten okay ist oder nicht, abhängig davon, ob sie ihrem Partner zuvor ein Geschenk gemacht hatten. Ein Beispiel für ein solches Szenario war, sich mit einer Person des anderen Geschlechts zum Essen zu verabreden. Tatsächlich zeigte sich, dass »Fehltritte« als weniger betrügerisch eingeschätzt wurden, wenn man zuvor mit einem Geschenk gepunktet hatte. Ähnliche Befunde galten auch für Freundschaftsbeziehungen. Erklärungen, warum man nicht zu einem ausgemachten Treffen erschien, fielen signifikant unhöflicher aus, wenn man seinem Freund vorher ein Geburtstagsgeschenk gemacht hatte. Die Probanden nahmen sich in diesem Fall auffallend weniger Zeit für ihre Entschuldigungs-mails.

Moralisches Buchführen hilft auch dabei, ein schlechtes Selbst-bild wieder zu reparieren, wenn nötig. Studien zeigen, dass man sich viel besser fühlt, wenn man eine kleine Spende leisten kann, um zuvor begangenes Fehlverhalten zu kompensieren.[15]

In einer dieser Studien ging es um Fehlverhalten in Form von Lügen.[16] Den Teilnehmern wurden zwei Rollen zugewiesen, entweder als Sender oder als Empfänger. Die Empfänger muss-ten eine beliebige Zahl zwischen 0 und 9 wählen. Eine vorher bestimmte Glückszahl (z. B. die 8) verschaffte ihnen eine hohe Auszahlung, alle anderen eine geringe. Allerdings kannten sie zum Zeitpunkt ihrer Wahl diese Glückszahl nicht. Bevor sie sich entschieden, erhielten sie einen Tipp von ihrem »Sender«. Der Sender wiederum kannte die Glückszahl, also die Zahl, die für den Empfänger günstig war. Allerdings hatte die Wahl der Zahl für den Sender diametral andere Folgen: Sender verdienten wenig Geld, wenn der Empfänger seine Glückszahl wählte, und viel Geld bei allen anderen Zahlen (im Beispiel also bei allen Zahlen *außer* der 8). Welchen Tipp sollte der Sender seinem Empfänger schicken? Sagte er die Wahrheit, verdiente der Empfänger viel, er selbst aber wenig. Also vielleicht doch eher lügen? (Der Tipp des Empfängers wurde übrigens unmissverständlich in folgender Form mitgeteilt: »Wenn Sie X wählen, verdienen Sie mehr Geld als bei jeder anderen Zahl.«)

Die Mehrheit der Sender log und nannte eine Zahl, die nicht der Glückszahl entsprach. Im Anschluss hatten die Sender die Gelegenheit, entweder 1 oder 2 Dollar an eine Wohltätigkeitsorganisation zu spenden. Welche Gruppe spendete nun mehr? Diejenigen, die die Wahrheit gesagt hatten, oder diejenigen, die soeben Ihre Empfänger angelogen hatten? Es waren die Lügner. Rund 70 Prozent von ihnen spendeten, während von den Wahrheitstreuen nur 30 Prozent spendeten. Gut investiert, um das ramponierte Selbstbild wiederherzustellen.

Im Alltag funktioniert diese Form des Ablasshandels mit sich selbst auch: Vielleicht bin ich gerade schwarzgefahren und fühle mich unwohl damit. Da kommt mir der Obdachlose gerade wie gerufen. Ich spende 50 Cent, fühle mich prima und alles ist wieder gut! Ich habe schon lange nicht mehr meine pflegebedürftige Tante im Heim besucht. Sie freut sich doch immer so, wenn ich mal vorbeikomme. Und hat sie sich nicht früher immer so um mich gekümmert? Bin ich ein schlechter Mensch? Zum Glück steht ein Blinder an der roten Ampel. *Kann ich Ihnen vielleicht helfen? Nein, schon in Ordnung, aber vielen Dank, das ist sehr freundlich!* Alles wieder gut. Oder wenn mein Einkauf mal wieder alles andere als klimafreundlich war. An der Kasse schnell die Papiertüte gesucht und dadurch ein bisschen *Virtue Signaling* betrieben. Seht her, ich nehme nicht die Plastiktüte (abgesehen davon, dass die Papiertüte objektiv viel weniger klimafreundlich ist, als wir annehmen). Dass viel wichtiger ist, *was* in die Tüte reinkommt, als der Stoff, aus dem sie besteht, ist natürlich eine andere Frage. Es ist nichts falsch daran, wenn wir unseren Coffee-to-go aus dem mitgebrachten Bambusbecher schlürfen und hin und wieder mal vegetarisch essen. Aber vielleicht sollten wir uns manchmal fragen, aus welchen Motiven wir es wirklich tun. Und ob es nicht vielleicht dem Image mehr dient als der Umwelt.

Und noch ein Beispiel aus dem Alltag. Man soll ja in der Fußgängerzone nicht mit dem Fahrrad fahren. Machen aber fast alle, ich auch. Aber neulich bin ich abgestiegen und hab mich gefragt: Wieso schiebst du jetzt eigentlich dein Fahrrad? Ich ahnte, warum. Weil ich auf dem Weg in einen Tabakladen war, um mir eine Zigarre zu kaufen. Ich weiß, dass ich das nicht tun sollte und dass es meinem Selbstbild schadet, mir selbst einzugestehen, gelegentlich zu paffen. Da hilft es zu wissen, dass ich doch eigentlich ein guter Mensch bin, jemand, der in der Fußgängerzone vom Fahrrad absteigt. Auf dem Weg zur Apotheke, zum Wochenmarkt oder sonstigen Einkäufen kann ich es mir wohl eher leisten, einfach weiterzu*fahren*. Die kleinen Deals, die wir mit uns selbst machen, helfen uns, bei der Buchhaltung unserer Moral nicht zu sehr ins Soll zu rutschen. Kleine Gesten des guten Willens überzeugen uns, dass wir doch eigentlich ganz okay sind.

Mein Name ist Hase

Ein weiteres wichtiges Vehikel, wie wir unser Selbstbild vor moralischen Selbstzweifeln schützen können, ist die Behauptung oder Überzeugung, dass wir etwas nicht gewusst haben. Mein Name ist Hase, ich weiß von nichts. Eine tolle Geschichte, die wir uns und anderen immer wieder von Neuem erzählen. Und die wir ebenso oft von anderen hören. Und es stimmt ja auch: Wie kann ich jemanden für etwas verantwortlich machen, wenn er oder sie nichts wissen konnte? Das Problem für die Moral ist, dass diese Ausrede oft nicht zieht.

Ich bin zu Besuch in einer fremden Stadt und möchte mit der S-Bahn von A nach B fahren. Blick auf den Schalter, wo ich im Begriff bin, ein Ticket zu lösen. Abgesehen davon, dass diese

Ticketautomaten in Verbindung mit Tarifen und Sondertarifen der Inbegriff der Intransparenz und Logikferne sind, kann man *im Prinzip* rausfinden, ob man ein Ticket für Bereich 1 (Nah), oder 2 (weiter) oder 3 (noch weiter) usw. lösen müsste. Da ich in Eile bin, die Adresse so genau auch nicht kenne und überhaupt angesichts des bösen Automaten das Gefühl habe, das ganze Universum hat sich gegen mich verschworen, löse ich ein Ticket für den Bereich 1 und fahre los. Während der Fahrt bleibt ein mulmiges Gefühl, ob das Ticket wirklich das richtige ist, vor allem weil ich nun schon mehr als acht Haltestellen hinter mich gebracht habe … Aber: wer weiß schon? Falls mich jemand kontrolliert, werde ich sagen: Oh, das hab ich nicht gewusst. Und in »gewisser Hinsicht« stimmt das auch.

Ähnlich produktive *Wissenslücken* entstehen beim Abwiegen von Obst im Supermarkt, dem Ausfüllen von Formularen oder beim Spritverbrauch des Sportwagens. Ah, wusste ich gar nicht! Echt jetzt, sind die Boskop doch tatsächlich teurer als die Elstar-Äpfel? Im Ergebnis bleibt das Selbstbild positiv, denn es gilt: Was ich nicht weiß, macht mich nicht heiß.

Die exkulpierende Wirkmacht des Unwissens erklärt die Strategie, warum Menschen wegsehen und nicht wissen wollen. Oft *könnten* wir sehr leicht mehr wissen über die moralisch bedenklichen Folgen unseres Handelns. Aber wir ziehen es vor, die Augen zu verschließen, uns von den Fakten abzuwenden. Obwohl wir sehr leicht wissen könnten, was passiert, tauchen wir ein in ein selbsterschaffenes Faktenvakuum, um vor uns selbst und anderen behaupten zu können, es ja nicht gewusst zu haben.

Aber wie funktioniert das? Können wir wirklich erst selbst entscheiden wegzusehen und uns dann mit der Ausrede trösten, nichts gewusst zu haben?

In einem viel beachteten Experiment wurde genau das untersucht.[17] In dieser Variante des Diktatorspiels wissen die »Diktatoren« zwar, welche Option für sie selbst vorteilhaft ist. Sie wissen aber nicht, welche Konsequenzen ihre Entscheidung für den anderen Teilnehmer, den Empfänger, hat.[18] Das Besondere am Experiment ist, dass der Diktator entscheiden kann, ob er herausfinden möchte, welche Konsequenzen sein Verhalten für den Empfänger erzeugt. Das allerdings könnte zu der Erkenntnis führen, dass die für ihn selbst vorteilhafte Option ziemlich unfair ist. Ist es da vielleicht nicht besser, einfach *nicht* rausfinden zu wollen, was Sache ist? Wenn der Diktator nicht weiß, was genau sich hinter den verschiedenen Optionen verbirgt, kann er sich einreden, dass die für ihn vorteilhafte Option auch für den Empfänger eine gute Wahl ist.

Tatsächlich wollen nur knapp mehr als die Hälfte der Diktatoren genau wissen, was der Fall ist. Die anderen stellen sich dumm und wählen die für sie vorteilhafte Option. Damit aber setzen sie den Empfänger dem Risiko aus, dass der nur sehr wenig erhält und die Entscheidung insgesamt ungerecht ist. Was, ehrlich? Hab ich nicht gewusst!

Was bedeutet dieses Nicht-wissen-wollen? Es zeigt, dass wir manchmal absichtlich die Augen vor den Konsequenzen unseres Verhaltens verschließen. Das ermöglicht uns, den eigenen Vorteil zu maximieren und trotzdem ein gutes Image aufrechtzuerhalten. Denn schließlich ist ja nicht klar, ob unser eigennütziges Verhalten für den anderen wirklich von Nachteil war! Wird schon gut gehen. Augen zu und durch.

Eine besonders bedrückende Form des angeblichen Nichtwissens war die kollektive Vergewisserung nach dem Zweiten Weltkrieg, von den Gräueltaten der Nazis nichts gewusst zu haben. Dass sie von der Judenverfolgung keine Ahnung hatten, ist eine der wichtigsten Entlastungsgeschichten, die sich eine ganze Generation von Zeitzeugen erzählt hat. Dabei gilt heute als erwiesen, dass ein großer Teil der Zivilbevölkerung sehr wohl Bescheid wissen konnte. Zahllose Briefe und Augenzeugenberichte legen darüber unmissverständliches Zeugnis ab.[19] Wie im Experiment musste man sich für dieses Wissen-wollen jedoch entscheiden. Die Tatsache, dass nicht jedes Detail bekannt war, ermöglicht den kleinen Raum von Unsicherheit und Plausibilität, um die Augen zu verschließen.

Die Aufarbeitung des Holocaust vollzog sich in Deutschland auch deshalb zunächst so schleppend, weil dies die kollektiv erzählte Geschichte von der Unschuld durch Unwissenheit zu zerstören drohte. Wenn klar wird, dass man sehr wohl Bescheid wusste oder Bescheid wissen konnte, stellt sich die Frage nach der eigenen Verantwortung sehr viel drängender als hinter dem Schleier der vermeintlichen Ignoranz. Widerstandskämpfer werden und wurden auch deshalb von so vielen gehasst: weil sie Zeugnis davon ablegen, dass man sehr wohl wusste, was der Fall war und dass es sehr wohl die Option gab, sich dagegenzustellen. Widerstandsakte sind Beweise gegen das Narrativ vom Nichtwissen.

Handlungsoptionen vermeiden

Ähnlich wie die Strategie der Vermeidung von Informationen funktioniert auch die Strategie der Vermeidung von *Handlungsoptionen*. Ich spaziere nichtsahnend über den leergefegten Marktplatz einer deutschen Innenstadt und sehe plötzlich in zwanzig Metern Entfernung auf der linken Seite einen Spendenstand einer internationalen Hilfsorganisation. Unwillkürlich verspüre ich nun ein Bedürfnis, mich stärker rechts zu halten, um in möglichst großem Abstand an den Spendensammlern vorbeizugehen. Am besten schaue ich während des Vorbeigehens zusätzlich nach rechts, in die Auslage eines Geschäfts, das mich im Leben noch nie interessiert hat (sagen wir, es handelt sich um ein Geschäft für Handtaschen).

Die Vermeidungsstrategie setzt darauf, den moralischen Konflikt erst gar nicht entstehen zu lassen. Wenn ich dem Stand zu nahe komme, könnte ich mich zu einer Spende genötigt fühlen. Vielleicht spricht mich sogar noch einer der netten Spendensammler an und zeigt mir Bilder von Gefolterten in syrischen Gefängnissen, während er mich um meine Hilfe bittet. Das ist unangenehm. Entweder muss ich dann etwas abgeben oder ich fühle mich schlecht. Um mich diesem Schlamassel zu entziehen und die Situation, in der meine moralische Disposition herausgefordert wird, schlichtweg zu vermeiden, mache ich um den Stand einen großen Bogen. So komme ich gar nicht erst in die Verlegenheit, etwas geben zu müssen, denn ich bin ja viel zu weit entfernt. Weit genug, dass mich auch keiner ansprechen wird.

Das Beispiel verdeutlicht eine Strategie, die absichtsvoll moralisch relevante Entscheidungssituationen vermeidet. Man weicht hier also nicht der Information aus, sondern gleichsam der »Prüfung«. Die Strategie funktioniert aber nur als Selbstbetrug. Denn das Ausweichen nach rechts, der Versuch, den Spendensammlern nicht zu nahe zu kommen, ist im Ergebnis natürlich gleichbedeutend damit, nichts zu spenden. So gesehen ist schon die Ausweichbewegung eine Entscheidung zuungunsten der Moral.

Offenbar fühlt es sich aber besser an, auszuweichen und nichts zu geben, als nicht auszuweichen und nichts zu geben. Im ersteren Fall können wir uns im Nachhinein erzählen, dass wir ja gar nichts geben *konnten,* da wir ja gar nicht in der Nähe des Spendenstandes waren. Das Urteil über den eigenen Typ (moralisch oder eigennützig) fällt dann sehr viel günstiger aus, was dem Wunsch nach unserem positiven Selbst- oder Fremdbild entgegenkommt. Dass wir die Tatsache, dass wir ja selbst ausgewichen sind, vernachlässigen, unterdrücken oder schlicht vergessen, ist eine psychologische Fähigkeit, die man mit Begriffen wie motivierte Wahrnehmung, selektive Aufmerksamkeit oder entlastende

Umdeutungen beschreiben kann. Im Beispiel mit dem Spendenstand stellen wir vielleicht unbemerkt fest, dass wir uns schon
immer für Handtaschen interessiert haben, oder doch zumindest
einmal in Erwägung ziehen könnten, unserem Partner oder unserer Partnerin eine Handtasche zu schenken. Es gibt also plötzlich
einen »guten Grund«, warum wir die Seiten gewechselt haben,
nach rechts ausgewichen sind und die Auslagen im Schaufens-
ter genauer studiert haben. Eigentlich ganz schön, diese Handtaschen …

Auch unter kontrollierten, wissenschaftlichen Bedingungen
wurde die Vermeidung von Handlungsoptionen studiert. Menschen sind bereit, Kosten auf sich zu nehmen mit dem Ziel, Situationen zu vermeiden, in denen sie aufgefordert sein könnten, sich
moralisch zu verhalten. So verzichten sie beispielsweise auf Geld,
nur um nicht an einem Diktatorspiel teilnehmen und eine Aufteilung vornehmen zu müssen.[20] Im Schnitt zogen es Probanden
vor, 8,20 Euro zu bekommen statt ein Diktatorspiel zu spielen, in
dem sie frei über 10 Euro entscheiden können. Obwohl sie beim
Diktatorspiel ja einfach die 10 Euro hätten behalten können. Ähnlich wie beim Ausweichen auf die andere Straßenseite, um dem
Spendenstand auszuweichen, ziehen es manche Probanden vor,
die Diktatorspiel-Situation zu vermeiden, um sich erst gar nicht
der moralischen Prüfung auszusetzen.

In einer anderen Studie ging es um die Unterstützung von Wohltätigkeitsorganisationen in der Nähe von Chicago.[21] Beobachtet
wurde, wie erfolgreich Spendensammler waren, die von Tür zu Tür
zogen. Der Clou: Bei manchen Haushalten wurden sie am Vortag
durch einen Flyer angekündigt. In den anderen Fällen klingelten
sie ohne Ankündigung. Die Forscher fanden heraus, dass weniger
Türen geöffnet wurden, wenn die Spendensammler zuvor angekündigt worden waren. Offenbar gab es auch hier den Wunsch, der
moralischen Prüfung auszuweichen. *Niemand zu Hause.*

Es ist aber auch wirklich unangenehm, wenn man zur Wohltat aufgefordert wird. Diesen Schluss ziehen jedenfalls Forscher, die in der Vorweihnachtszeit gemeinsam mit der Heilsarmee vor einem Supermarkt bei Boston ein Feldexperiment durchgeführt haben.[22] Die Spendensammler wurden hierzu entweder an nur *einem* oder an *beiden* Haupteingängen des Supermarkts postiert. Außerdem wurde variiert, ob sie sich ruhig verhalten oder aktiv zum Spenden aufrufen, also Leute ansprechen und zum Spenden motivieren. Die Resultate sind aufschlussreich: Schauen wir uns zunächst an, was passierte, wenn sich die Spendensammler passiv verhielten. Dann nämlich änderte sich an der Wahl der Türen augenscheinlich nichts. Gleich viele Menschen benutzen beide Eingänge, egal ob die Heilsarmee an beiden oder nur an einer Tür auf Posten war. Dies führte dann auch dazu, dass sich das Spendenaufkommen in etwa verdoppelte, wenn statt an einer an beiden Türen Spenden gesammelt wurden. Und was geschah, wenn sich die Spendensammler aktiv an die Kunden wandten, sie also durch direkte Ansprache zur Spende motivierten? In diesem Fall mieden jetzt viele ebenjene Tür, an der gesammelt wurde, und wählten stattdessen die Tür, an der niemand sie zur Spende animierte! Lieber unbemerkt einkaufen, wo die »Luft rein« ist, als sich dem Moraltest zu stellen.

Der Wunsch nach einem positiven Image hat für unsere Fragestellung – warum es so schwer ist, ein guter Mensch zu sein – folglich eine doppelte Bedeutung. Zum einen motiviert uns das Streben nach einer positiven Selbst- und Fremdwahrnehmung dazu, Gutes zu tun. Wir suchen die Anerkennung und das Lob und verhalten uns deshalb im Sinne der gültigen Moralvorstellung. Das gleiche Motiv aber erklärt auch, warum wir es häufig nicht so genau wissen wollen, wieso wir uns »dumm« stellen,[23] wieso wir wegschauen und die Augen verschließen. Und es erklärt, warum wir uns aktiv Situationen entziehen, in denen wir moralisch gefordert werden. Dies alles im Versuch, ein gutes Image aufrechtzuerhalten, obwohl wir in diesem Moment effektiv egoistisch handeln. Wir können uns dann hinter unserem Unwissen oder der Tatsache verbergen, dass wir ja gar keine unmoralische Handlung begangen haben. Wir schirmen uns ab und reden uns ein, eigentlich anständig zu sein. Und etwas Bestimmtes hilft uns dabei: die Fähigkeit, zu vergessen.

Geschichten, nichts als Geschichten

Das hab ich nicht gewusst.
Ich war in Eile.
Ich bin nur den Anweisungen gefolgt.
Ich dachte, es kümmert sich jemand anderes darum.
Man konnte nicht davon ausgehen, dass so etwas passieren würde.
Warum immer ich?
Das hab ich total vergessen!
Andere können das genauso gut wie ich, nein, sogar besser!
Ehrlich gesagt: Die haben es nicht besser verdient.
Ich dachte, das ist erst morgen.
Das machen andere auch.

Kommt Ihnen das bekannt vor? Wie oft haben Sie sich selbst, oder andere, so reden hören? Viele weitere Erklärungsversuche könnte man anfügen, denn Menschen sind Weltmeister im *Geschichtenerzählen*. Und Geschichten ermöglichen es uns, ein kleines Wunder zu vollbringen: etwas Falsches zu tun, ohne das gute Selbstbild zu gefährden.

Nehmen wir an, ich hätte besonderen Spaß an einem für meine Zwecke völlig überdimensionierten SUV, vielleicht weil ich solche Autos einfach super finde, vielleicht weil ich damit ein bisschen angeben kann, oder beides. Wenn ich mir jetzt überlege, einen

SUV zu kaufen, muss ich berücksichtigen, dass ich vor mir selbst und anderen möglicherweise als Klimasünder dastehe, was mich vielleicht davon abhält, den Spritschlucker zu kaufen, oder mir zumindest Unbehagen bereitet. Der ideale Moment für eine passende Geschichte. Was, wenn mein SUV kein Problem darstellt, weil er mit *sauberem* Diesel fährt? Sind die Batterien von E-Autos nicht nachweislich umweltschädlich und E-Autos daher die wahren Umweltkiller? Strom kommt in Deutschland ja ohnehin kaum aus regenerativen Quellen. Ist es nicht auch im Sinne der Sicherheit meiner Kinder, wenn sie »gut geschützt« zur Schule gefahren werden? Und wäre es nicht auch für unsere Arbeitsplätze fatal, wenn wir unserer »Schlüsselindustrie« die Kundschaft versagen? Im Grunde ist es doch unverantwortlich, *keinen* SUV zu fahren …

Immerzu ringt das Gute mit dem Bösen in uns. Einerseits möchten wir vor uns und anderen als guter Mensch dastehen. Dann aber lockt das Böse mit allerlei Versuchungen, mit Geld oder materiellen Vorteilen, mit Privilegien am Arbeitsplatz, gesellschaftlichem Prestige oder sonstigen Annehmlichkeiten. Die Kosten des Anstands und der Moral bestehen genau darin, auf diese Vorteile zu verzichten.

Aber ist immer so ganz eindeutig, worin das Richtige, das Anständige, das Moralische besteht? Kommt es nicht auch auf die Perspektive und die richtige Interpretation an? Kann man immer so genau wissen, was richtig oder falsch ist? Gibt es nicht unterschiedliche Ansichten und Meinungen darüber, was von uns erwartet wird?

Diese kleinen Unsicherheiten bergen ein teuflisches Potenzial. Es ist die Stunde der Narrative, der Deutungen und Umdeutungen. Wenn ich eine Geschichte erzählen kann, wieso das vermeintlich Richtige doch *eigentlich* selbst fragwürdig oder gar falsch ist, dann kann ich vor mir und anderen vielleicht rechtfertigen, das eben nur *vermeintlich* Falsche zu tun. Wenn Narrative die Welt so zu deuten imstande sind, dass ich das Egoistische tue, ohne dass es so aussieht oder scheint, dann genau vollbringen sie das erwähnte Wunder. Dann lebe ich in der besten aller Welten: Ich kann ungerührt den Vorteil der egoistischen Tat einheimsen, ohne dabei mein Image aufs Spiel zu setzen.

Geschichten erzählen ist menschlich. Wir erzählen sie uns und anderen, um unsere Erfahrungen und unsere Existenz zu interpretieren. Sie helfen uns dabei, eine Vorstellung von Realität zu gewinnen.[24] Ohne Geschichten sind wir nicht imstande, Sinn zu konstruieren und uns in der Lebenswelt zurechtzufinden. Sie vermitteln uns einen Begriff davon, woher wir kommen, was wir uns wünschen oder wozu wir bestimmt sind. Manche Persönlichkeitspsychologen beschreiben die Rolle von Narrativen deshalb als integralen Bestandteil unserer Identität.[25] Unsere Lebensgeschichten prägen unsere Vorstellung davon, wer wir sind. Oder anders gesagt, wir sind, was wir über uns erzählen. Geschichten beispielsweise von Aufstieg (vom Tellerwäscher zum Vorstand …), schwerer Kindheit (in der Zeit nach dem Krieg …), widrigen Umständen (meine Eltern hatten nie Zeit für mich, wer weiß, was aus mir hätte werden können …) oder beruflichen Erfahrungen (ich als deutscher Beamter …) formen unsere Vorstellungen von uns selbst.

Geschichten spielen aber auch kulturell eine bedeutsame und prägende Rolle, als Merkmale und Vergewisserung von kultureller Identität und Zugehörigkeit.[26] Alle Kulturen haben ihre eigenen Geschichten vom Anfang der Welt, vom Sitz der Götter, haben ihre Märchen, Sagen und Heldengeschichten. Gerade religiöse Geschichten, ihre Plots und Protagonisten können benutzt werden, moralisch fragwürdige Dinge zu tun.[27]

Für unsere Fragestellung spielen Narrative eine wichtige Rolle, weil sie prosoziales Verhalten beeinflussen können:[28] Wenn wir moralisch handeln, wägen wir immer Kosten und Nutzen miteinander ab. Einerseits schöpfen wir Befriedigung daraus, anderen zu helfen, zu kooperieren, kurzum: Gutes zu tun. Andererseits entstehen uns dabei Kosten, sei es in Form von Geld, Aufmerksamkeit oder Zeit, die wir für die gute Tat aufwenden. Exkulpierende Geschichten setzen an beiden Stellen an. Sie können uns davon überzeugen, dass der Nutzen der moralischen Handlung in »Wahrheit« gar nicht so groß ist. Oder dass die Kosten »unzumutbar hoch« sind, niemand also eine solche Handlung von uns ernsthaft erwarten kann.[29] Alle Geschichten, die uns vor uns selbst und vor anderen »gut« aussehen lassen, obwohl wir das Falsche tun, leisten das. Sie erzählen davon, dass angeblich Bedürftige »eigentlich nicht bedürftig« sind, dass sie »selbst schuld« seien oder es »nicht besser verdient« haben. Dass die moralisch gewünschte Handlung ja eigentlich »nichts bewirkt« oder ich ohnehin »nichts ausrichten« kann und sie daher sinnlos ist. Oder eben deshalb nicht recht und billig ist, weil sie uns unzumutbar viel kostet.

Woher kommen diese Geschichten? Zum einen produzieren wir sie selbst, indem wir die Welt um uns in einer für uns selbst vorteilhaften Art und Weise interpretieren und deuten. Wir überzeugen uns davon, dass wir das Richtige tun, indem wir selektiv Informationen aktualisieren und erinnern, uns also die Realität schönreden. Aber Geschichten werden auch von Politikern, Lobbyisten und Interessengruppen professionell produziert, mit dem Ziel, Deutungsschemata in die Welt zu setzen, um bestimmte Verhaltensweisen zu fördern oder zu hemmen. Denken wir an die jahrzehntelangen Kampagnen der Tabakindustrie, die – wider besseres Wissen – die gesundheitliche Unbedenklichkeit des Tabakkonsums propagiert haben. Oder die Agrar- und Landwirtschaftsverbände, die uns in puncto Tierwohl und Umweltverträglichkeit ein Märchen nach dem anderen auftischen. Oder die Öl- und Kohlelobby, die uns lange weismachen wollte, Klimaerwärmung sei ein natürliches Phänomen. Wider besseres Wissen, wie der Fall Shell belegt.[30] Diese Geschichten werden – oft als Expertisen getarnt – in Umlauf gebracht mit dem Ziel, Falsches zu beschönigen und zu rechtfertigen.

Damit Geschichten dieser Art erfolgreich sind, müssen wir sie nicht nur glauben (was uns oft leichtfällt, da sie unser eigenes Fehlverhalten entschuldigen); wir müssen sie auch *weitererzählen*. Das ist ein wichtiger Punkt. Wir selbst tragen Verantwortung, indem wir im Freundes- und Bekanntenkreis Geschichten verbreiten, sei es im Gespräch oder über Social Media. Vielleicht helfen sie uns, vor anderen in einem günstigen Licht zu erscheinen. Aber gleichzeitig unterstützt die Verbreitung von Geschichten auch andere bei dem Versuch, ihr Fehlverhalten zu legitimieren. Die sie wiederum weitertragen. So verbreiten sich Geschichten wie ein Flächenbrand und schaden dem Gemeinwohl.[31]

Viele dieser exkulpierenden Geschichten sind objektiv falsch. Sie sind konstruiert, erfunden und unwahr. Aber es reicht, dass sie *plausibel* klingen, wahr sein *könnten* und leicht zu kommunizieren sind. Damit sie plausibel klingen, brauchen Geschichten einen inhaltlichen Kern, etwas, das den Erzähler (scheinbar) auf Augenhöhe mit den Vertretern der Gegenmeinung hebt, eine Referenz, einen halbwegs objektivierbaren Bezug. Es reicht uns nicht zu sagen: »Das sehe ich anders« oder: »Das finde ich doof.« Eine Begründung muss her und sei sie noch so fadenscheinig. Ein Argument, aus dem sich eine gewünschte Handlungsfolge ableiten lässt. Der Fantasie sind keine Grenzen gesetzt, dem Geschmack leider ebenso wenig und der Redlichkeit ohnehin nicht.

Beliebt sind zum Beispiel Verweise auf (oftmals frei erfundene) Zahlen und »Fakten« oder aus dem Zusammenhang gelöste oder falsch interpretierte Statistiken. Verwiesen wird auch gerne auf angebliche »Experten« (Dr. X hat gezeigt) oder »Studienergebnisse« mit angeblichen Belegen für den jeweiligen Anlass. Ein bekanntes Beispiel ist die »wissenschaftliche« Studie, wonach

Impfen bei Kindern Autismus verursacht. Diese – nachweislich falsche, widerlegte und widerrufene – Studie wird weiterhin von Impfgegnern zitiert und in Stellung gebracht. Aus der Tatsache, dass sie wissenschaftlich widerlegt wurde, wird dann die nächste Verschwörungstheorie gezimmert, nach dem Motto: Da sieht man, wie die Machtverhältnisse die Forschung korrumpieren! Und schon folgt die nächste Geschichte: Die von der guten, aber angeblich unterdrückten wissenschaftlichen Minderheitenmeinung. Gerade rund ums Impfen gedeihen die abstrusesten Geschichten und Märchen, aber wer glaubt, das ist ja alles Quatsch und hat keine Bedeutung, sollte sich in Erinnerung rufen, wie wirkmächtig diese Lügen einer rationalen Corona-Politik im Wege standen und stehen.

Geschichten von Verneinung, Beschwichtigung und Herabwürdigung entstehen gerade da, wo es das Bedürfnis nach Abwehr und Rechtfertigung gibt. Ein wichtiges Beispiel ist der Klimaschutz. Angesichts der globalen Bedrohung und der enormen Anpassungsleistungen und -kosten, die ein glaubwürdiger Klimaschutz mit sich bringt, ist nicht verwunderlich, wieso sich viele dagegenstemmen, oftmals mithilfe von Klimalügengeschichten: *Schuld an der Erwärmung ist nicht der Mensch (also auch ich nicht), sondern die Sonnenaktivität. Gemessen am gesamten Kohlendioxid der Erde, ist der vom Menschen verursachte Ausstoß gering und kann daher das Klima gar nicht beeinflussen. Es gab immer schon Klimaschwankungen wie Eiszeiten und Warmzeiten, auch ohne menschliches Zutun. Klimawandel ist also ein natürliches Phänomen.*[32]

Sie denken vielleicht, dass heutzutage kaum noch Menschen an der Existenz des menschengemachten Klimawandels zweifeln und die eben genannten Geschichten daher kaum verfangen. Eine Befragung der Meinungsforscher von *infratest dimap* zeigt allerdings, dass 11 Prozent der Deutschen nicht an einen menschengemachten Klimawandel glauben – eine signifikante und oft besonders laute Minderheit. Hinzu kommen 2 Prozent, die glauben, dass sich das Klima überhaupt nicht verändert.[33] In den USA zweifeln sogar 15 Prozent am Klimawandel und insgesamt 30 Prozent vermuten, dass falls man doch eine Klimaveränderung feststellen könne, diese zumindest nicht menschlichen Ursprungs sei.[34] Global vergleichbare Befragungen zeigen, dass die Zweifler in den USA besonders viel Zuspruch finden. Deutschland liegt hier im (besseren) Mittelfeld.[35]

Neben eher primitiven Leugnungsgeschichten kursieren auch »anspruchsvollere« Geschichten, die sich im Sinne der Klimaskeptiker als produktiv erweisen können. So etwa die Geschichte von der *technologischen Innovation,* die es richten soll. Niemand kann etwas gegen Innovationen haben, die den Klimawandel eindämmen. Aber der Hinweis auf künftige technische Lösungen kann eben sehr schnell missverstanden werden als Begründung dafür, heute die Hände in den Schoß zu legen. Tatsache ist auch, dass bereits heute technische Möglichkeiten bestehen, den Ausstoß von CO_2 dramatisch zu reduzieren. Im Automobilbau etwa bräuchte man nur auf kleinere, leichte und weniger stark motorisierte Autos zu setzen, um über Nacht den Benzinverbrauch erheblich zu senken, ohne nennenswerte Einschränkung der Mobilität. Das ist kein technisches, sondern ein ökonomisches Problem. Aufschiebende Wirkung haben auch Geschichten mit dem Verweis, *eine internationale Lösung* sei zwingend nötig. Die Geschichte ist wirkmächtig, da sie im Kern richtig ist, aber zugleich eben auch zum Abwarten verleitet: so lange, bis sich ausreichend viele Länder verpflichtet haben.

Häufig zu hören sind Geschichten der individuellen Unzulänglichkeit, die moralisch richtiges Verhalten als »sinnlos« erscheinen lassen. *Es ist ohnehin schon zu spät.* Oder: *Ich kann alleine sowieso nichts ausrichten.* Abgesehen davon, dass man mit demselben Argument auch nicht zur Bundestagswahl gehen sollte, was wir aber doch richtig finden, ist das Argument bezogen auf Klimawandel nicht ganz richtig. Unter der Annahme, dass die derzeitigen nationalen Emissionsziele umgesetzt werden, kann berechnet werden, wie viel Schaden eine zusätzlich ausgestoßene Tonne CO_2-Emissionen hätte. Der zusätzliche Ausstoß würde 8 Quadratmeter Vegetation gefährden.[36] Eine Tonne CO_2-Emissionen kommt schneller zusammen, als man denkt, hierzu reicht schon eine Flugreise von Frankfurt nach Lissabon. Das Verhalten Einzelner hat zudem einen wichtigen Effekt, weil wir Multiplikatoren sind und durch unser Vorbild auch das Verhalten von Freunden, Nachbarn, Kollegen und Bekannten verändern. Jeder, der seine Ernährung auf weniger Fleisch oder gar vegan umgestellt hat, weiß das. Man sollte den Beitrag jedes Einzelnen nicht kleinreden. Jede Tonne zählt!

Gerne herangezogen wird auch die Tatsache, dass der Klimawandel wissenschaftlich nicht *bewiesen* sei. Folglich brauche ich mein Verhalten nicht zu ändern. Die Aussage ist insofern richtig, als empirische Wissenschaft stets nur Wahrscheinlichkeitsaussagen liefert, weil sie nur Wahrscheinlichkeiten liefern *kann*. Aber die Handlungsfolge ist absurd, denn die Wissenschaft ist sich in diesem Falle nahezu einig: Über 97 Prozent der Klimaforscher sind laut Studien überzeugt, dass für den Klimawandel maßgeblich der Mensch verantwortlich ist. Der wissenschaftliche Konsens wird gestützt von Wissenschaftsakademien aus 80 Ländern und zahlreichen Universitäten sowie wissenschaftlichen Organisationen, die finanziell unabhängig arbeiten. So viel Einigkeit ist selten, und wir begründen unser Verhalten regelmäßig auf weitaus unwahrscheinlichere Annahmen. Angenommen, Sie wüssten, dass sich der Wert einer Aktie mit 97 Prozent Wahrscheinlichkeit verzehnfacht und mit 3 Prozent geringfügig an Wert verliert. Da würde man wohl schon mal investieren; und nicht behaupten, es seien ja nur 97 Prozent. Als Entschuldigung funktioniert »der Mangel an Gewissheit« trotzdem: ist ja nicht bewiesen! Was wissenschaftlicher Konsens ist, spielt keine Rolle. Es zählt allein, was ich glauben möchte. Deshalb arbeiten Populisten stets an der Dekonstruktion von Fakten: Wenn alles unklar und unbewiesen ist, kann ich erreichen, dass die Leute am Ende alles glauben. Es ist bemerkenswert, dass dieselben Menschen, die sich lautstark auf pseudowissenschaftliche oder widerlegte Studien berufen, gleichzeitig den breiten wissenschaftlichen Konsens, also Hunderte nicht-widerlegte Studien, leugnen. Sie verwenden Wissenschaft als Kampfbegriff, ohne das Bemühen um Verstehen und Aufklärung.

Beliebt ist auch die Geschichte der besonders harten Umstände, die es unzumutbar erscheinen lassen, sich richtig zu verhalten. Pendler werden hier gerne ins Feld geführt. Oder sozial Schwache. Bemerkenswert, wie manche Politiker immer dann ihr soziales Gewissen entdecken, wenn es gegen den Klimaschutz geht. Es hindert sie ja niemand daran, Sozialpolitik zu betreiben und die Ungleichheit zu bekämpfen. Aber was hat das mit Klimawandel zu tun? Dem Klima ist es gleichgültig, aus welchem Auspuff CO_2 emittiert wird, ob der Fahrer reich oder arm ist. Interessanterweise waren bei der größten Umverteilungsaktion von unten nach oben in der neueren Geschichte, nämlich der Finanzkrise 2008, nahezu unbegrenzte Finanzmittel vorhanden. Die soziale Frage spielte bei der »Bankenrettung« jedenfalls kaum eine Rolle. Ja, man muss Sozialpolitik machen. Aber die Vermischung mit Klimapolitik gefährdet die Erreichung der Klimaziele. Eine klimagerechte CO_2-Bepreisung darf nicht an sozialpolitischen Einwänden scheitern oder am Status quo.

Man muss das langfristig denken und dynamische Anpassungen in den Blick nehmen: Ohne eine realistische Preissetzung, die die tatsächlichen Kosten klimaschädlicher Gase reflektiert, wird es nicht zu den Innovationen und Verhaltensänderungen kommen, die wir dringend benötigen. Berechnungen zeigen zudem, dass eine aufkommensneutrale CO_2-Besteuerung, bei der das Geld in der einen oder anderen Form an die Bürger zurückfließt, aufgrund des einkommensabhängigen Emissionsverhaltens die Ungleichheit eher verringert.[37] Und wer mit Ungleichheit argumentiert, sollte nicht verschweigen, dass es ja gerade die ärmeren Länder sind, die besonders hart vom Klimawandel getroffen werden.

Besonders perfide sind Geschichten der Herabwürdigung.[38] Die also die moralische Integrität des Gegenübers unterminieren sollen. Wenn etwa Andersdenkende als vermeintliche »Gutmenschen«, »abgehobene Eliten«, »Klima-Nazis« oder »Ökofaschisten« bezeichnet werden, die angeblich Panik verbreiten würden und gegen die man sich wehren müsse. Durch Diffamierung sollen klimafreundliche Ideen und Personen delegitimiert und verunglimpft werden. Der Widerstand gegen die Panikmache wird so zum Akt der Rettung des liberalen Abendlandes erklärt. Ich frage mich, was es über eine Gesellschaft aussagt, wenn ein Gutmensch zur Chiffre des Bösen gemacht wird. Was genau ist falsch daran, sich um das Gute zu bemühen?

Nicht nur Semantik

Geschichten verschleiern Realität. Sie zerschlagen in unserer Wahrnehmung Kausalketten von Handlung und (moralischer) Folgewirkung, indem sie die Verantwortung oder Leid leugnen, unser Gegenüber zu einem legitimen Opfer degradieren oder uns Handlungskompetenz absprechen, obwohl wir sie sehr wohl besitzen. Es sind Geschichten dieser Art, die es uns oft schwer machen, ein guter Mensch zu sein.

Zudem sind es häufig simple semantische Verschiebungen oder ein missbräuchlicher Sprachgebrauch, der Realitäten verschleiert. Die Nationalsozialisten taten sich mit besonders bösartigen Sprachschöpfungen hervor. Begriffe wie »Schädlinge« oder »Untermenschen« als Bezeichnung für Juden würdigten Millionen von Menschen herab. Vokabeln wie »Endlösung« und »Sonderbehandlung« erweckten den Eindruck, es ginge um vergleichsweise harmlose Vorgänge. Der Historiker und Holocaust-Forscher Raul Hilberg bekannte, er habe zehntausende Nazi-Dokumente gelesen, ohne je das Wort »töten« gelesen zu haben, mit einer Ausnahme: einer Verordnung zu Hunden. In der *internen Sondersprache* der SS stand der Ausdruck »betreuen« für Mord. In einem »Tätigkeitsbericht« der Waffen-SS vom 3. August 1942 heißt es: »Die Judentransporte trafen in regelmäßigen Abständen in Minsk ein und wurden von uns betreut … So beschäftigten wir uns … bereits … wieder mit Ausheben von Gruben im Siedlungsgelände.«[39]

Die Entmenschlichung durch Geschichten[40] und Wortschöpfungen hatte während der Nazi-Herrschaft besonders grausame Folgen. Aber die Degradierung durch Sprache hält bis in die Gegenwart an.[41] Überall beschönigen Politik und Militärs das Grausame, indem sie unverdächtige Begriffe nutzen, Militärschläge sind dann »saubere, chirurgische Eingriffe«, die zu »Kollateralschäden« an menschlichen Opfern führen. Die Ausrottung und Vertreibung ganzer Bevölkerungsgruppen heißt »ethnische Säuberung«. Wortschöpfungen dieser Art verändern die Kosten-Nutzen-Abwägung moralischen Handelns. Das Böse wird umbenannt, die negativen Effekte dadurch (scheinbar) kleiner, was es erleichtert, sich unmoralisch zu verhalten.

Weniger drastisch, aber ebenso wirksam verschleiert Sprache auch im Alltag, worum es eigentlich geht. Traurige Berühmtheit erlangten die »alternativen Fakten«, die sich übrigens nicht erst bei Donald Trump finden lassen, sondern schon von Richard Nixon verwendet wurden. Auch Euphemismen dienen der Verschleierung: Wenn Dicke »vollschlank« sind, eine Erhöhung von Ticketpreisen oder Gebühren als »Betragsanpassung« verklärt wird oder eine Straftat eben nur ein »Fehltritt« war. Euphemismen benennen ein bestimmtes Phänomen um und machen es emotional weniger greifbar, sie erzeugen eine »palliative« Wirkung. Ohne etwas an der moralischen Qualität einer Tat zu ändern, erhöhen sie die Distanz zu Handlungsfolge und Opfer und reduzieren das moralische Empfinden: Sie lindern den Schmerz, ohne die Krankheit zu heilen.

Wie selbst kleine semantische Unterschiede unser moralisches Empfinden und Handeln beeinflussen, offenbart eine Studie von Kahneman und Tversky, wonach Optionen unterschiedlich bewertet werden, je nachdem ob man von »geretteten Leben« oder »Todesfällen« spricht.[42] Im untersuchten hypothetischen Beispiel mussten sich die Probanden zwischen zwei Gesundheitsprogrammen entscheiden, die jeweils eine ungewöhnliche Krankheit bekämpfen sollten. Die Krankheit würde, so die Annahme, 600 Menschen das Leben kosten. Bei Programm A würden 200 Menschen gerettet, bei Programm B würden mit einem Drittel Wahrscheinlichkeit 600 Menschen gerettet und mit zwei Drittel Wahrscheinlichkeit würde kein Mensch gerettet.

Die große Mehrheit der Befragten entschied sich in diesem Fall für das Programm A, bei dem 200 Menschen die Krankheit mit Sicherheit überleben. Das risikoreichere Programm B erhielt kaum Zuspruch. Programm A und B wurden dann in einer weiteren Befragung mit den Programmen C und D verglichen. Bei C hieß es, 400 Personen würden sterben. Bei Programm D hingegen würde mit einem Drittel Wahrscheinlichkeit niemand sterben und mit zwei Drittel Wahrscheinlichkeit würden 600 Menschen sterben. Vor diese Wahl gestellt, votierten die meisten jetzt für Programm D, bevorzugten also in diesem Fall die riskantere Variante.

Weil die Optionen A und C sowie B und D im Grunde identisch sind (200 Überlebenden stehen 400 erwartete Todesopfer gegenüber), ist das Ergebnis erstaunlich. Warum also bevorzugen die Teilnehmer einmal A und einmal D, oder anders gefragt: Wieso kommt es zu einer Präferenzumkehr? Die Antwort liegt in der unterschiedlichen Darstellung. Im ersten Fall (A und B) liegt die Betonung darauf, dass Leben gerettet werden, im zweiten Fall (C und D) steht die Zahl der Todesopfer im Vordergrund. Einmal geht es also vermeintlich um »Gewinne«, das andere Mal um »Verluste«. Während wir bei Gewinnen eher risikoscheu sind, sind wir im Fall von Verlusten eher bereit, Risiken einzugehen.

Dass also Gewinne und Verluste gleicher Höhe unterschiedlich bewertet werden, ist eine der bahnbrechenden Entdeckungen von Kahneman und Tversky. Für unser Thema ist hier bedeutsam, dass kleine Unterschiede in der Darstellung unsere moralischen Einschätzungen massiv beeinflussen können. Es fällt uns leichter, Menschen einem Todesrisiko auszusetzen, wenn wir über Todesfälle nachdenken, als wenn wir über »Menschenleben retten« nachdenken. Offensichtlich lassen sich Darstellungseffekte leicht nutzen, um es uns leichter oder schwerer zu machen, das Richtige zu tun. Wir sind anfällig für irrelevante Darstellungseffekte und merken es gar nicht.

Geschehen lassen

Erstaunliche Effekte ergeben sich auch, wenn durch die Darstellung oder Unterschiede in der Entscheidungsarchitektur der Fokus entweder auf Handeln oder Unterlassen liegt. Wenn ich also eine Handlungsfolge aktiv durch eine Entscheidung herbeiführe oder dadurch, dass ich nicht eingreife und den Dingen einfach ihren Lauf lasse. Wir empfinden Unterlassungen in der Regel als moralisch akzeptabler als aktive Handlungen, auch wenn die

Folgen identisch sind. Wenden wir uns diesem Treiber moralischen Handelns etwas genauer zu.

Stellen Sie sich die folgende Situation vor.[43] Sie spielen leidenschaftlich gerne Tennis und – unter uns – Sie sind auch mächtig
stolz darauf, in Ihrem lokalen Club zu den Besten Ihres Alters
zu gehören. Anlässlich des 100-jährigen Vereinsjubiläums konnte
die Clubleitung den ehemaligen Tennis-Superstar Björn Borg zur
Teilnahme an einem Turnier gewinnen. Obwohl weit von seinem
alten Können entfernt, schaffte er es ohne besondere Anstrengung
ins Finale – gegen … *Sie*! Das ist *die* Gelegenheit, vor den Augen
ihrer Clubfreunde mal so richtig zu zeigen, was Sie draufhaben,
und für immer in die Annalen der Clubgeschichte einzugehen
(und ja, der/die von Ihnen angehimmelte Chris wird auch zusehen …). Das Problem: Björn Borg ist natürlich viel besser als
Sie. Die Gefahr ist also groß, dass er Sie morgen mühelos sehr
alt aussehen lassen wird. Am Abend vor dem Finale sind Sie mit
ihm zum Essen verabredet. Aus informierten Kreisen wissen Sie,
dass er allergisch gegen Nüsse ist. Und noch etwas wissen Sie:
Dass nämlich das Salat-Hausdressing Nüsse enthält. Borg weiß
das nicht. Das könnte eine glückliche Fügung sein: Falls er Salat
mit Hausdressing isst, wird er morgen mit Bauchschmerzen auf
den Platz kommen und Sie haben vielleicht eine reelle Chance
auf den Sieg.

Überlegen wir uns zwei unterschiedliche Szenarien:

Szenario 1: Sie empfehlen Björn Borg aktiv, den Salat mit Hausdressing zu bestellen. (Er hätte ihn sich sonst nicht bestellt).

Szenario 2: Björn Borg wählt den Salat mit Hausdressing und Sie
halten ihn nicht davon ab, erwähnen also nichts von den Nüssen.

Im Ergebnis passiert in beiden Szenarien dasselbe: Der Salat
mit dem Hausdressing wird bestellt, gegessen und erzeugt (wie
gewünscht) eine allergische Reaktion. (Ob Sie am nächsten Tag
gewinnen oder nicht, bleibt Ihrer Fantasie überlassen.) Aber wie

beurteilen Sie die beiden Szenarien? Ist Szenario 1 nicht verwerflicher als Szenario 2? Ist es nicht schlimmer, aktiv den Salat zu bestellen, als einfach die Klappe zu halten und die Dinge geschehen zu lassen? Viele würden es jedenfalls so sehen. Das Beispiel wurde Probanden im Rahmen einer Studie vorgelegt. Die große Mehrheit der Teilnehmer bewertet die Unterlassung als moralisch weniger problematisch als die aktive Tat. Geschehen lassen ist also weniger verwerflich, als aktiv herbeiführen.

Warum das so ist, ist umstritten und nicht einfach zu erklären. Unterschiede in den Intentionen werden dabei häufig genannt. Die Idee ist, dass wir aktiven Handlungen eindeutiger (schlechte oder gute) Intentionen unterstellen können im Vergleich zu einer Unterlassung. Das mag häufig eine Erklärung sein. Im Salatdressing-Beispiel allerdings erklärt es die beobachteten Effekte meines Erachtens nicht. In beiden Fällen war Ihnen ja zum Zeitpunkt der »Entscheidung« bewusst, was ihre (In-)Aktivität verursachen wird. Einen Unterschied in den Intentionen kann man hier nicht so leicht konstruieren. Eine weitere mögliche Begründung ist, dass eine aktive Handlung in vielen Situationen der einzige oder zumindest eindeutige Grund für eine bestimmte Konsequenz ist. Das ist im Falle der Unterlassung häufig anders, weil es bei einer Unterlassung theoretisch auch andere Ursachen und Gründe geben mag.

Ich kann mir also nicht sicher sein, dass das fragwürdige Ergebnis nicht auch ohne mein Zutun zustande gekommen wäre. Schließlich kann man sich sagen, dass es auch dann zu den negativen Konsequenzen gekommen wäre, wenn ich gar nicht anwesend gewesen wäre. Wenn Björn Borg also zum Beispiel alleine essen gegangen wäre, hätte er sich das Hausdressing ja auch bestellt. Diese Geschichte kann ich mir nicht erzählen, wenn ich selbst aktiv geworden bin.

Auch unter Philosophen ist umstritten, warum wir Handeln

oder Nicht-Handeln unterschiedlich bewerten sollten. Warum nehmen wir jemanden, der *aktiv* eine Geldzahlung verweigert, um einen Menschen vor dem Hungertod zu bewahren, als egoistisch wahr, während jeder von uns jederzeit spenden könnte, um genau das zu tun? Durch unser tägliches Unterlassen sterben Menschen, und jeder weiß das auch. Aber weder juristisch noch in unserer eigenen Wahrnehmung von moralischem Handeln scheint uns das allzu sehr zu bekümmern.

Unabhängig von der Begründung können wir festhalten, dass es selbst bei identischen Konsequenzen und Intentionen der Beteiligten zu einer unterschiedlichen moralischen Bewertung kommt, abhängig davon, ob ich aktiv wähle oder mich einer Unterlassung schuldig mache. Für unser Selbstbild ist die Unterlassung daher weniger bedrohlich. Wir gehen aus der Situation weniger »beschädigt« heraus, wenn wir uns damit trösten können, wir selbst hätten ja gar nichts getan und dass die Konsequenzen vielleicht auch ohne unser Zutun entstanden wären. Auch gegenüber anderen sieht es offenbar weniger unmoralisch aus, wenn wir einfach nichts tun, als eine problematische Handlungsfolge aktiv herbeizuführen.

Jeder kennt das im Umgang mit der Wahrheit. Wir nehmen uns anders war, wenn wir »lügen« im Vergleich zu »nicht die Wahrheit« sagen. Es heißt dann: »Ja schon, aber ich hab ja nicht gelogen«. Sie fahren mit dem Auto aus einer Parklücke und schrammen ein anderes Auto. Sie fahren weg, ohne dem Geschädigten eine Nachricht zu hinterlassen. Das fühlt sich anders an, als wenn der Geschädigte Sie fragen würde *Haben Sie mein Auto geschrammt?* und Sie das verneinen. Schweigen und einfach nichts sagen wird als weniger problematisch erfahren, als aktiv zu lügen. Im Ergebnis macht es keinen Unterschied.

Es tut mir leid

Der Wunsch, vor sich und anderen als tadellos zu erscheinen, spielt für unsere Kernfrage noch in einem anderen Zusammenhang eine wichtige Rolle. Er lässt uns zögern, einen Fehler einzugestehen und uns bei jenen, denen wir Unrecht getan haben, zu entschuldigen. *Ich habe mich falsch verhalten. Entschuldige bitte. Es tut mir leid.* Diese Sätze gehen uns häufig schwer über die Lippen, auch wenn wir ziemlich genau wissen, dass wir Mist gebaut haben. Ich habe mich lange gefragt, warum das so ist. Vor allem, weil eine Entschuldigung ja so viel Gutes tut – demjenigen, bei dem man sich entschuldigt, aber auch für einen selbst.

Entschuldigungen wirken echte Wunder. Sie heilen Beziehungen, die durch Fehlverhalten zerstört oder bedroht wurden. Sie lösen emotionale Spannungen und helfen dabei, Konflikte zu klären, sich von den Fehlern der Vergangenheit zu befreien, Gefühle von Scham und Schuld zu überwinden. Und sie sind die Voraussetzung dafür, dass der Geschädigte verzeihen kann. Das wiederum hilft nicht nur dem Übeltäter, der dadurch eher seinen Frieden mit seinen Fehlern machen kann. Es hilft vor allem dem Geschädigten, der sich aus seiner Opferrolle befreien und die Aufmerksamkeit, die Fixierung auf das erlebte Unrecht leichter überwinden kann. Das Geschehene verliert Identitäts- und Definitionsmacht und eröffnet den Raum für einen möglichen Neuanfang.

Dass Entschuldigungen emotionale Spannungen lösen und dabei helfen, durch Unrecht bedrohte Beziehungen wiederherzustellen, spielt nicht nur in Freundes- und Bekanntenkreisen eine Rolle, sondern auch in Wirtschaftsbeziehungen. Eine Studie meines ehemaligen Doktoranden Johannes Abeler zeigt dies am Beispiel von Transaktionen bei eBay.[44] Eine Firma, die im Monat etwa 10 000 Verkäufe tätigt, war für die Studie bereit, unterschiedlich auf negative Kundenbeurteilungen zu reagieren. Ziel war es, herauszufinden, ob verschiedene Reaktionen sich unterschiedlich auf die Bereitschaft der Kunden auswirken, ihre negative Beurteilung zurückzuziehen. Drei Formen von Reaktionen wurden gewählt. Eine förmliche Entschuldigung, eine kleine finanzielle Entschädigung (2,50 Euro) oder eine etwas größere (5 Euro). Bei der Entschuldigung räumte die Firma explizit einen Fehler ein, bedauerte ihn und bat um Entschuldigung. In allen drei Bedingungen äußerte die Firma den Wunsch, die negative Beurteilung zurückzuziehen.

Tatsächlich zogen 45 Prozent der Kunden, die eine Entschuldigung erhielten, ihre negative Beurteilung zurück. Das ist doppelt so häufig wie bei der finanziellen Entschädigung (die ja zumindest implizit auch einen entschuldigenden Charakter hat). Die Macht der Entschuldigung übertrumpfte also den schnöden Mammon.

Wenn Entschuldigungen so viel Gutes tun: Warum haben wir dann so oft nicht die Courage, uns zu entschuldigen? Ich habe mir die Frage immer wieder gestellt und glaube, dass der Schlüssel beim Selbst- und Fremdbild liegt. Es ist schwer zu sagen: Ich habe einen Fehler gemacht, den ich bereue und für den ich um Verzeihung bitte. Der Akt der Entschuldigung ist das aktive Eingeständnis, *kein* guter Mensch (gewesen) zu sein und erzeugt einen direkten und unmissverständlichen Angriff auf ebendiese Illusion: ein guter Mensch zu sein. Aktiv ein positives Selbstbild zu zerstören ist im gewissen Sinne genau das Gegenteil von dem, was wir oben beschrieben haben, nämlich Wegsehen, Ausweichen und Verdrängen. Es bedeutet den radikalen Bruch mit einer positiven Selbstwahrnehmung und Selbstdarstellung. Es ist das Eingeständnis der eigenen Unvollkommenheit und steht dem psychologischen Wunsch nach einem konsistent guten Selbstbild krass entgegen.[45]

Die Pointe aber ist: Genau, *weil* sie dem Akteur *psychologische Kosten* aufbürdet, ist die Entschuldigung wirksam und erfüllt ihren Zweck beim Geschädigten. Glaubwürdig ist unsere Kommunikation nämlich nur, wenn sie für den Kommunizierenden mit Kosten verbunden ist (eine weitreichende Einsicht der mikroökonomischen Theorie). Das ist auch der Grund dafür, warum nur eine ehrliche, aufrichtige und vollständige Entschuldigung eine positive Wirkung entfaltet. Ein dahingeplappertes *Sorry* bringt gar nichts. Im Gegenteil. Eine als unaufrichtig wahrgenommene Entschuldigung, die nur ein Schein-Eingeständnis darstellt und lediglich die Absicht verschleiert, nicht für sein Fehlverhalten geradezustehen, macht die Dinge nur noch schlimmer. Häufig zu hören im politischen Kontext: »Entschuldigung, falls sich das für dich so angefühlt hat.« Eine solche »Entschuldigung« verschiebt die Verantwortung auf den anderen, auf seine Reaktion.

Eine rassistische Äußerung zum Beispiel kann ich nicht damit entschuldigen zu sagen: »Wir bedauern, falls unsere Aussagen negative Gefühle ausgelöst haben sollten.« Es bleibt eine rassistische Äußerung, unabhängig von der Reaktion des Empfängers, und dafür muss ich mich entschuldigen. Oder eben nicht. Voraussetzung für eine wirkmächtige Entschuldigung ist immer der Dreiklang von Schuldeingeständnis, Bedauern und der Bitte um Entschuldigung. Dreimal auf die Nase für das Selbstbild. Aber nur so kann's gehen.

Die dunkle Seite der Anerkennung

Der Mensch möchte geliebt werden. Und geachtet, gelobt und anerkannt. Von seinen Mitmenschen und sich selbst. Dieser Wunsch nach Anerkennung kann der guten Tat Flügel verleihen, wie wir weiter oben gesehen haben. Aber kann unser Bedürfnis nach Anerkennung auch das Gegenteil bewirken? Kann es sein, dass ausgerechnet unser Streben nach einem positiven Selbstbild moralisch fragwürdiges Verhalten fördert?

Die Antwort auf diese Frage hängt davon ab, auf welche Art und

Weise wir ein gutes Selbstbild gewinnen. Zweifellos spielt ein moralisch untadeliges Verhalten dabei eine große Rolle. Aber lässt sich das Selbstbild darauf reduzieren? Ist unser Image eindimensional und nur dadurch bestimmt, dass wir uns entsprechend unserer Moralvorstellungen verhalten? Oder spielen noch ganz andere Motive mit hinein, etwa der Wunsch, seinen Job gut zu machen, erfolgreich zu sein, sei es als Wissenschaftler, Journalist, Politiker oder Manager? Wollen wir nicht auch gern gesehen werden als jemand, der ein echter Experte und Spezialist auf seinem Gebiet ist? Ziehen wir nicht auch Freude daraus, uns als jemanden zu sehen, der etwas Großes und Bewundernswertes vollbringt? Sicher. Aber was, wenn der Wunsch, seinen Job gut zu machen, im Konflikt steht mit dem moralisch Wünschbaren? Wenn Ehrgeiz und Eitelkeit uns dazu verleiten, etwas zu tun, das fragwürdig ist?

Vielleicht haben Sie sich einmal gefragt, was Wissenschaftler im Innersten antreibt, wovon sie träumen, worauf sie inständig hoffen. Häufig ist es der Wunsch, eine große Entdeckung zu machen; die eine große Idee zu formulieren, die die Welt verändert, sei es um Krankheiten zu besiegen, Frieden und Wohlstand zu mehren, den komplexen sozialen oder physikalischen Gesetzmäßigkeiten auf den Grund zu gehen oder einfach die Menschen über sich selbst aufzuklären.

Stellen Sie sich einen solchen Forscher vor, jung, hervorragend ausgebildet und glühend vor Ehrgeiz. Diesem Forscher macht der amerikanische General Leslie R. Groves 1942 ein Angebot, das er nicht ausschlagen kann. Die Leitung des größten jemals geschaffenen Forschungskonglomerats, ausgestattet mit dem größten Forschungsbudget der Menschheitsgeschichte, das die klügsten und besten Physiker, Mathematiker, Chemiker und Ingenieure versammelt, um etwas wahrlich Unerhörtes zu schaffen: die Atombombe. Es muss verlockend gewesen sein, sich und der Welt zu beweisen, wozu der menschliche Geist fähig ist. Und so willigte

Robert Oppenheimer ein und vollbrachte gemeinsam mit vielen hundert begeisterten und genialen Forschern ein technisches Meisterwerk (oder wie sie es nannten: ihr *Gadget*). Der Rest ist Geschichte. Hunderttausendfach getötete oder verstrahlte Kinder, Mütter und Väter, ein menschengemachtes Inferno, ausgelöst durch *Little Boy*, nach einem Knopfdruck an Bord der *Enola Gay*.

Etwa vierzig Jahre nach Abwurf der Bomben auf Hiroshima und Nagasaki interviewten die beiden US-amerikanischen Forscher Robert Lifton und Greg Mitchell ehemalige Mitarbeiter des Manhattan Projects.[46] Sie stellten fest, dass viele unter psychischen Problemen litten. Besonders der Abwurf der Plutoniumbombe über Nagasaki, die in den Augen der Forscher ungerechtfertigt war, löste moralische Konflikte aus und führte zu Depression, Schuldgefühlen, Grauen und Entsetzen. Befragt nach ihren Motiven, bei der Entwicklung einer gewaltigen Bombe mitzuarbeiten, gaben sie zu Protokoll, dass es der Wunsch war, etwas Großes zu schaffen. Es war die Faszination, bei einer der bedeutendsten Entwicklungen aller Zeiten dabei zu sein, die sie zur Mitarbeit motivierte. Der weltberühmte Physiker Richard Feynman etwa stellte zum Manhattan Project fest: »(…) *wir begannen aus guten Beweggründen, dann fängst du an hart zu arbeiten, um etwas Großes zu erreichen und es ist eine Freude (Pleasure), es ist Begeisterung. Und du hörst auf drüber nachzudenken, wissen Sie, Sie hören einfach auf*«. Ähnlich äußerte sich der australische Physiker Sir Mark Oliphant. Er berichtet, er habe über Forscher im Krieg gelernt »wenn *einen (…) die Arbeit begeistert, dann arbeitet man an allem*«, und fuhr fort, dass es keine Schwierigkeit war, »*Ärzte dazu zu bringen, an chemischen Waffen zu arbeiten und Physiker an Nuklearwaffen*«. Und wie formulierte es Robert Oppenheimer selbst? »*Wenn du etwas vor dir hast, was technisch ›süß‹ (technically sweet) ist, fängst du einfach an und machst es.*«

Es geht hier nicht darum, die Mitarbeiter des Manhattan Projects moralisch zu diskreditieren. Die politische Beurteilung dieses Komplexes ist vielschichtig und wurde häufig dokumentiert. Es geht vielmehr um den potenziellen Konflikt zwischen unterschiedlichen Versuchen, ein gutes Bild von sich zu erzeugen, dem Wunsch nach einer positiven moralischen Identität, und dem Ehrgeiz, »gut« darin zu sein, was man tut: zu brillieren, exzellent zu sein, intelligent und erfolgreich. Die Tatsache, dass es uns Freude bereitet, uns als fähig und als jemand zu sehen, der seinen »Job gut macht«, wurde bereits vom englischen Philosophen Jeremy Bentham beobachtet. In seiner berühmten Liste von *14 Pleasures* hat er das als *Pleasure of Skill* (Freude an der eigenen Fähigkeit) beschrieben und meint damit die Freude, die damit verbunden ist, etwas zu erreichen und sich seiner Fähigkeiten zu versichern. Oder wie es der Ökonom Alfred Marshall schlicht nannte: das »mastery motive«. Beide Motive, moralisch anständig zu sein und brillieren zu wollen, sind für sich genommen wichtige und produktive Treiber menschlichen Verhaltens. Aber was bedeutet es für die Moral, wenn beide in Konflikt miteinander geraten?

Diesen Konflikt möchte ich anhand eines Experiments illustrieren, das untersucht, ob und wie leicht der Wunsch nach einem positiven Selbstbild moralische Werte korrumpieren kann.[47] Für einen Test dieser Hypothese benötigt man ein Entscheidungsumfeld, bei dem man sich entweder *gut* oder *böse* verhalten kann. Zum anderen müssen wir die Möglichkeit variieren, dass die Teilnehmer sich selbst ihre Fähigkeit beweisen, damit sie daraus *Pleasures of Skill* ziehen können. Die Entscheidung in diesem Experiment war sehr ungewöhnlich, da es im wahrsten Sinne des Wortes um Leben und Tod ging, und zwar von Mäusen; dazu gleich mehr.

Die Teilnehmer, Studenten einer deutschen Universität, wurden zufällig in zwei Gruppen aufgeteilt. Die Aufgabe in beiden Gruppen bestand darin, einen ausführlichen Intelligenztest zu absolvieren. Man musste dabei vorgegebene abstrakte Muster verstehen, bei denen jeweils ein Teil fehlte. Das fehlende, richtige Teil sollte dann aus einer Liste ausgewählt werden. Das klingt einfach, ist es aber nicht. Der von uns verwendete Multiple-Choice-Test wird häufig zur Messung kognitiver Fähigkeiten herangezogen. Im Experiment wurden den Teilnehmern insgesamt 52 Muster vorgegeben.

Wie erwähnt, wurden die Probanden in zwei Gruppen eingeteilt. Beide Gruppen bekamen den exakt gleichen IQ-Test, also die gleichen Aufgaben, vorgelegt. Der einzige Unterschied bestand darin, dass wir der einen Gruppe mitgeteilt haben, dass sie einen *Intelligenztest* absolviert, während der anderen Gruppe gesagt wurde, sie beantworte einen *Fragebogen*. Während also die eine Gruppe wusste, dass eine hohe Anzahl richtig gelöster Aufgaben etwas über ihre Intelligenz aussagt, war die andere Gruppe der Auffassung, lediglich einen Fragebogen auszufüllen.

Was hat das mit Moral zu tun? Noch nichts. Aber jetzt kommen die Mäuse ins Spiel. Als Forscher, der sich mit Fragen der Moral befasst, bin ich immer auf der Suche nach Entscheidungsparadigmen, die der im vorigen Kapitel beschriebenen Definition unmoralischen Verhaltens entsprechen, bei denen es also darum geht, einem Lebewesen absichtsvoll und ohne guten Grund einen Schmerz oder Schaden zuzufügen. Mir kam die Idee, dass man Probanden vor die Wahl stellen könnte, entweder (a) das Leben eines Tieres zu retten oder (b) Geld zu erhalten und damit den Tod eines Tieres zu besiegeln. Geld oder Leben. Ein Entscheidungskonflikt, der die Moral-Definition ziemlich genau widerspiegelt.

Aber wie konnten wir Probanden vor diese Entscheidung stellen, ohne dass wir uns selbst schuldig am Tod von Tieren machten? Indem wir mit sogenannten »überzähligen« Mäusen arbeiteten, die eigens für Laborversuche gezüchtet werden, aber für die Forschung nicht mehr benötigt werden. Diese Mäuse werden aufgrund der hohen Haltungskosten routinemäßig getötet, hunderttausendfach und überall auf der Welt, wo Forschung mit Mäusen gemacht wird, entsprechend geltender tierexperimenteller Protokolle. (Da diese Praxis per se moralische Fragen aufwirft, hat die öffentliche Berichterstattung über unser Experiment zu Missverständnissen und Kritik nicht zuletzt von Tierschützern geführt. Dabei ging es ja gerade nicht darum, die Tötung von Labormäusen zu fördern, sondern im Gegenteil möglichst viele von ihnen zu retten. Nachdem ich neben anderen mit Vertretern von PETA gesprochen hatte, unterstützten sie die Studie ausdrücklich.)

Ich habe mich also auf die Suche nach einem Forschungslabor gemacht, das Mäuse für die Forschung »produziert« und überzählige Mäuse tötet. Mit dem Labor wurde vereinbart, dass ich ein bestimmtes Kontingent überzähliger Mäuse kaufen und damit vor dem Tod bewahren würde. Wie hoch das Kontingent ausfällt, darüber entscheiden die Probanden in den Experimenten. Mäuse, die ich gekauft habe und die damit gerettet wurden, konnten auf diese Weise unter bestmöglichen Bedingungen weiterleben, in Gruppen mit anderen Mäusen, unter tierärztlicher Aufsicht und mit allergiefreiem Nestbaumaterial. Als Folge unserer Studien sind inzwischen hunderte Mäuse gerettet worden, die sonst getötet worden wären.

Zurück zum Experiment. Jedem Teilnehmer in beiden Gruppen (Intelligenztest bzw. Fragebogen) wurde erklärt, dass das Beantworten der Fragen eine Konsequenz hat, nämlich das mögliche Töten einer ihnen anvertrauten Maus. Konkret hieß das für jeden Teilnehmer, dass die Wahrscheinlichkeit, dass seine Maus getötet wird, für jede richtig gelöste Frage um 0,9 Prozent steigt. Wenn ein Teilnehmer zum Beispiel 10 Aufgaben richtig löst, ist die Tötungswahrscheinlichkeit 9 Prozent, bei 30 Aufgaben beträgt sie 27 Prozent und so weiter. Den Teilnehmern wurde zudem mitgeteilt, dass sie die Tötungswahrscheinlichkeit der ihnen anvertrauten Maus auf null reduzieren können, wenn sie immer »weiß nicht« angeben. Wenn aber Aufgaben richtig gelöst wurden und die Wahrscheinlichkeit daher größer als 0 Prozent war, bestimmte ein Zufallsgenerator entsprechend dieser Wahrscheinlichkeit, ob die Maus stirbt oder lebt.

Die Teilnehmer wurden ausführlich über die Konsequenzen ihres Handelns informiert. Ihnen wurde unter anderem gesagt: *In dieser Studie wird Ihnen das Leben einer Maus anvertraut. Es handelt sich um eine gesunde, junge Maus. Sie lebt mit einigen anderen Mäusen in einer kleinen Mäusegemeinschaft. Die erwartete Lebensdauer dieser Maus beträgt etwa zwei Jahre.* Weiter hieß es zur Erläuterung: *Wenn der Zufallsgenerator entsprechend der Wahrscheinlichkeit bestimmt, dass die Maus stirbt, wird diese vergast. Das Gas strömt langsam in den luftdicht abgeschlossenen Käfig ein. Das Gas führt zu Atemstillstand. Wenn keine Atembewegung dieser Maus mehr sichtbar ist, wird sie noch weitere zehn Minuten im Käfig belassen. Danach wird sie entsorgt.*

Abb. 3: Foto aus den Instruktionen des Experiments

Um auch den letzten Rest an Zweifeln am Versuchsaufbau auszuräumen, wurde anschließend zur Veranschaulichung der Tötung von Mäusen durch Gas ein Ausschnitt aus einem Dokumentationsvideo gezeigt, mit dem Hinweis, dass ihre Maus auf identische Weise getötet wird.

Versetzen Sie sich in die Lage der Fragebogengruppe und unterstellen wir, dass Sie es falsch finden, eine unschuldige Maus zu töten. Was sollten Sie machen? Vielleicht verspüren Sie einen gewissen sozialen Druck, einen Fragebogen auszufüllen, aber ganz ehrlich, wieso nicht einfach »weiß nicht« anklicken?

Anders sieht es für die Intelligenztestgruppe aus. Sie wissen, dass richtig beantwortete Fragen hohe kognitive Fähigkeiten widerspiegeln. Wenn Sie also ehrgeizig sind und *Pleasures of Skill* verspüren möchten, dann wollen Sie es wissen! Das ist die Logik des Experiments. Würden Teilnehmer am Experiment ihre moralischen Standards aufweichen, um vor sich selbst als intelligent zu erscheinen? Würden sie also mehr Fragen beantworten als die Gruppe, die zwar den gleichen Test bearbeitet, aber glaubt, lediglich einen *Fragebogen* auszufüllen? Anders formuliert: Kann uns unsere Eitelkeit moralisch korrumpieren?

Obwohl es sich um den exakt gleichen Test handelte, wurden in der Intelligenztestgruppe im Schnitt 22 Prozent mehr Fragen richtig beantwortet als in der Fragebogengruppe. Als reale Folge starben in der Intelligenzbedingung signifikant mehr Mäuse – und das einzig aus dem menschlichen Bedürfnis heraus, sich selbst zu zeigen, dass man schlau ist.

Die Resultate sind ein Beleg für das Spannungsverhältnis, das immer dann auftritt, wenn das Streben nach einem positiven Selbstbild durch Aktivitäten gefördert wird, die im Widerspruch zum moralisch Richtigen stehen. Erstaunlich, wie leicht es ist, Menschen zum falschen Tun zu motivieren, bzw. wie schwer es offenbar fällt, sich moralisch zu verhalten: Zum einen ist man heutzutage im Internet nur einen Klick von Intelligenztests entfernt, wieso nicht warten und später einen anderen Test machen?

Zudem wurde niemand über die Testergebnisse informiert, es fehlte also jede soziale oder instrumentelle Motivation. Es ging weder darum, anderen zu beweisen, dass man schlau ist, noch darum, einen Arbeitgeber oder Partner von seiner Intelligenz zu überzeugen. Die Testresultate wurden nur den Teilnehmern selbst mitgeteilt.

Ich glaube, die hier beschriebene Spannung zwischen Moral und Ehrgeiz ist vielen von uns vertraut, und oft können wir der Versuchung zu brillieren nicht widerstehen. Etwa in der Wissenschaft immer dann, wenn Forschung mit potenziell schädlichen Folgen betrieben wird oder derartige Folgen ausgeblendet werden. Oder nehmen wir die vielen Fälle, wo Datenmanipulationen oder Verletzung wissenschaftlicher Standards erfolgten mit dem Ziel, ruhmreiche Publikationen vorzuweisen und Karrieren zu begründen.

Ein eindrucksvolles Beispiel ist der Fall des niederländischen Sozialpsychologen Diederik Stapel. Im Zuge seiner steilen wissenschaftlichen Karriere nahm er 2006 eine Professur an der Universität Tilburg an, baute sein eigenes Labor auf und wurde schließlich Dekan der dortigen School of Social and Behavioral Sciences. Bis dahin hatte er bereits über 20 Doktoranden persönlich betreut und mit ihnen gemeinsam wissenschaftliche Arbeiten publiziert.

Seine Studien behandelten häufig besonders spannende, kontroverse und eingängige Themen, die auch in der Öffentlichkeit für viel Aufsehen sorgten, etwa Fremdenfeindlichkeit, Mobbing, Vorurteile oder den Schlankheitswahn. In einer von Stapels Studien hörten die Probanden beispielsweise Begriffe wie »Zukunft« und »wir« und wählten anschließend häufiger Fair-Trade-Schokoriegel statt reguläre. In einer anderen Studie, publiziert in der renommierten Fachzeitschrift *Science*, sollten Teilnehmer einen Fragebogen ausfüllen und sich dafür einen Sitzplatz suchen. Hierbei standen ihnen fünf freie Sitze in einer Reihe von sechs zu

Verfügung, der sechste war bereits von einer schwarzen oder weißen Person besetzt. Die Studie »zeigte«, dass die Probanden sich weiter von der schwarzen Person entfernt hinsetzten, wenn die unmittelbare Umgebung »zugemüllt« war, Beleg für eine Hypothese zum Verhältnis von Müll und implizitem Rassismus also.

Während seine Forschungsergebnisse viel zitiert und von den Medien dankbar aufgegriffen wurden, begannen Co-Autoren und Mitarbeiter an der Korrektheit der Daten zu zweifeln. Doch keiner wollte es sich mit dem prominenten Forscher und amtierenden Dekan verscherzen (übrigens auch ein wichtiges Motiv, das zu unserem Generalthema gehört). Im Jahr 2010 vertraute sich dann doch einer von Stapels Doktoranden einem anderen Professor an, der sich auch schon gewundert hatte, wie augenscheinlich jedes einzelne von Stapels Experimenten großartige Daten produzierte. Bei einer Detailuntersuchung der Daten fielen ihm zahlreiche Ungereimtheiten auf. Parallel dazu fand der Student zwei identische Datenreihen, die nur durch Copy und Paste entstanden sein konnten.

Eine universitäre Untersuchung legte am Ende einen großangelegten Betrug durch Stapel offen, den dieser schließlich auch zugab. In Dutzenden seiner Studien und von ihm betreuten Dissertationen hatte er in unterschiedlichem Ausmaß Daten manipuliert, gefälscht, frei erfunden oder einfach gestrichen, wenn sie die gewünschten Ergebnisse nicht hergaben. Bei der oben beschriebenen Studie mit den freien Sitzplätzen hatte er die Fragebögen einfach selbst ausgefüllt. Auch seine Co-Autoren täuschte Stapel mit immer neuen Ausreden und Lügengeschichten.

Nach Abschluss der Untersuchungen wurden ihm alle Titel aberkannt, zudem wurde er aus allen Positionen entlassen. Insgesamt 58 seiner Studien wurden offiziell zurückgezogen und seine Wissenschaftspreise aberkannt. Vor Gericht stimmte er einem Vergleich zu, 120 Stunden gemeinnützige Arbeit zu leisten.

Anschließend schrieb er eine Autobiografie (mit dem vielsagenden Titel: *Faking Science: A True Story of Academic Fraud*) und hielt Vorträge zu seinen Erfahrungen. Trauriges Ende einer Karriere, bei der der Wunsch, vor sich und anderen als großartiger Forscher dazustehen, zu Täuschung und Betrug führte. Seitdem gilt »een stapeltje doen« in den Niederlanden übrigens als geflügeltes Wort für das, was im Deutschen treffenderweise schon vorher als »Hochstapelei« bezeichnet wurde.[48]

Beispiele für das Spannungsverhältnis von Ehrgeiz und Moral finden sich nicht nur in der Wissenschaft. Ein prominentes Beispiel aus dem Bereich des Journalismus ist der Fall Claas Relotius. Der Jungstar im *Spiegel*-Gesellschaftsressort genoss viel Ruhm und Anerkennung für seine außergewöhnlichen Reportagen. In dieser Königsdisziplin des Journalismus geht es darum, den Leser durch atmosphärische Szenen, subjektive Empfindungen und Einzelschicksale an den Ort des Geschehens mitzunehmen. Dass dabei die Faktentreue oft schwer zu überprüfen ist, macht dieses Genre anfällig für Fälschungen und Manipulationen. Und davon machte Relotius ausgiebig Gebrauch. So enthält beispielsweise seine preisgekrönte Reportage »Ein Kinderspiel« über einen syrischen Jungen, der glaubt, durch einen Lausbubenstreich den Bürgerkrieg ausgelöst zu haben, neben einem wahren Kern zahlreiche frei erfundene Szenen und Zitate, verdrehte Fakten und abgeschriebene Passagen aus anderen Medien. Mit viel Raffinesse, Charme und fingierten Quellen gelang es Relotius, die *Spiegel*-internen Sicherungsmechanismen auszutricksen und aufkommende Zweifel an seinen Texten im Keim zu ersticken. Erst die Beharrlichkeit seines Kollegen Juan Moreno, der gegen Widerstände aus der Redaktion viele Details nachrecherchierte und besonders dreiste Fälschungen aufdeckte, brachte das Lügengebäude schließlich zum Einstürzen.

Die Aufarbeitung durch den *Spiegel* zeichnet das verheerende

Bild eines der größten Skandale der deutschen Publizistikgeschichte.[49] Für seine Texte hatte Relotius 21 Journalistenpreise und andere Auszeichnungen erhalten, allein viermal den Deutschen Reporterpreis. Er gab sie alle zurück. Das Ende einer Karriere, bei der offenkundig der Wunsch nach Anerkennung jegliche Hemmungen ausschaltete.

Sich im Ringen um Anerkennung moralisch falsch zu verhalten, ist ein allgegenwärtiges Phänomen. Im Sport, in der Wissenschaft, im Journalismus. Aber auch in Wirtschaft, Verwaltung und Politik: Ingenieure wollen zeigen, was machbar ist und arbeiten an der Verbesserung von Landminen oder Chemiewaffen oder entwickeln betrügerische Diesel-Abschaltvorrichtungen; das alles in Firmen, in denen wiederum Manager zeigen wollen, dass sie die Kosten im Griff haben, Märkte erschließen können und eine hervorragende Personalentwicklung betreiben. Auch Bürokraten und Verwaltungsangestellte sind vom Zwiespalt zwischen Ehrgeiz und Moral betroffen.

Wenn das Streben nach Anerkennung moralisch zweifelhaftes Verhalten erfordert, führt der Wunsch nach einem positiven Image nicht zu mehr, sondern zu weniger prosozialem Verhalten. In solchen Situationen liegt es an uns zu entscheiden, wer wir sein wollen.

Kapitel 3

Wenn der Bauch entscheidet:
Stimmungen, Neid und andere Gefühle

Die meisten von uns verbinden mit ihr vermutlich bestenfalls gemischte Gefühle. Entweder war sie ständig besetzt, wenn man sie brauchte, jemand drängelte an der Tür oder die Münzen rauschten einfach durch. Ja, die gute alte Telefonzelle! Sie war aber auch Schauplatz eines aufschlussreichen Experiments.

Wie wir uns erinnern, hatten die öffentlichen Telefone eben nicht nur Einwurf-Schlitze für Geldstücke, sondern auch ein schaukeliges Rückgabefach mit dem Zweck, nicht vertelefoniertes Geld auszuwerfen. Ein solches Fach eignet sich bestens zur Manipulation. Ein Forscherteam um die berühmte Emotionsforscherin Alice Isen tat genau dies und präparierte das Rückgabefach einer Telefonzelle in der Nähe einer Shoppingmall.[1] So ergab es sich, dass die Hälfte von insgesamt 41 Versuchspersonen, die die Telefonzelle aufgesucht hatten, im Rückgabefach entweder 10 Cent entdeckten oder, wie üblich, nichts fanden. Jetzt der Clou: Nachdem die Teilnehmer die Telefonzelle verlassen hatten, ließ eine Komparsin in unmittelbarer Nähe eine Aktenmappe mit Blättern zu Boden fallen. Ein klarer Fall von Hilfsbedürftigkeit!

Unverhofft ein bisschen Geld zu bekommen, ist gewiss eine schöne Überraschung. Aber würde der kleine Stimmungs-Boost ausreichen, die Hilfsbereitschaft gegenüber der »unglücklichen«

Komparsin zu erhöhen? Tatsächlich: Insgesamt verhielten sich die überraschend Beschenkten prosozialer und sprangen der Komparsin eher bei, im Vergleich zu jenen Probanden, die im Rückgabefach kein Geld gefunden hatten.

Das Telefon-Experiment wurde in modifizierter Version häufig wiederholt, wobei die Manipulation (Geld-Fund in einer Telefonzelle) jeweils die gleiche war, die Art des prosozialen Verhaltens allerdings variiert wurde. Die Ergebnisse der Replikationen sind zwar insgesamt gemischt.[2] Aber dass eine gute Stimmung uns im Allgemeinen hilfsbereiter und prosozialer stimmt, scheint doch plausibel und deckt sich mit zahlreichen korrelativen Befunden, wonach Menschen, die sich in einer besseren Stimmung befinden, auch prosozialer handeln. Wenn Sie das nächste Mal also jemanden um einen wichtigen Gefallen bitten, achten Sie vorher darauf, ob er oder sie gut oder schlecht gelaunt ist. Die Chance, dass Ihre Bitte Gehör findet, könnte davon maßgeblich beeinflusst werden.

Um Gemütslagen geht es auch in einem Experiment, bei dem den Teilnehmern Filmsequenzen aus zwei bekannten Filmen gezeigt wurden.[3] Sinn der Maßnahme war es, die Probanden in eine eher positive oder eine eher gedrückte Stimmung zu versetzen, um anschließend zu beobachten, ob es ihr prosoziales Verhalten beeinflusst. Hierzu wählten sie etwa fünf Minuten lange Sequenzen aus Steven Spielbergs *Schindlers Liste* (die beklemmende Szene, in der das Krakauer Ghetto »liquidiert« wurde) oder aus *Lichter der Großstadt* (wo Charlie Chaplin sich auf urkomische Weise als Boxer versucht).

Die unterschiedlichen Filmszenen führten wie erwartet zu einer signifikanten Veränderung der Gemütslage: Teilnehmende, die den heiteren Filmausschnitt sahen, gaben im Schnitt eine bessere Stimmung an als jene, die die traurige Szene präsentiert bekamen. Bemerkenswert aber ist, dass diese Stimmungsunterschiede in unterschiedlichem Verhalten münden: Probanden in heiterer

Laune verhielten sich großzügiger und wandten mehr Geld für andere auf als ihre deprimierten Kollegen. Eine weitere Studie betrachtet die Auswirkungen von negativen (Wut) und positiven (Heiterkeit) Emotionen auf die Bereitschaft zu kooperieren.[4] Die Variation der Emotionen wurde wieder durch Filmsequenzen erreicht, bei den positiven Emotionen war es *Mr. Bean macht Ferien*, bei den negativen eine fiese Mobbing-Szene aus *Die Schulhofratten von Chicago*. Besser gelaunte Probanden kooperierten eher als wütende und verdienten im Schnitt auch mehr Geld im Experiment. Wut zahlte sich also nicht aus.

Die Beispiele deuten an, dass Emotionen einen entscheidenden Einfluss darauf haben, ob wir uns mehr oder weniger prosozial verhalten. Wir glauben – und nehmen uns meistens auch so wahr –, dass wir gut begründet handeln, also rational, nach sorgfältiger Abwägung von Vor- und Nachteilen. Aber der Verstand ist nicht immer Herr im eigenen Haus. Häufig sind es eben Stimmungen, Erregungslagen und Emotionen, die unser Verhalten leiten, wie die umfangreiche Forschung der letzten 25 Jahre gezeigt hat.[5] Verhaltenseffekte lassen sich dabei für sehr unterschiedliche Entscheidungskontexte ausmachen, etwa in Verhandlungen oder auf Aktienmärkten[6], bei Entscheidungen zwischen Konsum und Sparen sowie Entscheidungen unter Risiko und Unsicherheit.

Im Zusammenhang mit prosozialem Verhalten führen Emotionen oft dazu, dass wir Dinge tun, die wir so vielleicht eigentlich gar nicht gewollt haben. Und häufig hinkt der Verstand dem Verhalten zeitlich hinterher, bemüht, dasselbe ex post zu rechtfertigen und ihm einen Sinn zu verleihen. Denn über die Rolle emotionaler Zustände sind wir uns im Akt des Handelns oft gar nicht bewusst. Im Nachhinein staunen wir dann selbst nicht schlecht darüber, wie krass wir auf eine Lappalie reagiert haben, wie laut wir geworden sind oder, dass wir tatsächlich *Idiot* gesagt haben und nur hoffen können, dass der Chef das nicht hören konnte,

weil wir in diesem Moment die Tür zu seinem Büro so heftig zuge-
schlagen haben.

Stimmungslagen beeinflussen aber auch unsere moralischen
Werturteile. Ein Team von Psychologen untersuchte beispielsweise Ekel-Gefühle[7], die auf unterschiedliche Art und Weise
erzeugt wurden, etwa durch das Zünden einer Stinkbombe
(genauer gesagt handelte es sich um ein Furz-Spray). In einer
anderen Versuchsanordnung des Experimentes befanden sich die
Probanden in einem unaufgeräumten, dreckigen Raum oder wurden aufgefordert, über ein ekelhaftes Erlebnis zu schreiben oder
sich abstoßende Szenen aus Filmen anzusehen. Die Teilnehmer
bewerteten anschließend die moralische Angemessenheit von Aktivitäten. Zum Beispiel sollen sie sagen, inwiefern folgende Verhaltensweise moralisch okay sind: Ein Familienhund stirbt bei einem
Autounfall, die Familie isst ihn zum Abendessen. Es zeigt sich,
dass der emotionale Zustand moralische Werturteile beeinflusst.
In den Ekel-Bedingungen neigen die Teilnehmer zu extremeren,
hier konkret: kritischeren Urteilen.[8]

Stimmungen und Erregungen beeinflussen auch unsere Bereitschaft zu einem der hässlichsten und unmoralischsten Akte: der
sexualisierten Gewalt. Häusliche Gewalt gehört leider in unserer
Gesellschaft zum Alltag. Laut Bundesministerium für Familie,
Senioren, Frauen und Jugend wird etwa jede vierte Frau mindestens einmal in ihrem Leben Opfer körperlicher oder sexueller
Gewalt durch einen Partner.[9]

Eine provokante Studie mit männlichen Studenten der Berke-
ley University hat den Zusammenhang zwischen Erregungslagen
und sexueller Gewaltbereitschaft näher untersucht.[10] Man mag
das Experiment für anstößig halten, doch die Ergebnisse sind
aufschlussreich. Die Teilnehmer wurden in zwei Gruppen aufgeteilt und gebeten, eine Reihe von Fragen zu ihren sexuellen Vorlieben und Verhaltensweisen zu beantworten. In einer Gruppe

wurden sie zudem gebeten, vor dem Beantworten der Frage zu masturbieren, allerdings nur bis zu einem präorgasmischen Level.[11] Die andere Gruppe beantwortete die Fragen in einem nicht-erregten Zustand. Die Zustimmung auf die Frage, ob man einer Frau sagen würde, dass man sie liebe, um die Wahrscheinlichkeit auf Sex mit ihr zu erhöhen, belief sich bei Letzteren auf 30 Prozent. Bei den Erregten stieg sie auf 51 Prozent. Damit nicht genug. Auch weitere, unmoralische und strafbare (!) Handlungen fanden eine signifikant höhere Zustimmung, etwa einer Frau Drogen unterzumischen, um mit ihr Sex zu haben (5 bzw. 26 Prozent). Oder zu versuchen, mit ihr Sex zu haben, obwohl sie bereits »Nein« gesagt hat (20 bzw. 45 Prozent). Schockierend an der Studie finde ich nicht nur den Zusammenhang zwischen Erregungslevel und der erhöhten Bereitschaft für strafbares und unmoralisches Verhalten, sondern auch die Antworten der Teilnehmer, die die Fragen in einem nicht-erregten Zustand beantworteten.

Wie negative Emotionen die Bereitschaft zu (häuslicher) Gewalt auch in der Praxis verstärken, zeigt ein viel diskutiertes Forschungspapier von Nobelpreisträger David Card und seinem Kollegen Gordon Dahl.[12] Um verlässliche Aussagen treffen zu können, muss man zugleich den Auslöser negativer Emotionen messen und mit Statistiken zu Gewalt verknüpfen. Die Autoren bedienen sich der Tatsache, dass bei vielen US-amerikanischen Männern (und gewiss nicht nur in den USA) die Niederlage ihres Sportclubs zu erheblichen negativen emotionalen Reaktionen führt. Ihre Hypothese lautete: Unerwartete Niederlagen des lokalen NFL-Football-Teams lösen bei Anhängern Wut und Frustration aus. Diese Emotionen wiederum erhöhen die Wahrscheinlichkeit, in Auseinandersetzungen mit der Partnerin Gewalt anzuwenden. Die Forscher verknüpften die Daten zu gemeldeten Fällen von häuslicher Gewalt aus 750 Städten mit den Ergebnissen der NFL-

Sonntagsspiele über einen Zeitraum von zwölf Jahren. Kam es zu einer überraschenden Niederlage, verlor also ein Favorit gegen einen vermeintlich schlechteren Gegner, stieg die Gewaltrate in den Städten in der regionalen Umgebung des jeweiligen NFL-Teams um 10 Prozent an. Der Anstieg der Gewalttaten gegenüber ihren Partnerinnen konzentriert sich dabei auf eine relativ kurze Periode um den Schlusspfiff der Partie herum.

Weitere Arbeiten machen sich die (unerwarteten) Niederlagen oder Siege lokaler Sportvereine zunutze, um den Einfluss von Emotionen auf unser Sozialverhalten im Alltag zu messen. So zeigt sich etwa, dass Richter Jugendliche besonders hart bestrafen, wenn »ihr« College-Football-Team gerade verloren hat.[13] Und Gewaltverbrechen in Städten steigen beziehungsweise sinken, abhängig vom jeweiligen Ergebnis des städtischen Fußballvereines.[14]

Eine der Sieben Todsünden

Wenden wir uns einem Gefühl zu, das wahrscheinlich jeder kennt, über das man aber nicht so gerne spricht. Papst Gregor der Große (540 bis 604) hat es nicht zufällig in seine berühmte Liste menschlicher Abgründe und Todsünden aufgenommen. Reden wir über Neid.

Neid ist ein mächtiges und zugleich zerstörerisches Gefühl. Eine Art Unbehagen, das daraus resultiert, etwas Begehrenswertes nicht zu haben, was andere aber ihr Eigen nennen. Seien es materielle Dinge wie Einkommen, Auto, Haus oder der bessere Job, oder immaterielle wie sozialer Status, Schönheit, Intelligenz, Eloquenz oder Weltläufigkeit. Jeder kennt jemanden, der in irgendetwas besser, der reicher oder vermeintlich attraktiver ist, und das neiden wir ihm oder ihr. Man empfindet Neid aber auch auf die sozial Bevorzugten und Erfolgreichen, vor allem wenn man sich selbst ausgeschlossen fühlt, sich zu kurz gekommen oder schlicht benachteiligt vorkommt.

Es gibt immer etwas, worauf wir neidisch sind. Als Wissenschaftler finden Sie es vielleicht unproblematisch, dass Ihr Nachbar den größeren Garten und das schickere Auto hat. Aber was ist mit dem Kollegen, der nur halb so viel kann wie Sie, aber einen Wissenschaftspreis nach dem anderen abräumt, die besseren Angebote von Universitäten bekommt, häufiger zitiert wird, auf Twitter mehr Follower hat und obendrein auch noch mehr verdient?

Wieso hat die Couch-Potato von nebenan die absolute Traumfigur, während Ihre Pfunde partout nicht purzeln wollen, obwohl Sie doch regelmäßig Joggen gehen? Wieso bekommt der Schaumschläger-Parteifreund den besseren Listenplatz bei der Bundestagswahl, obwohl er doch nur Stroh zwischen den Schläfen hat? Und wieso regnet es immer, wenn Sie an der Nordsee Urlaub machen, während Ihre Freunde am laufenden Band sonnenbebrillte Selfies unter Palmen schicken?

Neidgefühle sind der Treibstoff des Bösen. Dann nämlich, wenn aus Neid Frust wird und aus Frust Aggression. Das muss nicht immer der Fall sein. Psychologen unterscheiden den »guten« vom »bösen« Neid, wobei ersterer sich in der positiven Motivation äußert, das Objekt des Neids selbst zu erlangen, indem man sich beispielsweise mehr anstrengt oder geduldiger und stärker selbstkontrolliert handelt. Das ist der Neid, von dem manche behaupten, er sei insgesamt wohlstands- und fortschrittsfördernd. Aber das ist eine andere Frage.

Leider ist die böse Variante mindestens gleich häufig anzutreffen. Sie fragt nicht, was kann ich selbst tun, um auch so erfolgreich zu sein, die beneideten Dinge und Fähigkeiten selbst zu erlangen. Sie richtet sich auf die *Zerstörung des Anlasses* für den Neid. Das bekannte Motto der Sponti-Bewegung umdeutend, könnte man diesen Neid so beschreiben: *Mach kaputt, was dich kaputt macht.* Zerkratz den Porsche, vergifte den hübschen Zuchtpudel des Nachbarn, verleumde den Nebenbuhler, schwärze den erfolgreichen Kollegen beim Chef an, ruf die Polizei, sobald es in der schicken Penthouse-Wohnung mal lauter wird.

Anders formuliert: Neid verringert meine Empathie gegenüber Menschen, die im Besitz von etwas sind, das auch ich gerne hätte, aber nicht habe. Weniger Empathie bedeutet, dass mir ihr Wohlergehen nicht gerade am Herzen liegt, vielleicht sogar das Gegenteil. Dies wiederum führt dazu, dass ich mich ihnen gegenüber weniger prosozial verhalte. Kurz gesagt: Neid macht uns unmoralisch.

Eine schöne Hypothese. Aber wie soll man sie testen? Als ich darüber nachdachte, wurde mir klar, dass es nur mithilfe eines Experiments gehen kann; und dass ich zur Implementierung eines eindeutig unmoralischen Verhaltens das Auslösen von Elektroschocks verwenden könnte. Aber wie erzeugt man Neid? In der Literatur wird sexuelle Attraktivität häufig als potenzielle Quelle von Neid beschrieben.[15] Erfolg im Paarungsverhalten war für Spezies, die sich sexuell fortpflanzen, im Prozess der Evolution absolut zentral.[16] Das Verlangen nach sexueller Erfüllung genauso wie ihre Zurückweisung ist also ein relevanter Treiber unserer Emotionen. Damit lässt sich arbeiten.

Aus Sicht eines Teilnehmers lief mein Experiment[17] wie folgt ab: Stellen Sie sich vor, Sie sind zu dieser Studie eingeladen. Einige Wochen zuvor haben Sie ein Foto von sich an das Labor geschickt. Sie waren gebeten worden, eines zu senden, auf dem sie »gut getroffen« sind. Sie haben aber keine Ahnung, wozu das alles dient. Sie sitzen also an einem Arbeitsplatz im Labor und erfahren zunächst, dass Sie mit einem anderen Teilnehmer eine Zweiergruppe bilden. Weiter lesen Sie in den Instruktionen, dass Sie kurz darauf die Gelegenheit haben werden, dieser anderen

Person einen *medizinisch unbedenklichen aber schmerzhaften* Elektroschock zuzufügen. Konkret heißt es in den Instruktionen, dass Sie entweder Option A wählen können, wobei Sie dann kein zusätzliches Geld verdienen werden. Oder Sie wählen Option B. Dazu heißt es: »*Wenn Sie Option B wählen, erhalten Sie zusätzliche 10 Euro ausbezahlt. Ihre Entscheidung hat eine weitere Konsequenz. Wenn Sie Option B wählen, erhält der andere Teilnehmer einen schmerzhaften Stromschlag. Der Impuls wird dabei über zwei Elektroden, welche am Unterarm des Teilnehmers befestigt werden, verabreicht.*« Sie erfahren wahrheitsgemäß, dass die Stromimpulse gesundheitlich *vollkommen unbedenklich* sind. Um jeden Zweifel darüber zu zerstreuen, worum es im Experiment geht, lesen Sie: *Ihre Entscheidung in diesem Experiment ist also, ob Sie bereit sind, jemandem für Geld einen Schmerz zuzufügen.*

Als nächstes erfahren Sie, dass Sie in Kürze weitere Informationen über den anderen Teilnehmer erhalten werden. Wenn Sie ein Mann sind, lernen Sie, dass der andere Teilnehmer ebenfalls ein Mann ist; sind Sie eine Frau, dann erfahren Sie, dass es eine Frau ist. Aus Sicht einer weiblichen Teilnehmerin geht es dann wie folgt weiter (für Männer ist alles identisch, nur mit umgekehrten Geschlechterrollen): Sie werden daran erinnert, dass Sie einige Wochen vor dem Experiment ein Foto von sich geschickt haben, auf dem Sie »gut getroffen« sind. Sie erfahren, dass auch die andere Teilnehmerin ein Foto von sich geschickt hat und dass beide Fotos, das Ihre und das der anderen Teilnehmerin, von drei attraktiven jungen Männern verglichen wurden. »*Die drei Männer wurden gefragt, wen von den beiden, Sie oder die andere Teilnehmerin, sie attraktiver finden.*«

Konkret haben die drei Männer, die wir extra für diese Evaluationsaufgabe eingeladen hatten, die folgenden drei Fragen beantwortet: Zuerst: »Welche der beiden Frauen sieht besser aus und ist insgesamt attraktiver?« Dann: »Wenn Sie die Wahl hätten: welche der beiden Frauen würden Sie lieber besser kennenlernen?« Und schließlich: »Mit welcher der beiden können Sie sich eher vorstellen, intim zu werden?« Weiter erfahren Sie jetzt, dass die attraktiven Männer ein einstimmiges Votum auf alle Fragen getroffen haben und dass die Antwort entweder lautet, dass *Sie* oder die *andere Teilnehmerin* attraktiver ist, oder dass sie beide in etwa *gleich* attraktiv sind, und dass Sie die Antwort auf dem nächsten Bildschirm erfahren werden.

Nachdem Sie alle Informationen verdaut haben und bereit sind, klicken Sie weiter, um auf den nächsten, entscheidenden Bildschirm zu gelangen. Auf diesem steht nun:

Hier sehen Sie die Antworten der drei attraktiven, jungen Männer

- *Welche der beiden Frauen sieht besser aus und ist insgesamt attraktiver?* **Antwort**: die andere Teilnehmerin
- *Wenn Sie die Wahl hätten: welche der beiden Frauen würden Sie lieber besser kennenlernen?* **Antwort**: die andere Teilnehmerin
- *Mit welcher der beiden können Sie sich eher vorstellen, intim zu werden?* **Antwort**: mit der anderen Teilnehmerin

Und dann die Frage: Was wählen Sie: Option A (kein Elektroschock) oder Option B (Elektroschock)?

Kann schon sein, dass Sie jetzt alle niederen Motive weit von sich weisen. Dass Sie niemals Option B gewählt hätten; aber angesichts der Tatsache, dass die andere sexuell offenbar deutlich attraktiver ist, könnten schon Neidgefühle aufkommen und einen Gedanken rechtfertigen, etwa: *Wieso soll ich nett sein zu ihr, sie ist bestimmt so eine arrogante Ziege.*

Ich kann nicht in die Köpfe der Probanden schauen, aber ich

beobachte ihr Verhalten. Und das ist eindeutig: Wenn Probanden erfahren, dass beide »etwa gleich gut« aussehen, in der Bedingung ohne Neid also, geben sie den anderen Teilnehmern in 29,6 Prozent der Fälle Elektroschocks. Schon diese Zahl ist einigermaßen verstörend, wenn man bedenkt, dass die Instruktionen klar und deutlich auf die Konsequenzen der Entscheidungen aufmerksam gemacht haben. Aber das ist erst der Anfang: Wenn Teilnehmer erfahren, dass die andere Person sexuell attraktiver ist, steigt die Anzahl derer, die Option B wählen, auf über 70 Prozent. Dieser dramatische Anstieg beschreibt die Funktion des Neides als Treibstoff des Bösen: Der andere hat, was ich nicht habe; ich neide es ihm – und dafür muss er bluten. Die Effekte sind für Männer und Frauen übrigens sehr ähnlich. Zwar schocken Frauen insgesamt etwas seltener, aber die Neid-Reaktion ist dieselbe wie bei den Männern.

Neid und Gewalt

Neid reduziert unsere Empathie anderen Menschen gegenüber. Diese Form der Enthemmung bezieht sich aber nicht ausschließlich und unmittelbar auf den Träger der von mir geneideten Eigenschaft. Und auch nicht notwendigerweise nur auf eine Person. Neid kann sich auf Gruppen von Menschen beziehen und die angestaute Aggression auf wiederum andere Personengruppen übertragen.

Ganze Bevölkerungsgruppen erleben Neid auf »die da oben«, also die Schönen und Erfolgreichen, die (vermeintlich) weltläufig und souverän durchs Leben gehen. Neid auf die, die die gesellschaftlichen Erfolgscodes kennen, beherrschen und bedienen, die scheinbar mühelos Reichtum, Gesundheit, Macht und Glück auf sich vereinen. Das kann bei den vermeintlich »Abgehängten« ein Gefühl der Benachteiligung und der mangelnden Wertschätzung hinterlassen. Das frustrierende Gefühl, auf der Schattenseite zu leben, das wiederum Neid schürt, dann Wut, vielleicht sogar Hass. Aber wohin damit?

Häufig entlädt sich dieser neidgeschürte Hass gegen Gruppen, die eine vermeintliche Mitschuld am eigenen Versagen haben. Wie stark die Bereitschaft, eine andere Gruppe zum Sündenbock zu machen, von deren sozialem Status abhängt, zeigt ein in der Slowakei durchgeführtes Experiment.[18] Die Studie misst die Bereitschaft, eine unschuldige Person (den Sündenbock) für das Fehlverhalten einer anderen Person zu bestrafen. Die Besonderheit an dem Experiment ist, dass die Forscher die ethnische Zugehörigkeit der unschuldigen Person variieren. Die Bereitschaft der Teilnehmer, einen unschuldigen Zuschauer für das unsoziale Verhalten einer anderen Person zu bestrafen, stieg um das Doppelte an, wenn diese Person einer ethnischen Minderheit (in diesem Fall der Volksgruppe der Roma) angehörte.

Der Begriff Sündenbock kommt aus der Bibel, genauer aus dem dritten Buch Mose. Der Sündenbock war eine Opferziege, auf der die Menschen ihre Sünden abluden. Sozialpsychologen argumentieren, dass wir unsere Wut und Aggressionen immer dann auf einen Sündenbock verschieben, wenn die Bestrafung der wahren Quelle unseres Problems nicht möglich ist.[19] Aber was kennzeichnet eigentlich den »optimalen Sündenbock«? Meines Wissens gibt es hierzu keine überzeugende und allgemeingültige Theorie, zwei Faktoren scheinen mir aber wesentlich zu sein. Erstens muss es möglich sein, die zum Sündenbock deklarierte Gruppe für die eigene Misere (mit)verantwortlich zu machen. Damit das glaubhaft funktioniert, muss diese Gruppe mit einem Minimum an Machtfülle ausgestattet sein. Zweitens sollte die Gruppe aber auch nicht zu mächtig sein, sonst eignet sie sich nicht als Opferziel, man möchte ja schließlich als »Sieger« vom Platz gehen. Stark genug also, aber eben auch nicht zu stark. Auf diese Weise erfüllt eine zum Sündenbock ausgewählte Gruppe zwei zentrale psychologische Ziele: Zum einen liefert sie eine »Begründung« für das eigene Zu-kurz-kommen. Hierdurch wird das neidvolle Individuum entlastet, weil es nicht selbst verantwortlich ist für die eigene Misere. Zum anderen bietet sie eine geeignete Zielscheibe für den eigenen Frust und Hass, weil sie schwach genug ist, um sie ohne allzu große eigene Opfer zur »Rechenschaft« ziehen zu können.

Historisch musste die jüdische Bevölkerung für diese Zwecke herhalten, wie ein roter Faden ziehen sich antijüdische Pogrome und Gewalt durch die europäische Geschichte. Dass Neid ein wesentlicher Faktor beim Hass auf die Juden war, der wiederum den Nazis in die Hände gespielt hat, scheint sehr plausibel. Viele Autoren haben herausgearbeitet, dass es nicht zuletzt der überproportionale Erfolg der (meist assimilierten) Juden im Deutschen Reich war, der es vielen so »leicht« gemacht hat, den Antisemitismus zu unterstützen oder sich ihm jedenfalls nicht entgegenzustellen. Es war der Neid auf die herausgehobenen Persönlichkeiten in Wirtschaft, Wissenschaft und Kunst, aber auch auf die Bildungserfolge von Juden, gemessen am – relativ zum Bevölkerungsanteil – überproportionalen Anteil an Abiturienten, Ärzten oder Rechtsanwälten.[20]

Aber auch heute liefern gesellschaftliche Minderheiten Zielscheiben für neidgespeiste Aggression, vor allem Ausländer und Asylsuchende. Ich behaupte nicht, dass Neid der einzige Grund für rassistische Ausschreitungen ist, aber es ist ein sehr wichtiger. Neid, weil man weniger hat, nicht dazu gehört, sich ausgeschlossen fühlt. Was liegt da näher, als seinen angestauten Frust, seine Wut an jenen auszulassen, die noch schwächer sind, und die man irgendwie mitverantwortlich machen kann für die eigene Situation: weil sie angeblich die Jobs wegnehmen und obendrein vom Staat großzügig alimentiert werden, während der »normale Deutsche« – das »Volk« – im Elend darbt.

Gemeinsam mit meinem Kollegen Josef Zweimüller von der Universität Zürich habe ich mir den Zusammenhang von rechtsextrem motivierter Gewalt und Arbeitslosigkeit einmal näher angeschaut.[21] Für unsere Forschungsarbeit verwendeten wir Daten des Bundeskriminalamtes zu rechtsextremen Straf- und Gewalttaten pro Bundesland und Monat über einen Zeitraum von mehreren Jahren. Die Variation der Straftaten über Ländergrenzen und Zeit hinweg kann man mit der Veränderung der Arbeitslosigkeit in den jeweiligen Bundesländern in Zusammenhang bringen. Die Hypothese war, dass ein höheres Arbeitslosenniveau sich günstig auf rechtsextreme Gewalt auswirkt. Zum einen, weil das Narrativ, dass Ausländer die Jobs wegnehmen, eine »gute« Begründung darstellt, sich an ebendiesen schadlos zu halten. Zum anderen aber auch, weil, so unsere Vermutung, die allgemeine Bereitschaft der Bevölkerung, sich für Ausländer einzusetzen und sie vor Übergriffen zu schützen, abnimmt. Zwar dürfte der Anteil effektiv gewaltbereiter Menschen relativ gering sein. Ob diese aber ihrer Gewalt freien Lauf lassen können, hängt von der Bereitschaft der Mehrheit ab, dies zuzulassen oder nicht. Greift man ein, diskutiert man mit Gewaltbereiten – oder schaut man weg, applaudiert sogar? Ob Gewalt sich Bahn bricht, hängt vom Verhalten der Mehrheit ab, nicht von psychopathischen Einzeltätern.

Tatsächlich finden wir einen positiven und signifikanten Effekt von Arbeitslosigkeit auf rechtsextreme Straf- und Gewalttaten, wobei der Effekt auf Straftaten stärker ausgeprägt ist. Wir können übrigens auch zeigen, dass die Unterschiede im Ausmaß der Arbeitslosigkeit für den Ost-West-Unterschied in rechtsextremer Gewalt maßgeblich sind, nicht nur die »Ost-Sozialisation«.

Ich sehe im Wechselspiel von Neid und Gewalt ein zentrales Argument für die Forderung nach weniger sozialer und ökonomischer Ungleichheit. Je stärker ausgeprägt die Glücksversprechen und Statusunterschiede in einer Gesellschaft sind, desto mehr muss man mit moralischer Indifferenz und Gewalt rechnen. Genau das wurde in zahlreichen Studien gezeigt, die Korrelationen von Formen gesellschaftlicher Ungleichheit und Gewalt aufzeigen.[22] Risikofaktoren für das Auftreten von Gewalt sind dabei hohe Arbeitslosenzahlen, Armut, geringe Aufstiegschancen, mangelnde Chancengleichheit oder auch die Wohnungsnot. Zunehmende Ungleichheiten zu bekämpfen ist daher nicht nur ein Gebot der Menschlichkeit, es ist im ökonomischen und sozialen Interesse und überlebenswichtig für unsere Demokratie.

Was folgt noch? Auf Leute zugehen. Wer aus Mangel an Anerkennung zur Gewalt neigt, wird nicht durch Gewalt, sondern durch Zuspruch und Anerkennung eine Besserung herbeiführen. Klar fällt das viel schwerer, als sich über die vermeintlich »ungebildeten Versager« und »Idioten« lustig zu machen. Wer aber ein ehrliches Interesse am gesellschaftlichen Zusammenhalt hat, sollte sich das verkneifen und stattdessen nicht müde werden, positive Gesprächsangebote zu machen (s. dazu auch Kapitel 7).

Neid entsteht nicht nur spontan; er kann auch für politische Zwecke motiviert und geschürt werden. Der uralte, aber noch immer wirksame Trick besteht darin, ein Problem rhetorisch zu verstärken, zu dramatisieren, und sich gleichzeitig als Retter und Erlöser zu präsentieren, der den vermeintlichen Urhebern des Problems zu Leibe rückt. Hass auf Juden, Minderheiten und Ausländer als Urheber der Misere wird dabei bewusst verstärkt oder gar initiiert. Der Verweis auf deren »Schuld« ist nicht nur psychologisch wohltuend, weil er das *eigene* Versagen leugnet, sondern kennzeichnet auch gleich ein lohnendes Target politischer Aktion.[23]

Das Kalkül der rechten Agitation, durch Diffamierung und Aufhetzen Neid zu schüren, würde ich gerne anhand von zwei Plakaten verdeutlichen, die ich auch deshalb auswähle, weil sie auf den gleichen Treiber von Neid setzen wie in meinem Experiment: sexueller Wettbewerb. Das erste ist eine Abbildung aus dem »Stürmer«, dem Hetzblatt der Nationalsozialisten. Es verdeutlicht, wie die Nazis den Neid auf Juden für ihre Zwecke instrumentalisierten, um Antisemitismus zu schüren. Das Bild zeigt einen vermeintlich reichen Juden, der nicht nur reich ist, sondern mithilfe seines Reichtums auch die Frauen verführt. Unter der Überschrift »Legion der Schande« ist zu lesen: *Unaufgeklärt, verlockt vom Gold – Stehen sie, geschändet, im Judasgold. Die Seelen vergiftet, verseucht das Blut – In ihrem Schoße das Unheil ruht.* Neid also nicht nur auf den Reichtum, sondern auch auf die vermeintliche Tatsache, dass der »reiche Jude« den »Deutschen« die Frauen »wegnimmt«. Die Rhetorik vom geldgierigen und reichen Juden wird hier also noch durch Sexualneid verstärkt, ein rhetorisches Motiv, dass sich bis heute in Anti-Ausländer-Kampagnen findet.

Abb. 4: Damals: aus *Der Stürmer* 1935
Heute: AfD-Europawahlkampf 2019

Auf dem Wahlplakat der AfD zum Europawahlkampf 2019 ist das Gemälde des Franzosen Jean-Léon Gérôme von 1866 zu sehen, auf dem ein Sklavenhändler eine Sklavin auf einem osmanischen

Sklavenmarkt begutachtet. Subtext: *Die Muslime nehmen uns die Frauen weg.* Diese Botschaft verfängt offenbar besonders in jenen Regionen Deutschlands, wo es einen besonders starken Überhang an Männern gibt, also das Verhältnis von Männern zu Frauen deutlich über 1 ist[24]. Das US-Kunstmuseum Clark Art Institute, in dem das Original des Gemäldes von Jean-Léon Gérôme hängt, hatte die AfD übrigens aufgefordert, das Plakat abzuhängen und nicht für ihre Zwecke zu verwenden.

(K)einer von uns

Wir haben gesehen, wie Empathie durch Empfindungen von Neid schwindet oder gar ausgelöscht werden kann. Aber oft braucht es dafür gar keinen Neid. Sondern nur das Gefühl, jemand gehört nicht *zu uns,* ist nicht Teil unserer, sondern einer anderen Gruppe. Stellen Sie sich vor, ich frage einen Kölner, wie viel er einer fremden Person in einem Diktatorspiel von seinen 10 Euro abgeben möchte. Die fremde Person kommt entweder aus Köln oder aus Düsseldorf. Wem wird er wohl mehr geben? Dem Kölner oder dem Düsseldorfer?

Vor einigen Jahren, als ich noch in Zürich lebte und arbeitete, haben Christian Zehnder (mittlerweile Kollege in Lausanne) und ich ein Experiment durchgeführt, bei dem Teilnehmer ihre Entscheidung davon abhängig machen konnten, in welchem der 12 Kreise Zürichs ein anderer Teilnehmer jeweils wohnt.[25] Das Spiel ging so: Ein Teilnehmer erhielt 10 Franken und konnte entscheiden, wie viel er davon einer anderen Person anvertrauen will. Jeder Franken, den er der anderen Person überwies, wurde von uns verdreifacht. Wenn er beispielsweise 8 Franken überwies, erhielt die andere Person 24 Franken. Im Anschluss an die Überweisung war die andere Person am Zug und entschied, ob und wie viel Geld sie zurücküberweisen wollte. In der Fachliteratur wird dieses Spiel Vertrauensspiel[26] genannt, denn der Betrag, den der Teilnehmer der anderen Person überweist, drückt aus, wie sehr er der anderen Person vertraut, sich fair zu verhalten. Wenn der Teilnehmer etwa voll vertraut, also 10 Franken überweist und die andere Person fair ist, verdienen beide 15 Franken. Vertraut er nicht und überweist kein Geld, erhalten beide nur ihre ursprüngliche Ausstattung (10 bzw. 0 Franken). Schlecht für den Teilnehmer ist es natürlich, wenn er vertraut und Geld überweist und sich der andere Teilnehmer nicht als vertrauenswürdig erweist. Überweist er z. B. 10 Franken und die Rücküberweisung ist Null Franken, erhält er am Ende nichts, während der andere Teilnehmer mit 30 Franken nach Hause geht.

Genau dieses Spiel haben wir mit etwa 1000 Zürchern durchgeführt. Die Teilnehmer erhielten keine Information über die andere Person, außer in welchem der zwölf Kreise sie wohnt. Im Durchschnitt vertrauten die Zürcher 66 Prozent ihres Budgets der anderen Person an, wobei sie stark nach Kreisen differenzierten. Sozial schwächere Kreise und solche, die als eher »problematisch« gelten, erhielten relativ wenig, eher wohlhabende hingegen mehr. Personen, die in weniger attraktiven Kreisen wohnten, hatten also Pech. Ihnen wurde allein aufgrund ihres konkreten Wohnorts weniger überwiesen, ein Effekt, den die Fachliteratur als statistische Diskriminierung bezeichnet. Die Diskriminierung war insofern rational, als die Rücküberweisungen aus den Kreisen, die mehr erhielten, im Schnitt auch höher waren, als aus jenen, die weniger erhielten.

Aber noch ein anderer Befund macht die Studie hier interessant: Unabhängig von der generellen Vertrauenswürdigkeit eines Kreises überwiesen die Teilnehmer stets mehr in ihren eigenen als in die anderen Kreise. Die Tatsache, dass jemand »aus meinem Kreis« kommt, erzeugte einen Extravorschuss an Vertrauen.

Mitglieder der eigenen Gruppe wurden also *positiv* diskriminiert und erhielten im Schnitt 10 Prozent mehr als Personen aus anderen Kreisen.

Die Ergebnisse illustrieren einen wichtigen Bestimmungsfaktor prosozialen Verhaltens. Wir richten unser Verhalten nach der Einteilung in Eigen- und Fremdgruppe, teilen Mitmenschen ein in »Wir« und »Die«. Dabei begegnen wir Menschen, die wir der eigenen Gruppe zuordnen, zumeist mit mehr Empathie und verhalten uns ihnen gegenüber freundlicher und prosozialer. Die Rolle der Gruppenzugehörigkeit für Empathie und soziale Wahrnehmung steht im Mittelpunkt der von Tajfel und Turner entwickelten Theorie der sozialen Identität[27], einer Theorie, die die Diskriminierung zwischen Gruppen konzeptualisiert und erklärt. Verkürzt formuliert basiert sie darauf, dass wir uns und andere permanent in Kategorien einteilen, etwa als Mann, Frau, Akademiker oder Ausländer. Zudem stiften wir soziale Identität, indem wir die eigene Gruppe und ihre Mitglieder positiver bewerten als Mitglieder einer fremden Gruppe. Wir wollen uns selbst und all jene, die mit uns verbunden sind, in einem guten Licht sehen. Diese Favorisierung der eigenen und Zurückweisung fremder Gruppen erklärt, warum die Zürcher Personen aus ihrem Kreis mehr vertrauen.

Es ist erstaunlich, wie wenig es bedarf, um Gruppeneinteilungen zu erzeugen. Studien zeigen, dass hierzu die Farbe eines T-Shirts, das Ergebnis eines Münzwurfs oder Vorlieben über bestimmte Maler ausreichen, um Gefühle von Eigen- und Fremdgruppen zu erzeugen.[28] Basierend auf bahnbrechenden Studien von Tajfel und Co. zeigen etwa Yan Chen und Sherry Xin Li, wie sich solche »minimalen Gruppen« auf prosoziales Verhalten auswirken.[29] Die Gruppenidentität wird dabei wie folgt erzeugt: Allen Teilnehmern werden Bilder zweier Maler (Paul Klee und Wassily Kandinsky) gezeigt, von denen sie sagen sollen, welche sie schöner finden.

Basierend auf ihren Vorlieben werden die Teilnehmer anschließend einer »Klee-Gruppe« und einer »Kandinsky-Gruppe« zugeordnet.[30]

Die Autoren zeigen, wie sich die scheinbar irrelevante Gruppeneinteilung auf unser Sozialverhalten auswirkt. Klee-Liebhaber verhalten sich gegenüber anderen Klee-Liebhabern großzügiger, im Vergleich zu Kandinsky-Liebhabern. Sie bestrafen zudem unsoziales Verhalten von Personen der Kandinsky-Gruppe signifikant stärker. Und sie belohnen prosoziales Verhalten ihrer eigenen Gruppe mehr als das der anderen Gruppe. Es bedarf also nicht mehr als der unterschiedlichen Einschätzung einer Handvoll Kunstwerke, um prosoziales Verhalten zu beeinflussen.

Das Denken in Gruppenzugehörigkeiten kann fatale Folgen haben. So zeigt sich, dass Richter Straftäter ihrer eigenen ethnischen Gruppe nachsichtiger beurteilen[31] und Gerichte und Polizei bei der Strafverfolgung insgesamt einen ethnischen Bias zugunsten der eigenen Gruppe aufweisen.[32] Ein weiteres Beispiel ist die Parteizugehörigkeit. Die Politologen Shanto Iyengar und Sean J. Westwood baten die Teilnehmer eines Experiments, zwischen zwei Kandidaten für ein Stipendium zu wählen. Die Qualität beider Bewerbungen war identisch, allerdings unterschieden sich die Kandidaten in ihren Parteipräferenzen. Obwohl ihre Qualifikationen gleich waren, zeigte sich eine klare Bevorzugung nach Parteipräferenz. 79 Prozent der Demokraten wählten für das Stipendium den Kandidaten aus, der ebenfalls mit den Demokraten sympathisierte. Unter den Republikanern wählten 80 Prozent den republikanischen Stipendiaten. Die Teilnehmer bevorzugten selbst dann den Kandidaten der eigenen Gruppe, wenn er schlechtere Noten hatte als der andere Kandidat.[33]

Dilemmas

Emotionen beeinflussen auch unsere Beurteilungen, wenn es um moralische Dilemmas geht. Das wohl bekannteste ist das so genannte Trolley-Dilemma, das auf das Gedankenexperiment der Philosophin Philippa Foot[34] zurückgeht: Angenommen, ein Straßenbahnwagen (Trolley) ist außer Kontrolle geraten, und droht, *fünf* Personen zu überrollen, die sich auf dem Gleis der Straßenbahn befinden. Es besteht die Möglichkeit, den Wagen auf ein Nebengleis umzulenken, auf dem sich lediglich *eine* andere Person befindet, die dann anstelle der fünf auf dem Hauptgleis überrollt und damit sterben würde. Ist es moralisch vertretbar, den Wagen umzulenken, also den Tod der einen Person in Kauf zu nehmen, um die fünf Personen zu retten? Egal, wie man sich entscheidet, am Ende ist mindestens ein Mensch tot.

Obwohl es nur ein Gedankenexperiment ist, finden sich viele Anwendungsbereiche in der Realität. Nehmen wir an, ein Passagierflugzeug wurde von Terroristen entführt mit dem Ziel, die Maschine in ein vollbesetztes Stadion abstürzen zu lassen: Falls keine Möglichkeit besteht, das Flugzeug von diesem Ziel abzubringen, außer es abzuschießen – sollte dieser Abschussbefehl tatsächlich erteilt werden? Der Gesetzgeber in Deutschland hat hierzu eine klare Meinung. In einem wegweisenden Urteil entschied 2006 das Bundesverfassungsgericht, dass ein derartiger Abschussbefehl nicht mit dem Grundgesetz in Einklang zu bringen ist.[35] Ein Abschuss verletzt nach Ansicht der Richter das Recht der tatunbeteiligten Insassen der Passagiermaschine auf Leben und kann damit nicht erlaubt werden.

Auch für die Frage, wie autonom gesteuerte Fahrzeuge programmiert werden sollen, sind die ethischen Überlegungen des Trolley-Dilemmas relevant. Sollten die Algorithmen Fahrer und Insassen schützen, selbst wenn hieraus eine Gefahr für andere

Verkehrsteilnehmer erwächst? Wenn zum Beispiel eine Gruppe von Fußgängern plötzlich eine mit Bäumen gesäumte Straße überquert, ohne auf das autonom gesteuerte Auto zu achten, das nun wiederum keine Zeit mehr hat zu bremsen: Soll das Auto dann geradeaus in die Fußgänger rasen oder in die nebenstehenden Bäume, mit fatalen Folgen für die Insassen? Und: Sollte der Algorithmus bei seiner »Entscheidung« berücksichtigen, wer die Fußgänger sind, ob es sich zum Beispiel um ältere Menschen oder Kinder handelt? Die vom Bundesverkehrsministerium eingesetzte Ethikkommission positionierte sich hierzu eindeutig[36] und empfiehlt, dass persönliche Merkmale keine Rolle spielen dürfen.

Wie aber bewerten »ganz normale« Menschen diese Frage? Eine Gruppe von Forschern[37] sammelte insgesamt fast 40 Millionen Entscheidungen von Befragten aus der ganzen Welt darüber, wie ein Algorithmus verfahren sollte. Die Mehrheit orientiert sich dabei an persönlichen Merkmalen der Betroffenen. Wenn sich ein Kind auf der Straße befindet, sind sie eher bereit, die Insassen des Autos zu gefährden, um das Kind zu schützen. Bei älteren Personen ist es genau andersherum. Eine besondere Abneigung zeigte sich gegenüber Kriminellen: Dieser Gruppe wurde ein noch geringerer Schutzstatus erteilt als *Hunden*. Entscheidend ist zudem die persönliche Betroffenheit: Generell bevorzugt eine Mehrheit, dass ein autonomes Fahrzeug unter allen Umständen versuchen sollte, die Anzahl an Opfern zu minimieren, selbst wenn dies bedeutet, Insassen zu opfern. Wenn aber gefragt wird, welche Art von Auto man kaufen würde, überwiegt die Nachfrage nach autonomen Fahrzeugen, die auf jeden Fall ihre Insassen schützen.[38]

In einer viel diskutierten Variante des Trolley-Dilemmas geht es nicht darum, die Straßenbahn auf ein anderes Gleis umzulenken (und eine Person zu opfern), um auf diese Weise fünf Menschen das Leben zu retten. Stattdessen muss der Akteur entscheiden, ob er eine Person vom Geländer einer Brücke stoßen würde, um dadurch den Zug aufzuhalten und die fünf Personen zu retten. In Dutzenden Studien wurde gezeigt, dass eine Mehrheit bereit ist, die Bahn umzulenken. In der Brückenvariante hingegen ist die Mehrheit nicht bereit, einen Menschen von der Brücke herunterzustoßen. Eine einflussreiche Studie[39] erklärt diesen Unterschied mithilfe von Emotionen: Der Gedanke daran, aktiv einen Menschen von der Brücke zu stoßen, ruft eine automatische emotionale Reaktion hervor, die die Handlung als moralisch falsch und abstoßend kategorisiert. Dies ist in dem Fall, dass man »nur« einen Zug umleitet, weniger stark ausgeprägt.

Die Aussage wird durch neurophysiologische Befunde gestützt. Mithilfe funktioneller Magnetresonanztomographie (fMRT) zeigt sich, dass Gehirnregionen, die für emotionale Reaktionen zuständig sind, stärker aktiviert sind, wenn es – wie bei der Brückenvariante – um persönliche Interaktionen geht, als beim eher »unpersönlichen« Umlenken des Zugs. Die Autoren zeigen zudem, dass Probanden, die in der Brückenversion den Menschen von der Brücke stoßen, hierfür wesentlich länger brauchen als Probanden, die den Zug umlenken. Ein Hinweis darauf, dass Probanden stärker darum kämpfen mussten, ihre Emotionen zu kontrollieren.

Natürlich kann man sich fragen, wie aussagekräftig die Befunde zum Trolley-Dilemma sind, sei es zur Rolle von Emotionen oder zu Fragen des autonomen Fahrens. Schließlich ist die Entscheidungssituation rein hypothetisch. Niemand entscheidet wirklich über Leben und Tod, lenkt einen Zug um, schießt ein Flugzeug ab oder stößt einen Menschen von der Brücke. Ich habe mir diese Frage auch gestellt und deshalb gemeinsam mit Roland Bénabou und Luca Henkel das weltweit erste Trolley-Experiment durchgeführt, bei dem es tatsächlich um eine *reale* Entscheidung über Leben und Tod von Menschen ging.[40]

Hierzu benutzten wir erneut das Set-up der Lebensretter-Studie. Zur Erinnerung: Durch eine Spende an eine Hilfsorganisation ist es möglich, Menschen vor dem Tod durch Tuberkulose zu retten. Umgekehrt bedeutet das aber auch, dass ohne die Spende Menschen an Tuberkulose sterben. Vor diesem Hintergrund konnten wir in einem neuen Experiment eine Entscheidungssituation herstellen, die genau dem klassischen Trolley-Problem entspricht. Statt einen Zug umzuleiten, konnten die Teilnehmer des Experiments darüber entscheiden, eine Spende umzuleiten. Die Folgen waren wie im klassischen Gedankenexperiment: Wenn die Spende nicht umgeleitet wird, sterben drei Menschen in einem bestimmten indischen Bundesstaat an Tuberkulose. Greift der Teilnehmer jedoch ein und leitet die Spende um, wird nun eine andere Person in einem anderen indischen Bundesstaat, die sonst überlebt hätte, sterben. Der Proband muss sich also fragen: Soll die Spende umgeleitet werden, mit der Folge, dass ein unbeteiligter Mensch sterben würde; oder soll nicht eingegriffen werden, woraufhin drei Menschen sterben würden?

Diese Situation bildet nicht nur realistisch das Trolley-Dilemma ab, sondern auch eine Situation, der sich Hilfsorganisationen häufig stellen müssen: Oft helfen sie Menschen in einer bestimmten Region, aber während des Einsatzes ereignet sich an einem anderen Ort eine weitaus schlimmere Katastrophe. Sollen nun die Menschen in der Ursprungsregion ihrem Schicksal überlassen werden, damit potenziell mehr Menschen in der Katastrophenregion geholfen werden kann?

Im Experiment wurden die Teilnehmer vor diese Wahl mithilfe einer Animation gestellt (siehe Abbildung 5). In der Abbildung bewegte sich der »Totenkopf« langsam auf die drei Figuren am rechten Rand zu. Die Teilnehmer konnten sich dafür entscheiden einzugreifen, also die Spende umzuleiten, indem sie den Schieberegler links der Abzweigung ganz nach unten zogen. Daraufhin öffnete sich die Abzweigung, und der Totenkopf bewegte sich in

Richtung der einzelnen unteren Figur, genau wie es die Konsequenz der Entscheidung impliziert.

Ihre Entscheidung

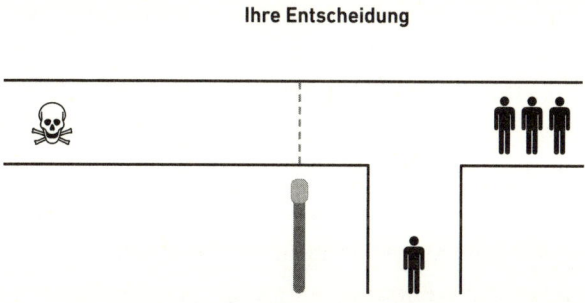

Abb. 5: Entscheidungsbildschirm im realen Trolley-Problem. Der Totenkopf bewegt sich langsam von links nach rechts. Wird er nicht umgelenkt, sterben drei Personen. Wird er hingegen durch den Regler umgelenkt, »biegt« er nach rechts ab und eine (unbeteiligte) Person stirbt.

Um herauszufinden, ob eine Entscheidung mit realen Konsequenzen zu anderen Emotionen und Verhaltensweisen führt als eine rein hypothetische Entscheidung, haben wir das Experiment in zwei Anordnungen durchgeführt, einmal (wie beschrieben) mit tatsächlichen Folgen für Leben und Tod, und einmal mit dem Zusatz, dass es sich um eine hypothetische Entscheidung handelt (wie im klassischen Trolley-Problem). In der Anordnung mit realen Konsequenzen wurden tatsächliche Spenden initiiert und Menschenleben gerettet, je nach Entscheidung der Probanden.

Wie entschieden sich die Teilnehmer? In der hypothetischen Entscheidungssituation entschieden sich knapp 79 Prozent dafür, einzugreifen und die Spende umzuleiten, um die größere Anzahl an Menschen zu retten. Eine Minderheit von 21 Prozent wollte den Tod der einen Person dafür nicht in Kauf nehmen. Bei der

Gruppe an Teilnehmern, deren Entscheidungen reale Konsequenzen hatten, entschieden sich 76 Prozent dafür, einzugreifen, und 24 Prozent dagegen. Reale Konsequenzen führten also nur zu einem geringfügigen und statistisch insignifikanten Unterschied.

Offenbar spielt es also keine große Rolle, ob das Dilemma hypothetisch ist, oder reale Konsequenzen nach sich zieht. Im Experiment sollten die Teilnehmer übrigens auch für das klassische Trolley-Problem entscheiden, ob sie den Zug umlenken wollen. Hierzu waren 75 Prozent bereit, also praktisch derselbe Anteil wie in den beiden Lebensretter-Varianten.

Häufig wird die Entscheidung in Trolley-Dilemmas herangezogen, um zwischen zwei zentralen moralischen Kategorien zu unterscheiden: Während es bei utilitaristischen Moralvorstellungen um Konsequenzen geht, steht in der auf Kant zurückgehenden deontologischen Ethik die Frage nach Richtig und Falsch im Vordergrund, unabhängig von den Konsequenzen. Ein Utilitarist sollte demnach den Zug (oder die Spende) umleiten, da im Ergebnis »nur« eine Person stirbt, statt mehreren Personen, was der Fall ist, wenn die Person nicht eingreift. Oft wird argumentiert, dass ein Kantianer hingegen nicht eingreifen sollte, da es moralisch grundsätzlich falsch ist, einen Menschen zu töten, unabhängig davon, ob diese Entscheidung dazu führt, mehr Menschen vor dem Tod zu retten. Leben hat keinen Preis und darf gegen nichts, auch nicht ein anderes Leben, »verrechnet« werden.

Es ist diese kantische Position, die in Deutschland durch das Bundesverfassungsgericht oder die Ethikkommissionen vertreten wird (s. o.). Im Gegensatz dazu sind die Mehrheit der Probanden in unserer Studie (und der klassischen Variante des hypothetischen Trolley-Dilemmas) allerdings Utilitaristen.

Wir haben uns auch gefragt, ob »Utilitaristen« (Spende umlenken) oder »Kantianer« (Spende nicht umlenken) grundsätzlich prosozialer oder altruistischer eingestellt sind. Dazu haben wir weitere Verhaltens-Experimente zu Kooperation, Altruismus, Vertrauen und Lügen durchgeführt. Wir finden keine wesentlichen Unterschiede zwischen Vertretern moralischer Prinzipien. Utilitaristen und Kantianer sind sich sehr ähnlich, was ihre Bereitschaft zu altruistischem und kooperativem Verhalten bzw. ihr Vertrauen oder ihre Vertrauenswürdigkeit angeht. So spielten beispielsweise Utilitaristen und Kantianer ein Diktatorspiel, in welchem sie 20 Euro erhielten und den Betrag zwischen sich und einer Hilfsorganisation aufteilen konnten, die sich um krebskranke Kinder kümmert. Im Durchschnitt geben Kantianer 6.51 Euro, während Utilitaristen im Schnitt 6.64 Euro geben. Der Unterschied beträgt also gerade einmal 13 Cent. Noch geringer sind die Unterschiede in Bezug auf kooperatives Verhalten. In einem Kooperations-Experiment, bei dem bis zu 5 Euro beigetragen werden konnten, tragen Kantianer im Durchschnitt 2.50 Euro und Utilitaristen 2.48 Euro bei.

Es könnte alles so einfach sein: Macht Moral uns glücklich?

Bisher war davon die Rede, wie Emotionen unser Verhalten beeinflussen. Zum Schluss möchte ich auf die umgekehrte Kausalität und eine für dieses Buch zentrale Frage zu sprechen kommen: Macht uns moralisches Verhalten glücklich? Es geht jetzt also nicht um die Frage, ob wir, wenn wir gut gelaunt und frohgemut sind, prosozialer handeln, was häufig der Fall ist, wie wir gesehen haben. Es geht um die Frage, ob uns der prosoziale Akt glücklich (oder wenigstens glücklicher) macht.

Ich werfe diese Frage auch auf, weil es nicht wenige Forscher gibt, die diese Ansicht teilen. Und weil diese alternative Sichtweise die zentrale Annahme dieses Buchs in Frage stellt. Ich hatte im ersten Kapitel argumentiert, dass es die Kosten sind, die verhindern, dass wir stets das Gute tun. Wenn ich spende, verzichte ich auf Geld. Wenn ich helfe, habe ich weniger Zeit für mich. Statt mich gemütlich ins Auto zu setzen, quetsche ich mich in die überfüllte U-Bahn. Das alles fühlt sich nicht gut an. Es verringert meinen persönlichen Nutzen. Und genau deswegen verhalte ich mich egoistisch. Aber ist das vielleicht eine übertrieben pessimistische Sicht? Ist der von mir beschriebene Zielkonflikt wirklich so wirkmächtig, oder verhalten sich die Dinge in Wahrheit ganz anders? Überwiegen am Ende vielleicht doch der Nutzen und die Freude an der guten Tat?

Wenn Glück und Moral eins sind und wir im Streben nach Glück nichts anderes als stets das Gute zu tun haben, dann bricht der fundamentale Konflikt von Moral und Eigennutz in sich zusammen. Und das Problem mit der Moral löst sich in nichts auf. Ein Buch zur Frage, warum es so schwer ist, ein guter Mensch zu sein, bräuchten wir jedenfalls nicht.

Wenden wir uns also dieser Sichtweise zu, die vor allem unter Psychologen, aber auch in der breiten Öffentlichkeit viele Anhänger hat. Die bekannteste Studie, die zugleich die Hypothese begründete, dass prosoziales Handeln uns glücklich macht, wurde in *Science* publiziert und trägt den sprechenden Titel »Spending money on others promotes happiness«.[41] Das Experiment lief folgendermaßen ab: Insgesamt 46 Teilnehmer erhielten morgens auf dem Campus ihrer Universität von den Leitern der Studie einen Geldbetrag ausgehändigt (5 bzw. 20 Dollar). Diesen Geldbetrag sollten sie bis zum Abend ausgeben. Zufällig wurden die Studienteilnehmer in zwei Gruppen eingeteilt. In der einen wurde den Teilnehmern die Handlungsempfehlung gegeben, das Geld zu spenden oder damit ein Geschenk für eine dritte Person zu kaufen. Im Vergleich dazu wurden die Teilnehmer in der Kontrollgruppe angewiesen, den Betrag für sich selbst auszugeben, vorgeschlagen wurde das Begleichen von offenen Rechnungen oder ein Geschenk für sich selbst. Als Maß dafür, wie glücklich man ist, wurde die Frage gestellt, ob sich die Teilnehmer im Allgemeinen glücklich fühlen. Diese Frage wurde zweimal gestellt, einmal am Morgen und dann wieder, nachdem die Teilnehmer den Geldbetrag ausgegeben hatten. Das Ergebnis der Studie bezieht sich auf die Veränderung in den Antworten auf die Glücks-Frage.

Die Autoren berichten, dass Teilnehmer, die das Geld mit anderen oder für andere ausgegeben hatten, signifikant glücklicher waren im Vergleich zu jenen, die das Geld für sich selbst ausgegeben hatten. Dieser Befund legt tatsächlich nahe, dass uns eine *prosoziale* Verwendung von Geld glücklicher macht als schnöder, privater Konsum. In weiteren Studien wurden ähnliche Befunde erhoben. So konnten beispielsweise Teilnehmer darüber entscheiden, wie sie einen Gutschein über Süßigkeiten und Fruchtsäfte im Wert von 3 Dollar verwenden wollten.[42] In einer Gruppe waren die Güter für die Teilnehmer selbst bestimmt, in einer anderen für Kinder eines lokalen Krankenhauses. Teilnehmer, die den Gutschein an die Kinder gespendet hatten, gaben anschließend eine geringfügig bessere Stimmung an als jene, die den Gutschein für sich behalten konnten. Zusammen mit weiteren Befunden wurde ein »universell« geltender Effekt[43] abgeleitet, wonach uns prosoziales Verhalten glücklich macht.

Gibt es also am Ende gar keinen Konflikt zwischen Eigennutz und Moral, weil es sich gut anfühlt, gut zu sein? Viele Menschen lieben diese Experimente und ihre zweifellos populären Aussagen. Und ich gebe zu, dass auch ich die Auffassung einer Verschmelzung von Glück und Moral gerne teilen würde und zutiefst sympathisch finde. Aber zwei Gründe sprechen dagegen.

Der erste basiert auf einer simplen Gegenfrage. Wenn es uns wie behauptet »universell« glücklich macht, gut zu sein, wieso leben wir dann in der Welt, in der wir leben? Wieso gehen wir nicht rücksichtsvoller miteinander um, helfen Menschen in Not, lindern häufiger das Leid von Mensch, Tier und Umwelt? Wieso retten im Lebensretter-Experiment nur etwa die Hälfte der Teilnehmer ein Menschenleben und die andere Hälfte nimmt stattdessen die 100 Euro? Wieso, wenn es uns doch unglücklich macht, sind wir uns so oft selbst der Nächste? Das passt nicht zusammen.

Der zweite Grund hat mit den Studien selbst zu tun. Sie weisen meines Erachtens einige Probleme auf, wie ich am Beispiel des oben beschriebenen Campus-Experiments erläutern möchte. Zur Erinnerung: Die Studienteilnehmer wurden gebeten, einen Geldbetrag für sich oder für andere auszugeben. Anschließend wurde die Veränderung im Glücksempfinden gemessen. Ich sehe vor allem drei Probleme. Erstens ging es um vergleichsweise geringe Geldbeträge. Kann es uns nachhaltig glücklicher oder unglücklicher machen, je nachdem wie wir 3 oder 5 Dollar ausgeben? Vermutlich nicht.

Zweitens, und das scheint mir besonders wichtig zu sein, hatten die Teilnehmer der Studie keine Wahl und daher auch kein Bewusstsein für die Kosten ihrer »Entscheidung«. Wenn ich als Teilnehmer in der prosozialen Bedingung war, erhielt ich einen Geldbetrag, den ich anschließend für einen bestimmten prosozialen Zweck ausgeben sollte. In diesem Sinne hatte diese Handlung keine Kosten für mich, weil ich das Geld ja nicht für mich selbst behalten oder für mich selbst ausgeben konnte. Im Gegensatz dazu sind uns die Kosten unserer Entscheidungen im Alltag sehr wohl bekannt. In der Regel wissen wir ziemlich genau, worauf wir verzichten müssen bzw. dass wir Kosten haben. Drittens eine Anmerkung zum Timing der Studie: Es mag sein, dass ich im Moment der prosozialen Entscheidung ein gutes Gefühl habe, das wird niemand bestreiten. Aber wie lange hält dieses Gefühl an? Wurden vielleicht nur kurzfristige Stimmungsveränderungen gemessen statt einer robusten Veränderung des Glücksempfindens?

Könnte es sein, dass die Ergebnisse anders aussehen würden, wenn man in einer alternativen Studie höhere Geldbeträge verwendet, den Probanden die Kosten ihrer Entscheidung bewusst sind und auch längerfristige Effekte gemessen werden? Gemeinsam mit meinem ehemaligen Doktoranden Thomas Graeber (heute Kollege an der Harvard Business School) habe ich diese Frage untersucht und zwar wiederum mithilfe des Lebensretter-Paradigmas (s. erstes Kapitel, Anmerkung 1). In unserer Studie ging es um die Entscheidung, ob man eine Spende in Höhe von 350 Euro auslöst, um damit einen Menschen vor dem Tod zu bewahren – oder 100 Euro für sich erhält. Relativ hohe Geldbeträge also und eine eindeutig definierte prosoziale Entscheidung. Um die kausalen Effekte moralischen Verhaltens zu studieren, wurden die Teilnehmer aufgefordert, sich zwischen zwei Lotterien zu entscheiden.

Nennen wir sie die »gute« und die »böse« Lotterie (im Experiment hießen sie Lotterie A oder B). Der Aufbau ist in Abbildung 6 verdeutlicht. Wer die gute Lotterie wählt, löst mit 60 Prozent Wahrscheinlichkeit die Spende aus und rettet ein Leben; und mit 40 Prozent Wahrscheinlichkeit erhält er 100 Euro. Bei der bösen Lotterie waren die Wahrscheinlichkeiten genau anders herum: Hier wurde mit 40 Prozent ein Leben gerettet, während man mit 60 Prozent die 100 Euro erhielt. Die Wahrscheinlichkeit, Gutes zu tun, ist also bei der guten Lotterie 50 Prozent höher als bei der bösen Lotterie.

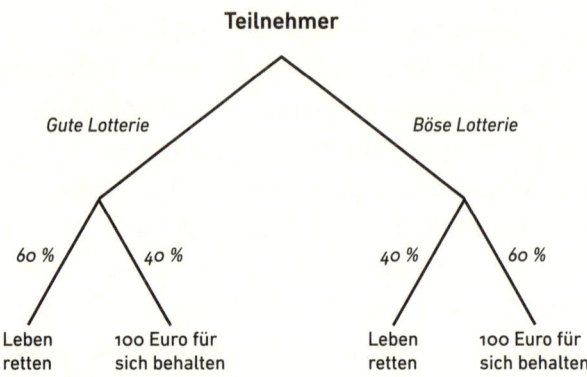

Abb. 6: Illustration zum Aufbau der Studie

Wer sich gut verhalten möchte, sollte also die gute Lotterie wählen. Eigennützige Teilnehmer hingegen wählen die böse Lotterie. So weit, so gut. Die Pointe des Experiments ist, dass die tatsächliche Entscheidung über Leben retten oder 100 Euro zufällig war, gemäß den Lotterie-Wahrscheinlichkeiten. Aus diesem Grund können wir kausal bestimmen, ob die Teilnehmer glücklicher sind, wenn sie am Ende das Leben gerettet haben oder das Geld bekamen. Um herauszufinden, ob es einen kausalen Effekt der moralischen Alternative auf das Glücksempfinden gibt, kann man sich nicht einfach anschauen, wie sich das Glücksempfinden der Teilnehmer ändert, abhängig davon, ob sie die moralische oder die eigennützige Option gewählt haben. Warum? Weil eine solche Beobachtung nur Rückschlüsse auf eine Korrelation erlaubt. Die Kausalität kann aber in beide Richtungen gehen: vielleicht sind es die glücklichen Menschen, die sich prosozial verhalten.

Das Studiendesign ist also ähnlich wie bei der Campus-Studie, da auch hier zufällig entschieden wird, wer das prosoziale Ergebnis auslöst und wer nicht. Im Unterschied zu Letzterer ist den Teilnehmern aber bewusst, dass das moralische Ergebnis (Leben retten) mit Kosten verbunden ist (100 Euro).

Auch wir haben auf einer Skala gemessen, wie glücklich die Teilnehmer sind. Ein erstes Mal zu Beginn des Experiments, noch bevor die Teilnehmer wussten, worum es geht. Ein zweites Mal, nachdem sie das finale Ergebnis erfuhren (Leben retten oder 100 Euro) und dann noch einmal vier Wochen später, um auch mögliche langfristige Effekte zu messen. Wie bei der Campus-Studie auch, geht es jeweils um die Veränderung der Glückserfahrung, also relativ zur ersten Messung zu Beginn des Experiments.

Und was kommt heraus? Macht es die Probanden glücklicher, wenn sie erfahren, dass sie die Rettung eines Menschenlebens veranlasst haben, auch wenn ihnen im Gegenzug Kosten dafür entstanden sind und sie auf 100 Euro verzichten müssen? Schauen wir uns zunächst die *kurzfristigen* Effekte an, also die Veränderungen, die sich unmittelbar nach Mitteilung des Lotterie-Ergebnisses ergeben. Hier finden wir in Übereinstimmung mit den Glücks-Studien tatsächlich einen positiven Effekt auf die Zufriedenheit. Unabhängig davon, welche Lotterie gewählt wurde (gut oder böse), führt die Mitteilung, dass die Lotterie die Option »Leben retten« ausgewählt hat, zu einer Erhöhung im Glücks-Score. Allerdings sind die Effekte extrem klein. Auch die Entscheidung für die gute Lotterie ist mit einem kleinen positiven Glückseffekt verbunden. (Dieser Effekt allerdings ist – anders als der Lotterie-Effekt – nicht kausal, sondern nur als Korrelation zu werten.) Also: unmittelbar nach der Entscheidung sind unsere Daten konsistent mit den oben genannten Ergebnissen der Glücks-Studien.

Aber wie sieht es nach vier Wochen aus? Wie fühlen sich die Teilnehmer, wenn sie sich erinnern, dass sie inzwischen entweder 100 Euro erhalten oder ein Menschenleben gerettet haben? Das Bild dreht sich dann komplett um. Wir finden einen stark *negativen* Kausaleffekt für Probanden, deren Lotterieergebnis die Rettung des Menschen bestimmte. Die Resultate sind in Abbildung 7 dargestellt.

Die Abbildung zeigt die Veränderung im Glücksempfinden vier Wochen nach Durchführung des Experiments. Die beiden linken Balken zeigen die Veränderung im Glücksempfinden für Teilnehmer, bei denen die Lotterie »entschieden« hat, dass der Teilnehmer ein Leben rettet. Die beiden rechten Balken zeigen die entsprechende Veränderung, wenn das Lotterieergebnis 100 Euro für den Teilnehmer lautete. Die *grauen* Balken zeigen die Effekte für Teilnehmer, die die gute Lotterie gewählt haben, die *schwarzen* jene für Teilnehmer, die sich für die böse Lotterie entschieden haben.

Die beiden linken Balken zeigen eine negative Veränderung. Das heißt, dass Probanden, die ein Leben gerettet haben, weniger glücklich sind als zu Beginn des Experiments. Dieser Effekt ist unabhängig davon, welche Lotterie die Probanden gewählt haben: beide Balken, der graue und der schwarze, zeigen nach unten. Ganz andere Effekte ergeben sich für Teilnehmer, die am Ende 100 Euro erhielten. Beide Balken auf der rechten Seite zeigen nach oben, was bedeutet, dass Teilnehmer, die 100 Euro erhielten, nach vier Wochen höhere Glückswerte angaben als zu Beginn des Experiments.

Vergleicht man nun noch die beiden linken mit den beiden rechten Balken, ergibt sich zusammenfassend: Unabhängig davon, welche Lotterie sie gewählt haben, geben Teilnehmer, die 100 Euro erhalten haben, deutlich höhere Glückswerte an im Vergleich zu Teilnehmern, die ein Menschenleben gerettet haben. Die Effektstärke für die langfristigen Effekte (nach vier Wochen) ist übrigens mehr als viermal so groß wie beim positiven kurzfristigen Effekt. Geld erhalten machte die Probanden also kausal glücklicher als Leben retten.

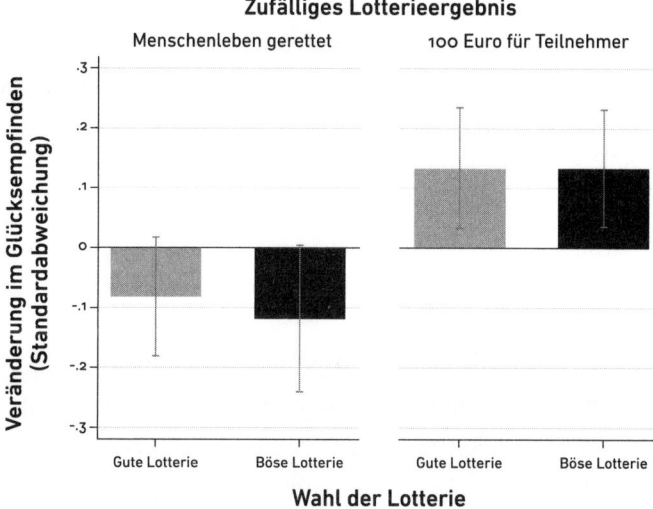

Abb. 7: Ergebnisse zum Glücksempfinden nach vier Wochen
(Fehlerbalken zeigen Standardfehler des Mittelwerts)

Interessanterweise machte das Geld auch jene Teilnehmer glücklicher, die vier Wochen vorher die gute Lotterie gewählt haben. Das zeigt in der Abbildung der graue Balken rechts. Für diese Teilnehmer war es in einem gewissen Sinne das perfekte Ergebnis: Sie hatten ihre gute Absicht kundgetan und die prosozialere Lotterie gewählt. Um dann trotzdem das Geld zu bekommen. Die beste aller Welten! Etwa so, als böten Sie ihrem Freund oder Bekannten an, ihm beim Umzug zu helfen – um dann am Umzugstag »leider« verhindert zu sein, weil die Deutsche Bahn die Zugverbindung gestrichen hat. Es tut mir wahnsinnig leid, ich wäre natürlich gerne gekommen, aber ach ...

Zusammengefasst: In der kurzen Frist erzeugen der prosoziale Akt und ein moralisches Ergebnis für viele Menschen einen zumindest kleinen positiven Effekt auf das Glücksempfinden. Es ist eher ein kurzfristiger Stimmungseffekt. Schon nach einiger Zeit scheint die Freude über einen Geldbetrag, die Befriedigung eigennütziger Motive also, das Glück der guten Tat zu übertrumpfen. Dies erklärt auch, warum in unserem Experiment nur 60 Prozent der Teilnehmer die gute Lotterie gewählt haben. Wäre das Glücksversprechen der guten Tat tatsächlich universell, hätten dies wohl mehr Probanden getan. Denn leichter als in unserem Experiment wird es wohl niemandem gemacht, ein Leben zu retten.

Offenbar muss man zwischen kurz- und längerfristigen Effekten unterscheiden. Kurzfristig scheinen emotionale Effekte, also eine positive Stimmung oder ein gutes Selbstbild, eine Rolle für das Glücksempfinden zu spielen. Sie sind aber kurzlebig und werden schon bald überlagert vom positiven Effekt, der sich durch Geld und Konsumnutzen einstellt. Dass wir stets das Gute tun, einfach weil es uns glücklich macht, ist also zu schön, um wahr zu sein. Vielleicht tröstet angesichts dieser ernüchternden Erkenntnis die Einsicht Sigmund Freuds: »Die Absicht, dass der Mensch glücklich sei, ist im Plan der Schöpfung nicht enthalten.« Er muss es ja wissen.

Zu guter Letzt

Stimmungen und Emotionen sind wichtig. Daran gibt es nicht den geringsten Zweifel. Ich würde aber nicht so weit gehen wie manche Forscher, die die Ansicht vertreten, dass im Prinzip unser gesamtes moralisches Verhalten letztlich emotional bestimmt sei. Nach der Logik des »sozialen Intuitionen-Modells«[44], das in der Moralpsychologie große Zustimmung gefunden hat, entstehen unsere moralischen Urteile »automatisch«, also ohne Anstrengung und als Resultat moralischer Intuitionen. Emotionen spielen hierbei als besonders starke, affektive moralische Intuitionen eine zentrale Rolle.[45] Das Nachdenken über Moral und ihre kognitive Begründung wird hierbei primär verstanden als eine Ex-post-Rationalisierung, um das immer schon existierende Urteil vor anderen oder sich selbst rechtfertigen zu können. Allerdings weisen selbst die Vertreter der Intuitionen-Idee der Vernunft eine bescheidene aktive Rolle zu: Obwohl meist die Intuition siegt und das Urteil bestimmt, sei die Vernunft nicht ausschließlich Sklave der Gefühle. Mithilfe der Vernunft korrigieren Menschen manchmal ihre intuitive Eingebung oder setzen sich absichtsvoll neuen moralischen Intuitionen aus, indem sie beispielsweise die Perspektive des Gegenübers einnehmen.

Ich halte die Delegation von Verantwortung an unsere Emotionen, wie sie die Intuitionisten zumindest implizit vertreten, für sachlich fragwürdig und normativ problematisch. Emotionen spielen zweifellos eine wichtige Rolle, aber sie taugen nicht als glaubwürdige Entschuldigung für unser Fehlverhalten. Außerdem wägen wir als vernunftbegabte Wesen ständig gedanklich ab. Wenn ich etwa die Wahl zwischen zwei Spendenorganisationen habe und mich zu einer emotional stark hingezogen fühle, spende ich trotzdem nicht für sie, wenn ich im Kleingedruckten lese, dass 25 Prozent der Spenden für Verwaltung und Werbung draufgehen. Wir haben das weiter oben bereits diskutiert.

Viele Studien belegen zudem, dass Details, die die Kosten und den Nutzen einer Handlung ausmachen, das Entscheidungsverhalten maßgeblich beeinflussen, ebenso wie etwa die Tatsache, ob meine Entscheidung für ein Ergebnis maßgeblich und entscheidend ist, eine hochkognitive Überlegung, deren Bedeutung wir weiter unten noch ausführlicher besprechen werden.

Auch sind viele unserer moralisch relevanten Entscheidungen nicht spontaner Natur, sondern sie erstrecken sich über Stunden, Monate oder Jahre. Spontanität und Emotionalität werden häufig verwechselt. Wenn ich mit Tempo 100 über die Landstraße fahre und 10 Meter vor mir springt ein Reh auf die Fahrbahn, kann ich nicht in Ruhe anhalten und überlegen, was zu tun ist. Klar. Aber ob ich sorgsam geplant Steuern durch Cum-Ex-Geschäfte hinterziehe, systematisch meine Geschäftspartner betrüge, grundsätzlich schwarzfahre oder meine Nachbarin bei der Geheimpolizei eines Verbrecherstaates anschwärze, das alles sind wohlüberlegte, kalkulierte Handlungen. Es sind Entscheidungen, die ein Höchstmaß an rationalen Überlegungen erfordern, und deshalb ist es höchst unplausibel, dass Emotionen und spontane Entscheidungen dafür verantwortlich sind.

Spontane Emotionalität kann nützlich sein, und die automatische Reaktion des Körpers ist offensichtlich überlebenswichtig. Aber den Chef gleich anzubrüllen, weil er das Gehalt nicht erhöht oder den Kollegen bevorzugt behandelt, ist keine gute Idee. Besser drüber schlafen. Runterkommen. Überlegen. Und dann handeln. Abkühlphasen einzulegen lohnt sich fast immer, denn sie führen, wie Studien belegen, häufig zu rationaleren Entscheidungen, also Entscheidungen und Ergebnissen, die in Einklang mit unseren Werten stehen.[46]

Statt jetzt zu sehr in eine Ratgeber-Rolle abzudriften, lassen Sie mich kurz zusammenfassen: Emotionen sind zentral für unser Verhalten, auch für unser Moral-Verhalten. Sie ersetzen nicht unser Abwägen und Nachdenken über Richtig und Falsch, aber begünstigen oder erschweren die gute Tat. Man sollte sich also immer auch darüber im Klaren sein, in welcher Gefühlslage man sich befindet, bevor man moralisch weitreichende Entscheidungen trifft.

Und bevor man allzu viel bereut: lieber bis drei zählen – und dann entscheiden.

Kapitel 4

Wie du mir, so ich dir: Reziprozität und Kooperation

Ein Mann sollte seinem Freund ein Freund sein und Geschenke mit Geschenken vergelten. Die Menschen sollten Lächeln mit Lächeln begegnen und Lügen mit Verrat.

Edda, Sammlung nordischer Dichtungen aus dem 13. Jahrhundert

Gemeinsam mit einer Wohltätigkeitsorganisation verschickte ich vor einigen Jahren in Zürich und Umgebung zur besten Weihnachtszeit etwa 10 000 Spendenaufrufe, um Straßenkindern in Bangladesch zu helfen.[1] Es ging mir aber auch darum, herauszufinden, ob kleine Geschenke nicht nur *die Freundschaft erhalten,* wie es heißt, sondern sich auch positiv auf die Spendenbereitschaft auswirken.

Nach dem Zufallsprinzip wurden drei verschiedene Arten von Briefen verschickt. Bei der ersten wurde nur über den Zweck berichtet und um eine Spende gebeten. Die zweite enthielt eine von Kinderhand gemalte Postkarte, die der Empfänger behalten durfte. Bei der dritten Variante schließlich gab es vier solcher Karten, sodass wir insgesamt drei Szenarien vergleichen konnten: kein Geschenk, ein kleines Geschenk und ein großes.

Die Effekte auf das Spendenverhalten waren beeindruckend.

Die Häufigkeit, mit der gespendet wurde, stieg von 12 Prozent ohne Geschenk auf 14 Prozent mit dem kleinen bzw. 21 Prozent mit dem großen Geschenk – ein Anstieg um 75 Prozent, wenn man die beiden Varianten »keine« und »vier« Postkarten miteinander vergleicht. Die Spendensumme erhöhte sich von der einen zur anderen Bedingung von 17 000 auf 28 000 Euro.

Dass sich kleine Geschenke in Form von Freundlichkeit lohnen können, erleben wir regelmäßig im Restaurant, sobald es ums Trinkgeld geht. Lausiger Service, unfreundliches Personal – um wie viel runden Sie beim Bezahlen auf? Oder anders: Ein freundliches Lachen, Aufmerksamkeit, kompetente und freundliche Beratung. Da fällt das Aufrunden wohl leichter.

Das stellte auch die Psychologin Kathi L. Tidd in einer Studie fest.[2] Als 23-Jährige kellnerte sie in einer Cocktailbar in Seattle und führte an ihrem Arbeitsplatz eine aufschlussreiche Untersuchung durch: Sie begegnete den Gästen entweder mit einem »minimalen« Lächeln (die Mundwinkel hochgezogen, aber ohne den Mund zu öffnen) oder einem »breiten« Lächeln (die Mundwinkel weit hochgezogen, die Zähne deutlich sichtbar). Und tatsächlich: Freundlichkeit zahlte sich für sie aus, im Wortsinn. Ein freundliches Lächeln führte sowohl bei Männern als auch bei Frauen zu einem signifikant höheren Trinkgeld. Beim minimalen Lächeln gaben Männer im Schnitt 4,75 und Frauen 4,65 Dollar. Setzte Kathi hingegen ihr breites Lächeln auf, gaben Frauen 9,05 und Männer sogar 14,15 Dollar, fast dreimal mehr.

Es ist Zeit, auf eine der wichtigsten menschlichen Verhaltensweisen überhaupt zu sprechen zu kommen: die *Reziprozität*. Positive Reziprozität beschreibt ein Verhalten, wonach ich nett, freundlich oder kooperativ jenen gegenüber bin, die mich ihrerseits fair und freundlich behandeln. Negative Reziprozität bedeutet, andere zu sanktionieren und zu bestrafen, wenn sie sich mir gegenüber unfreundlich oder unfair verhalten haben.[3] Bei beiden

Formen der Reziprozität handelt es sich demnach um ein *bedingtes* Verhalten, d. h. in meinem Verhalten reagiere ich darauf, was ich durch andere erfahre und erlebe.

Auf unsere Frage angewendet, unter welchen Bedingungen Menschen sich kooperativ, fair oder moralisch verhalten, können wir also eine zentrale weitere Bedingung hinzufügen: Es kommt auf das Verhalten meiner *Mitmenschen* an. Anders als beim unbedingten Altruismus, der nicht danach fragt, »was die anderen machen«, stellt reziprokes Verhalten immer eine Reaktion auf Erlebtes oder zumindest Erwartetes dar. Ich würde so weit gehen zu behaupten, dass nichts auf der Welt die Bereitschaft, sich gegenüber jemand anderem fair, freundlich oder kooperativ zu verhalten, leichter zerstört als dessen unfaires, unfreundliches oder unkooperatives Gebaren. Gleichzeitig kennen wir den moralischen Druck, einer freundlichen Geste – beispielsweise der Einladung zum Essen – mit einer ebensolchen zu begegnen. Mit einem Wort: Ob wir uns gut oder schlecht verhalten, hängt maßgeblich davon ab, wie uns andere behandeln. Ich bin nett, aber nur wenn die anderen es auch sind.

In einem Experiment, das ich gemeinsam mit Ernst Fehr und Urs Fischbacher durchgeführt habe[4], erhalten zwei Spieler, A und B, eine finanzielle Ausstattung an Schweizer Franken. Auf der ersten Stufe entscheidet A, ob er B Geld *geben* oder *wegnehmen* möchte, sich also fair oder unfair verhält. Auf der zweiten Stufe kann B nun das Verhalten von A belohnen oder bestrafen. Belohnen heißt, dass B etwas von seinem eigenen Geld an A transferiert. Bestrafen hingegen bedeutet, dass B seinem Mitspieler Geld wegnimmt, was ihn allerdings ebenfalls etwas kostet.

Wie könnte sich ein Teilnehmer in der Rolle von Spieler B verhalten? Angenommen, A hat ihm auf der ersten Stufe Geld überwiesen. Das wäre zweifellos ein freundlicher Akt. Sollte B das belohnen? Nicht wenn er egoistisch ist, denn Belohnen kostet ihn Geld. Da das Spiel keine Fortsetzung hat, gibt es für ihn keinen strategischen Grund, A zu belohnen. Ist B allerdings ein reziproker Typ, dann hat er das Bedürfnis, die Freundlichkeit zu belohnen, auch wenn das für ihn mit Kosten verbunden ist (positive Reziprozität).

Und wie sieht es aus, wenn A auf der ersten Stufe B Geld weggenommen, sich ihm gegenüber also unfair verhalten hat? Soll B ihn dafür bestrafen? Sicher nicht, wenn B ein Egoist ist, denn auch Bestrafen kostet Geld und macht aus einer gewinnmaximierenden Sicht keinen Sinn. Ist B hingegen ein reziproker Typ, wird er die als unfair wahrgenommene Aktion von A sehr wohl bestrafen wollen, selbst wenn es ihn etwas kostet (negative Reziprozität). Wir können aus dem Verhalten von B ablesen, ob Reziprozität relevant ist. Dann nämlich wird B trotz der Kosten faires Verhalten von A belohnen und unfaires bestrafen.

Die Ergebnisse belegen die zentrale Bedeutung positiver und negativer Reziprozität: Je mehr Geld Spieler A an Spieler B überweist, desto höher fällt die durchschnittliche Belohnung aus, d. h. faires Verhalten führt zu entsprechenden Gegenleistungen. Gleichzeitig gilt aber auch, dass unfaires Verhalten eine Bestrafung auslöst. Je mehr sich A bei B bereichert hat, desto stärker fällt die Bestrafung durch diesen aus. Nimmt A sich zu viel, steht er nachher sogar mit weniger als vorher da. Angesichts der reziproken Reaktionen der Spieler in der Rolle B lohnte es sich für die Spieler A im Schnitt, sich fair zu verhalten. Unfaires Verhalten lohnte sich hingegen nicht. Beispielsweise standen besonders unfaire Spieler A, die ihrem Mitspieler den maximalen Betrag von 6 Franken weggenommen hatten, am Ende mit 8 Franken weniger da als zu Beginn des Experiments. Wenn sie hingegen den Spielern B die maximale Menge überwiesen hatten, sorgten diese dafür, dass sie das Spiel im Durchschnitt mit knapp 6,5 Franken mehr beenden konnten. Über die Hälfte erhielt in diesem Fall sogar 9 oder mehr Franken.

Das Experiment ist nur eines von vielen, die die Existenz reziproken Verhaltens unter kontrollierten Bedingungen belegen.
Kaum eine menschliche Motivation ist so robust und zugleich
universell wie die Reziprozität. Sie offenbart sich in so unterschiedlichen Kontexten wie in Verhandlungen, auf Märkten oder
in persönlichen Beziehungen. Wie ich später noch zeigen werde,
ist sie, wenn auch in unterschiedlichem Ausmaß, in allen Kulturen vorzufinden.

Bevor wir uns im Folgenden anschauen, wie reziprokes Verhalten unsere Beziehungen beeinflusst, noch eine begriffliche
Klärung: Wenn ich von Reziprozität spreche, dann meine ich die
Motivation eines Menschen, freundliches Verhalten zu erwidern
und unfaires zu bestrafen, auch wenn sich daraus für ihn kein
strategischer Vorteil ergibt. Im oben beschriebenen Experiment
etwa hatte ein Spieler in der Rolle B keinen materiellen Vorteil,
wenn er das Verhalten von A belohnte oder sanktionierte. Das
Spiel endete mit seiner Handlung, und die Interaktion zwischen
beiden Teilnehmern war anonym. Es bestand also kein Grund für
B, durch sein reziprokes Verhalten A für eine kommende Interaktion zu einem fairen Verhalten zu motivieren. B konnte keine
Reputation als »harter Hund« in der Hoffnung erwerben, in der
nächsten Runde besser behandelt zu werden.

Ein solches strategisches Motiv kommt im Alltag allerdings
häufig vor. Wenn wir mit anderen Menschen wiederholt interagieren, kann es sogar in unserem eigenen Interesse sein, glaubwürdig zu signalisieren, dass wir faires Verhalten belohnen und
unfaires bestrafen, damit unser Gegenüber sich beim nächsten
Mal besser verhält. Wenn Sie Ihren Nachbarn zum Beispiel dafür
schelten, dass er wieder seinen Müll im Flur abstellt, oder Ihre
Arbeitskollegin dafür, dass sie beim Teamwork nicht kooperiert,
kommt zur reziproken Motivation noch ein strategischer Aspekt
hinzu: beim nächsten Mal bitte anders, sonst wird's ungemüt-

lich! Reziprokes *Verhalten* speist sich also aus zweierlei Quellen, der reziproken Motivation und strategischen Überlegungen. In wiederholten Interaktionen können reziproke Verhaltensmuster selbst dann beobachtet werden, wenn alle Teilnehmer egoistisch sind und nicht über eine genuin reziproke Motivation verfügen. Sie handeln reziprok, weil es ihrem strategischen Vorteil entspricht – eine Einsicht, die die Spieltheorie schon früh gewonnen hat.[5] Die Tatsache aber, dass sogar in anonymen und einmaligen Interaktionen die Mehrheit der Menschen reziprok handelt, ist eine wichtige Erkenntnis der Verhaltensökonomik. Sie basiert auf entsprechenden Experimenten, die genau zu diesem Zweck strategische Überlegungen und Reputationseffekte ausschließen.

Faire Löhne, gute Arbeit

Ein besonders interessanter und relevanter Anwendungsfall reziproken Verhaltens ist die Arbeitsbeziehung. Das hat seine Gründe. Eine der prominentesten ökonomischen Theorien darüber, wie Arbeitsmärkte und Organisationen funktionieren, ist die Prinzipal-Agenten-Theorie. Sie stellt die Beziehung von Firmen (vertreten durch einen »Prinzipal« oder »Chef«) zu ihren Mitarbeitern (»Agenten«) ins Zentrum der Analyse. Kurz gesagt geht es um einen Interessengegensatz. Auf der einen Seite der Chef, der aus einer gewinnmaximierenden Sicht ein Interesse daran hat, dass seine Mitarbeiter möglichst viel arbeiten aber geringe Löhne erhalten, da Lohnzahlungen seinen Gewinn schmälern. Auf der anderen Seite die Mitarbeiter, die gerne weniger arbeiten, aber mehr verdienen wollen. Dieser klassische Interessengegensatz ließe sich im Prinzip mit einem vollständigen Arbeitsvertrag regeln, in dem spezifiziert ist, was wann wie genau gemacht werden soll und was im Gegenzug dafür bezahlt wird.

Das Problem aber besteht darin, dass Arbeitsverträge ihrer

Natur nach unvollständig sind und das angemessene Arbeitspensum nur ungefähr beschreiben können. Das hat viele Gründe. Zum Beispiel sind Arbeitsabläufe häufig komplex und Leistungen zum Zeitpunkt der Vertragsschließung nicht oder nur unvollständig bekannt. Auch kann das genaue Ausmaß der Arbeitsleistung oft nicht vollständig beobachtet werden. Doch selbst wenn die Firma die Leistung ihrer Mitarbeiter perfekt messen könnte, bliebe noch das juristische Problem, mangelnde Leistungsbereitschaft vor Gericht auch beweisen zu müssen, was schwer, wenn nicht gar ebenfalls unmöglich ist. Abgesehen von krassen Formen der Leistungsverweigerung wird es einem Arbeitgeber schwerfallen zu belegen, dass es ein Mitarbeiter an Leistungswillen hat fehlen lassen und er sich nicht ausreichend bemüht hat.

Daraus folgt, dass die Arbeitsleistung vertraglich nur bedingt einklagbar und juristisch durchsetzbar ist und die Firma daher immer auf die *freiwillige* Leistungs- bzw. Kooperationsbereitschaft ihrer Mitarbeiter angewiesen ist. Sicher, man kann Arbeitszeiten überprüfen, Zuspätkommen oder grobe Formen der Arbeitsverweigerung sanktionieren. Aber dass ein Mitarbeiter motiviert ist, sich die Probleme der Firma zu eigen macht und durch Selbstinitiative nach Lösungen sucht, kann man nicht vertraglich durchsetzen. Nur Unternehmen und Organisationen, denen es gelingt, eine hohe Kooperationsbereitschaft der Belegschaft zu erzeugen und aufrechtzuerhalten, sind erfolgreich. Am Ende stimmt der alte marxistische Gedanke, dass eine Firma nur so gut und erfolgreich sein kann, wie ihre Mitarbeiter es wollen.

Die hier skizzierte Problematik wird auch fundamentales *Motivationsproblem* genannt. Wie kann ich erreichen, dass meine Mitarbeiter kooperativ und motiviert sind? Hierauf haben Ökonomen und Berater traditionell eine recht schlichte Antwort: Geld, am besten verbunden mit Leistungskontrollen, Anreizverträgen und Entlassungsdrohungen. Dieser Empfehlung liegt die Annahme zugrunde, Menschen seien vorwiegend durch materielle Anreize zu motivieren. Und es stimmt ja auch. Diese *sind* sehr wichtig. Etwas anderes anzunehmen wäre naiv. Aber materielle Anreize alleine greifen zu kurz.

Für das Geld, das Sie ihm zahlen, wird sich niemand für *Sie* zerreißen. Aber möglicherweise für die Anerkennung und den Respekt, den Sie ihm als Menschen gegenüber zum Ausdruck bringen. Schon 1964 formulierte der berühmte Arbeitssoziologe P. M. Blau: »Nur sozialer Austausch vermag Gefühle persönlicher Verpflichtung, der Dankbarkeit und des Vertrauens zu erzeugen ein rein ökonomischer Austausch als solches tut das nicht.« Was sich jetzt vielleicht wie Kirchentagslyrik anhört, lässt sich empirisch belegen.

Schauen wir uns die Rolle reziproken Verhaltens in Arbeitsmärkten genauer an und beginnen mit einem einflussreichen Experiment, dem »Geschenkaustausch-Spiel«, das erstmalig von den drei österreichischen Ökonomen Ernst Fehr, Georg Kirchsteiger und Arno Riedl durchgeführt und seither in zahlreichen Varianten und Formen bestätigt wurde – ein echter Klassiker der Verhaltensökonomik.[6] Der Versuchsaufbau (siehe Abbildung 8) bildet genau den oben beschriebenen Interessengegensatz und das daraus resultierende Motivationsproblem ab. Ein »Arbeitgeber« unterbreitet einem »Arbeitnehmer« ein Jobangebot, das den Lohn festlegt, den der Arbeitgeber zu zahlen bereit ist. Der Arbeitnehmer entscheidet, ob er das Angebot annimmt oder nicht. Nimmt er an, bestimmt er anschließend, wie viel er tatsächlich leisten möchte. Für ihn gilt: Je höher die gewählte Arbeitsleistung, desto höher die damit verbundenen Arbeitskosten. Damit sind eine höhere Leistungsbereitschaft, längere Arbeitszeiten oder eine größere Anstrengung gemeint, kurz: all die Dinge, die es braucht, um einen besseren Job zu machen. Im Experiment wird das durch Geld abgebildet. Wenn die Arbeitnehmer eine höhere Arbeitsleistung wählen, verringert sich ihr Verdienst.[7] Für die Arbeitgeber ist es genau anders herum. Sie verdienen weniger, wenn sie höhere Löhne zahlen, und mehr bei hohen Arbeitsleistungen. Der klassische Interessengegensatz also.

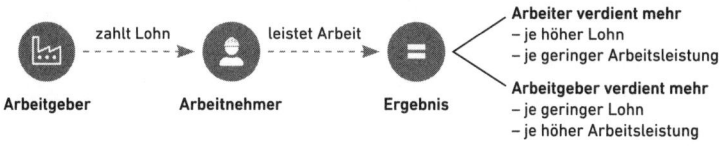

Abb. 8: Schematische Darstellung des »Geschenkaustausch-Experiments«. Es repräsentiert den klassischen Interessengegensatz zwischen Arbeitnehmern und Arbeitgebern.

Ein eigennütziger Arbeitnehmer wird in dieser Situation immer den geringstmöglichen Arbeitseinsatz wählen, mehr Arbeit bedeutet schließlich höhere Arbeitskosten und weniger Verdienst, und zwar unabhängig vom gezahlten Lohn. Aber wie verhält sich die Mehrheit der Arbeitnehmer tatsächlich? Wieder sprechen die Daten eine klare Sprache. Im Durchschnitt zeigen sich die Arbeitnehmer positiv reziprok. Sie leisten umso höhere Arbeitseinsätze, je höher der an sie gezahlte Lohn ausfällt. Sie belohnen also freundliches oder großzügiges Verhalten seitens der Firma mit freiwilliger Kooperation, die sich in einer höheren Arbeitsleistung manifestiert. Wohlgemerkt: Rein materielle Anreize sind hier nicht am Werk, da der Lohn ja nicht auf die Arbeitsleistung bedingt wird, sondern andersherum. Erst wird gezahlt und dann geleistet.

Dieser »Geschenkaustausch« wird nicht nur in bilateralen Arbeitgeber-Arbeitnehmer-Beziehungen beobachtet, sondern auch auf Arbeitsmärkten, in denen Arbeitnehmer und Arbeitgeber um gute Jobs und Mitarbeiter konkurrieren. Das konnte ich 1999 gemeinsam mit Ernst Fehr zeigen.[8] Ich betone das Jahr, weil wir damals noch kein computerisiertes Experimental-Labor zur Verfügung hatten. Statt also einfach Computer zu programmieren, mussten wir ein bisschen basteln, um einen Arbeitsmarkt zu simulieren: Es gab zwei Räume, einen für Arbeitgeber, einen für Arbeitnehmer. In beiden hingen jeweils zwei Tafeln, und vor jeder Tafel stand ein Helfer. Wenn ein Arbeitgeber ein Lohnangebot machen wollte, meldete er sich und nannte, sagen wir, einen Lohn von 50. Diese Zahl wurde auf einer Tafel im Arbeitgeberraum und auch auf einer Tafel im Arbeitnehmerraum notiert. Um diesen Lohn von 50 in den anderen Raum zu kommunizieren, telefonierte die Person an der Tafel im Arbeitgeberraum mit dem entsprechenden Helfer im Arbeitnehmerraum. Da wir in Prä-Handy-Zeiten experimentierten, hatten wir zwei ausgeliehene Militärtelefone samt Drähten zwischen den beiden Räumen angeschlossen bzw. verlegt. Auch die Arbeitnehmer konnten Angebote machen. Die entsprechenden Löhne wurden auf der zweiten Tafel im Arbeitnehmerraum notiert, per Telefon in den Arbeitgeberraum durchgegeben und auch dort auf der anderen Tafel notiert. Auf diese Weise sahen alle Marktteilnehmer alle gültigen Lohnangebote fast in Echtzeit.

Wollte ein Marktteilnehmer, egal ob Arbeitnehmer oder Arbeitgeber, ein Angebot akzeptieren, meldete er sich erneut und verkündete, um welches es sich handelte. Dann wurde der Handel zunächst unterbrochen, indem ein weiterer Helfer im jeweiligen Raum einen Schalter umlegte, sodass eine rote Lampe aufleuchtete. Nachdem geklärt war, wer welches Angebot von wem akzeptiert hatte und das auch notiert worden war, wurde der Schalter wieder auf Grün umgelegt, und der Handel ging weiter.

Insgesamt gab es mit jeweils 11 Arbeitnehmern und 7 Arbeitgebern immer ein Überangebot von Arbeitnehmern, da jeder Teilnehmer in jeder Runde nur ein Lohnangebot akzeptieren konnte. Nachdem 7 Verträge abgeschlossen waren, mussten die

Arbeitnehmer, die einen Vertrag hatten, anschließend entscheiden, welche Arbeitsleistung sie wählen wollten. Auch hier galt wieder wie im richtigen Leben, dass höhere Arbeitsleistungen für die Arbeitnehmer mit höheren Kosten verbunden waren. Aus rein materiellen Überlegungen war es also geboten, immer die minimale Arbeitsleistung zu wählen.

Die Ergebnisse zeigen indes, dass auch hier das Verhaltensmotiv der Reziprozität am Werke war (siehe Abbildung 9, links). Je höher der vereinbarte Lohn, desto höher die gewählte Arbeitsleistung. Gute Leistung für fairen Lohn! Außerdem verblüffte, dass die Arbeitgeber im Schnitt großzügige Löhne zahlten, obwohl sie geringere hätten zahlen können: Wegen des Überangebots an Arbeitnehmern erzeugte der Wettbewerb einen massiven Druck auf die Löhne, und die Arbeitnehmer unterboten sich gegenseitig gnadenlos. Die Arbeitgeber aber akzeptierten nicht die niedrigen, sondern relativ hohe Löhne, obwohl das für sie mit höheren Lohnkosten verbunden war. Wieso? Weil durch die positive Beziehung zwischen Löhnen und Arbeitsleistung ihr Gewinn bei höheren Löhnen höher ausfiel als bei geringen (siehe Abbildung 9, rechts).

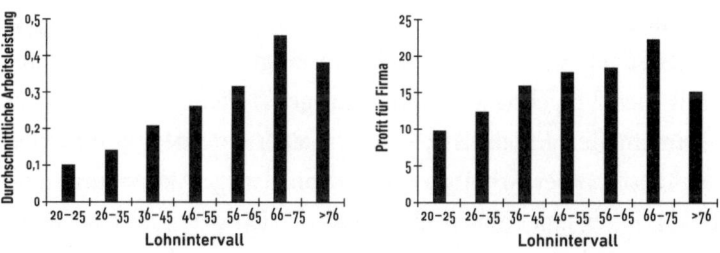

Abb. 9: Ergebnisse des Arbeitsmarkt Experiments von Fehr und Falk (1999). Die linke Seite zeigt, dass die freiwillige Arbeitsleistung im Schnitt mit höheren Löhnen steigt (Reziprozität). Daher lohnt es sich für den Arbeitgeber, relativ hohe Löhne zu zahlen (rechte Seite).

Mit anderen Worten: Es lohnte sich, die Arbeitnehmer anständig zu bezahlen und nicht die Tatsache auszunutzen, dass sie
sich aufgrund des Überangebots gegenseitig unterboten. Diese
Großzügigkeit wurde wiederum reziprok erwidert. Reziprozität
spielt also auch für das aggregierte Ergebnis auf Märkten eine
Rolle. Entscheidend ist jedoch, ob es einen Spielraum für reziproke Reaktionen gibt: Während Reziprozität auf unvollständigen
Vertragsmärkten wie dem Arbeitsmarkt das Marktergebnis beeinflussen kann, gilt dies für vollständige Vertragsmärkte nicht.[9]

Der US-Ökonom Truman F. Bewley hat diesen Sachverhalt
in seinem Buch *Why Wages Don't Fall During a Recession* eindrucksvoll bestätigt.[10] Darin befragte er Personalmanager in den
USA, warum sie während der Rezession in den frühen 1990er-
Jahren nicht einfach die Löhne ihrer Mitarbeiter gekürzt hätten.
Ihre Antwort: Lohnkürzungen gefährdeten die Arbeitsmoral der
Arbeitnehmer und ihre Bereitschaft, sich für das Unternehmen
einzusetzen. Löhne kürzen sei daher teurer, und es sei besser, sich
von Mitarbeitern zu trennen, als sich ihrer Wut über Lohnkürzungen auszusetzen. Reziprozität ist also nicht nur im Labor, sondern auch auf realen Arbeitsmärkten ursächlich dafür, dass Löhne
(nominal) selbst in Krisenzeiten mit relativ hoher Arbeitslosigkeit
in der Regel nicht sinken. Bewley bestätigt (neben vielen anderen
ähnlichen Fragebogen-Studien übrigens) nicht nur die laborex-
perimentellen Ergebnisse, sondern auch eine der prominentesten Theorien der Arbeitslosigkeit[11] von George Akerlof und Janet
Yellen. Jener Janet Yellen übrigens, die sich heute als US-Finanz-
ministerin dafür engagiert, die globale Mindestbesteuerung für
Unternehmen durchzusetzen.

Noch eine Anmerkung zum Thema »Geschenkaustausch«.
Damit der produktive Kreislauf von fairer Behandlung und Motivation ins Laufen kommt, ist es wichtig, dass »das Geschenk«,
also die faire Behandlung, auch als solche wahrgenommen wird.

Im Arbeitsalltag spielen hier materielle Dinge, allen voran die Bezahlung, eine zentrale Rolle. Aber nicht allein. Für Arbeitgeber kann es auch bedeuten, flexible Arbeitszeiten einzuführen, Mitarbeiter bei der Karriereplanung zu unterstützen, familienfreundliche Angebote wie z. B. Kinderbetreuung zu unterbreiten, eine ansprechende Arbeitsumgebung zu schaffen oder insgesamt ein angenehmes und freundliches Betriebsklima zu schaffen. Nicht zu vergessen, die Leistung und das Engagement der Mitarbeiter auch wirklich anzuerkennen. Fairness hat viele Gesichter. Entscheidend sind letztlich die Aufmerksamkeit und die Wertschätzung für den anderen, die sich im »Geschenk« offenbaren. Fehlt die gute Absicht oder bleibt es bei Lippenbekenntnissen, wird der »Geschenkaustausch« nicht funktionieren.

Wie unterschiedlich Geschenke wahrgenommen werden, zeigt eine Studie, bei der Studenten Bücher für eine Bibliothek inventarisieren sollten.[12] Unerwartet erhielten sie entweder 7 Euro mehr bezahlt, als ursprünglich vereinbart, oder eine hübsch verpackte Thermoskanne. In beiden Gruppen arbeiteten die Studenten mehr im Vergleich zu einer dritten Gruppe, die kein zusätzliches Geschenk erhielt. Aber es gab dennoch große Unterschiede: Obwohl der Wert der Thermoskanne mit einem gut sichtbaren Preisschild von 7 Euro gekennzeichnet war, arbeiteten die Studenten in dieser Anordnung 30 Prozent mehr als die Gruppe ohne Geschenk, während die Studenten in der 7-Euro-Anordnung nur eine um 6 Prozent höhere Arbeitsleistung erbrachten. Man könnte einwenden, dass den betreffenden Studenten die Thermoskanne (trotz des Preisschildes) »mehr wert« vorkam. Mitnichten. Vor die Wahl gestellt, ob sie lieber eine Thermoskanne oder 7 Euro haben wollten, gaben andere Teilnehmer eine eindeutige Antwort. 92 Prozent entschieden sich für das Geld und gegen die Thermoskanne.

Offenbar spielen bei der Wahrnehmung von Geschenken neben

rein materiellen Erwägungen emotionale Faktoren eine wichtige Rolle. Bei der als Geschenk verpackten Thermoskanne ging es nicht primär um ihren materiellen Wert. Stattdessen signalisierte sie, dass sich jemand Mühe gegeben hatte, den Beschenkten eine Freude zu machen. Darauf kommt es bei reziproker Motivation an – die ehrliche Absicht, dem anderen etwas Gutes zu tun, zu zeigen, dass man es ernst meint, sich Gedanken gemacht hat. Wer zu Weihnachten schon einmal ein standardisiertes Allerweltspräsent aus einem *Gift-Shop* erhalten hat, weiß, was ich meine. Richtig schenken ist eine Kunst. Und das Falsche zu schenken kann nach hinten losgehen. So kann gerade in persönlichen Beziehungen Geld sehr problematisch sein. Stellen Sie sich vor, Sie würden jemandem nach einer »romantischen Nacht« einen Umschlag mit 50 Euro statt eines Blumenstraußes im Wert von 50 Euro schenken … Die Art des Geschenks definiert die Beziehung: persönlich oder professionell.

Vertrauen ist gut

Wir haben gesehen, dass es sich für Chefs lohnen kann, ihre reziproken Mitarbeiter *fair* zu behandeln. Aber soll man ihnen auch *vertrauen*? Mitarbeitern Freiräume einräumen, Entscheidungskompetenzen übertragen und hoffen, dass sie das in sie gesetzte Vertrauen nicht missbrauchen? Kann das motivieren? Kann es sein, dass unser Verhalten gegenüber anderen Menschen, zum Beispiel unseren Vorgesetzten, prosozialer und kooperativer ausfällt, wenn sie uns Vertrauen *schenken*? Oder gilt nicht vielmehr das berühmt-berüchtigte Diktum (dessen Herkunft wohl nicht ganz zu Recht Lenin zugeschrieben wird[13]), wonach Vertrauen gut, Kontrolle aber besser sei?

Gemeinsam mit Michael Kosfeld, einem Kollegen von der Goethe-Universität Frankfurt, habe ich mir das Wechselverhältnis von Vertrauen und Kontrolle etwas genauer angeschaut.[14] Wie wird Kontrolle im Gegensatz zu Vertrauen wahrgenommen, und verringert ein Mangel an Vertrauen unsere Bereitschaft zur freiwilligen Kooperation? Oder dominieren Habgier und Eigennutz – weshalb es sich als schlechte Idee erweist, anderen zu vertrauen?

Der Versuchsaufbau war einfach (vgl. Abbildung 10): Im Experiment gibt es Teilnehmer in der Rolle eines »Arbeitgebers« bzw. eines »Mitarbeiters«. Der Arbeitgeber entscheidet, ob er seinem Mitarbeiter vertraut oder ihn kontrolliert, bevor dieser seinen Arbeitseinsatz wählt. Um den klassischen Interessengegensatz einzufangen, gilt: je höher der Arbeitseinsatz, desto besser und profitabler für den Arbeitgeber. Gleichzeitig ist ein höherer Arbeitseinsatz für den Mitarbeiter mit höheren Arbeitskosten verbunden, denken Sie zum Beispiel an eine bessere Arbeitsqualität oder längere Arbeitszeiten. Im Experiment wurde der Arbeitseinsatz durch Punkte repräsentiert.

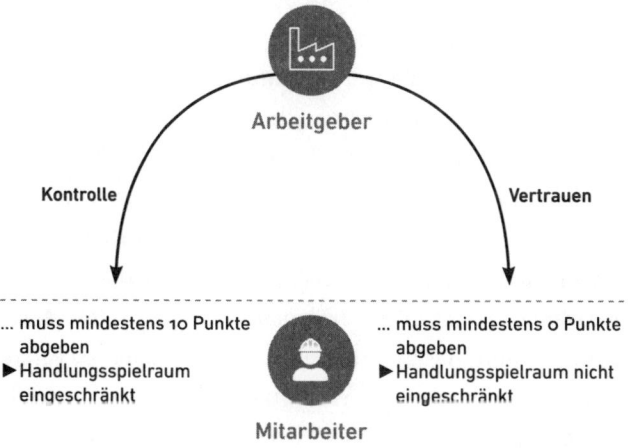

Abb. 10: Schematische Darstellung des Vertrauens-Experiments

Konkret musste der Arbeitnehmer entscheiden, wie er 120 Punkte zwischen sich und seinem Arbeitgeber aufteilen wollte, ähnlich wie in einem Diktator-Experiment. Die Pointe des Experiments besteht nun darin, dass der Arbeitgeber entscheiden kann, ob er den Entscheidungsspielraum seines Arbeitnehmers einschränken will oder nicht, und zwar *bevor* dieser seine Entscheidung trifft. Er lässt den Arbeitnehmer entweder frei entscheiden, was bedeutet, dass dieser jeden Punkte-Betrag zwischen 0 und 120 an den Arbeitgeber leisten kann; oder er legt fest, dass der Mitarbeiter *mindestens* 10 Punkte abgeben muss, also nur Punkte-Beträge zwischen 10 und 120 möglich sind. Den Entscheidungsspielraum nicht einzuschränken ist dabei ein Akt des Vertrauens, weil sich der Arbeitgeber dem Risiko aussetzt, dass der Mitarbeiter weniger als 10 Punkte abgibt. Kontrolle hingegen heißt, den Entscheidungsspielraum einzuschränken und so sicherzustellen, dass der Arbeitnehmer mindestens 10 Punkte abgibt.[15]

Vertrauen bedeutet hier also, ganz im Sinne von Niklas Luhmanns Definition[16], eine »kritische Vorleistung«. Zu vertrauen setzt den Akteur immer einem Risiko aus, das darin besteht, dass sein Vertrauen enttäuscht werden kann und er schlechter dasteht, als wenn er es nicht getan hätte. Ohne ein solches frei gewähltes Risiko liegt kein Vertrauen vor, doch genau für dieses Risiko wird der Vertrauende von einem positiv reziproken Menschen belohnt. Denn im Akt des Vertrauens drückt sich eine positive Erwartung gegenüber dem anderen aus: Schließlich wird man nur jemandem vertrauen, den man als *vertrauenswürdigen,* guten Menschen wahrnimmt – und das gibt man ihm dadurch auch zu verstehen.

Jemandem nicht zu vertrauen, ihn stattdessen zu kontrollieren, drückt genau das Gegenteil aus: Ich glaube nicht, dass du freiwillig kooperativ bist und nur unter Zwang oder aufgrund materieller Anreize und Drohungen tust, was von dir erwartet wird. Jemandem misstrauen kommuniziert folglich eine negative Erwartung über das Verhalten und die Persönlichkeit des anderen. Und dafür wird ein reziproker Mensch einen gegebenenfalls bestrafen.

Als ich vor einigen Jahren das Experiment in einem wissenschaftlichen Seminar an der Toulouse School of Economics schilderte und gerade die Auszahlungsregeln erläutert hatte, meldete sich ein bekannter Theoretiker zu Wort.[17] Er kritisierte, dass für derartig simple und offensichtliche Experimente überhaupt Geld ausgegeben werde. Für einen Moment war ich ein bisschen sprachlos, fragte aber nach: Okay, wenn es so offensichtlich ist, was im Experiment passiert, dann fass doch mal kurz für uns zusammen, wie wohl die Resultate aussehen. Es folgte die mustergültige Analyse des eigennutzorientierten und rationalen Homo oeconomicus: Der Mitarbeiter wird immer das Minimum wählen. Wenn er frei entscheiden kann (bei Vertrauen), überweist er mit Sicherheit 0 Punkte. Wenn er eingeschränkt wird (bei Kontrolle), überweist er 10 Punkte. Der Arbeitgeber wird das voraussehen, den Mitarbeiter kontrollieren, und dieser gibt 10 Punkte ab. Fertig.

In solchen Momenten macht mir meine Arbeit richtig Spaß. Ich erwiderte, dass wir diese »offensichtliche« Prognose im Hinterkopf behalten und mit den Daten vergleichen würden.

Und diese widersprachen der Prognose: Im Median gaben die Mitarbeiter zwar tatsächlich 10 Punkte, wenn sie kontrolliert wurden. Aber wurde ihnen vertraut, gaben sie nicht 0, sondern 20 Punkte – doppelt so viele wie bei Kontrolle. Vertrauen rechnete sich folglich für die Arbeitgeber; sie verdienten dann im Durchschnitt mehr. Aber das bedeutet nicht, dass *jeder* einzelne Arbeitgeber mehr verdiente, wenn er vertraute. Denn unter den Mitarbeitern gab es doch auch einige, die das Vertrauen nicht erwiderten und 0 Punkte leisteten. Egoisten eben. »Selbst schuld«, mögen sie gedacht haben, »ist nicht mein Problem, wenn du so blöd bist, mir zu vertrauen.« Wie gesagt setzt der Vertrauende sich einem Risiko aus: dem Risiko, auf solche Egoisten zu treffen.

Wären alle Menschen immer zu 100 Prozent vertrauenswürdig, würde das Konzept Vertrauen seinen Sinn verlieren.

Aber weil die überwiegende Mehrheit der Mitarbeiter positiv reziprok auf das in sie gesetzte Vertrauen reagierte, verdienten vertrauensvolle Arbeitgeber im Durchschnitt deutlich mehr. Dennoch wählten knapp 30 Prozent die Kontroll-Option. Wieso? Weil sie davon ausgingen, dass Menschen sich so verhalten wie in der Prognose meines Kollegen aus Toulouse. Befragt nach ihren Erwartungen über das Verhalten der Mitarbeiter zeigte sich, dass jene Arbeitgeber, die kontrollierten, glaubten, hierdurch mehr zu verdienen. Bei denen, die vertrauten, war es genau anders herum. Beide Gruppen verhielten sich also angesichts ihrer Erwartungen völlig rational, nur dass diese Erwartungen bei den Vertrauenden richtig, bei den Kontrollierenden falsch waren.

Interessanterweise wurden aber beide durch das Verhalten der Mitarbeiter scheinbar bestätigt. Wer vertraute, bekam im Schnitt relativ viel zurück, und wer kontrollierte, erhielt genau das Minimum, was seinem pessimistischen Menschenbild zu entsprechen schien. Er konnte sich nachher sagen: »Hab ich's doch gewusst, die machen nur das Nötigste, zum Glück hab ich kontrolliert! Hätte ich sie nicht eingeschränkt, hätte ich sicher gar nichts bekommen.«

Aus den Befunden folgen zwei wichtige Einsichten über die Natur prosozialen Verhaltens. Zum einen zeigt sich, dass aufgrund der menschlichen Bereitschaft zur Reziprozität Erwartungen in beiden Fällen eine »selbsterfüllende Prophezeiung« erzeugen: Wenn ich pessimistische Erwartungen hege, meinem Gegenüber deshalb nicht vertraue, wird er sich entsprechend vertrauensunwürdig verhalten. Wieso sollte er kooperativ sein, wenn ich ihm implizit sage, dass ich nicht viel von ihm halte? Schenke ich ihm hingegen Vertrauen, weil ich eine optimistischere Sicht auf mein Gegenüber habe, wird dies belohnt.

Zum anderen zeigt sich, dass es sich lohnen kann, sein Verhalten auch einmal zu ändern, ein bisschen zu experimentieren und Menschen anders zu begegnen, als man es normalerweise tut. Man könnte nämlich in einem selbsterzeugten sozialen Käfig gefangen sein, weil zwar alles mit den eigenen Erwartungen übereinstimmt und man nicht auf den Gedanken kommt, sich irren zu können, die Erwartungen an kontrafaktische Zustände tatsächlich aber falsch sind. Solche Lock-in-Effekte liefern eine Begründung dafür, wieso ein Wechsel an der Spitze eines Unternehmens oder einer Arbeitsgruppe dramatische Effekte haben kann. Wenn der Teamleiter misstrauisch ist oder die Unternehmenskultur auf Misstrauen und Überwachung aufgebaut ist, wird es in den entsprechenden Teams und Firmen wenig freiwillige Kooperation geben. Wieso nett zu einem Chef sein, der einen für einen miesen Typen hält? Werden Führungskräfte ausgetauscht, oder verändern sie ihr Verhalten, kann sich aus dem unkooperativen Misstrauensgleichgewicht möglicherweise ein kooperatives Vertrauensgleichgewicht entwickeln.

Genau diesen Gedanken beschreibt auch David Packard, Gründer des Unternehmens Hewlett Packard, in seinen Memoiren: »In den späten 1930er-Jahren habe ich für General Electric (GE) gearbeitet. Die Firma war besonders eifrig, was den Schutz von Werkzeugen und Ersatzteilen betraf, um sicherzustellen, dass die Angestellten nichts stahlen. Mit diesem offensichtlichen Misstrauen konfrontiert, machten sich viele Angestellte daran, dieses zu rechtfertigen, indem sie stahlen, was nicht niet- und nagelfest war ... Als Hewlett Packard (HP) begann, war meine Erinnerung daran noch stark und ich entschied, dass unsere Lagerräume für Werkzeuge und Ersatzteile immer offen stehen sollten. Dies war für HP in zweierlei Hinsicht vorteilhaft. Der einfache Zugang war praktisch für Produktdesigner und andere, die zu Hause oder am Wochenende an neuen Ideen arbeiten wollten. Ein ... wichtiger Vorteil war, dass die offenen Lagerräume ein Zeichen von Vertrauen waren.«

Mir gefällt vor allem, dass David Packard beschreibt, wie die Mitarbeiter bei GE das in sie gesetzte *Misstrauen* »rechtfertigten«. Ein schönes Beispiel für reziprokes Verhalten.

Im Anschluss an unser Experiment führten Michael und ich noch eine Fragebogen-Studie durch, um unsere Argumente in einer realistischeren Umgebung zu validieren. Dazu beschrieben wir fünf alltägliche Arbeitsplatzsituationen in immer zwei Bedingungen – einmal Kontrolle, einmal Vertrauen – und stellten den Teilnehmern anschließend die Frage: »Wie hoch ist Ihre Arbeitsmotivation?« Die Ausgangssituation am Arbeitsplatz war für beide Gruppen zunächst identisch, unterschied sich dann aber im Verhalten eines Vorgesetzten, der entweder vertrauensvoll oder kontrollierend auftrat.

Ein Szenario sah so aus: »Sie haben einen Ferienjob in einem Supermarkt angetreten. Ihre Aufgabe besteht darin, abends die Kassenstände zu überprüfen, d. h. zu schauen, ob die Geldbeträge in den Kassen mit den Buchungen übereinstimmen. Im Prinzip könnten Sie sich leicht auf Kosten des Supermarkts bereichern, indem Sie einfach Geld aus der Kasse nehmen. Sie haben die Kassen aber gewissenhaft und ohne eigenen Vorteil überprüft und die Ergebnisse ehrlich berichtet.« Soweit die gemeinsame Ausgangsbasis. In der Vertrauensbedingung hieß es dann weiter: »Der Filialleiter glaubt Ihren Angaben und prüft die Kassenstände nicht noch einmal nach.« In der Kontrollbedingung hingegen: »Auf dem Heimweg stellen Sie fest, dass Sie Ihren Schirm vergessen haben. Als Sie den Supermarkt betreten, sehen Sie, dass der Filialleiter noch einmal alle Kassenstände nachprüft.« Anschließend wurde nach der Arbeitsmotivation gefragt.

Die anderen vier Szenarien waren ähnlich aufgebaut. Hier ging es um (a) das Einhalten der Arbeitszeiten (Kontrolle: eine verbindliche Erklärung unterschreiben; Vertrauen: ein Appell), (b) ein Bewerbungsgespräch, bei dem festgestellt wird, dass eine

Referenz fehlt (Kontrolle: die Referenz wird eingeholt; Vertrauen: der Bewerber wird ohne Überprüfung der Referenz eingestellt), (c) das Verbot, den Fotokopierer für private Zwecke zu verwenden (Kontrolle: der Raum mit dem Kopierer ist abgeschlossen, der Schlüssel muss abgeholt werden; Vertrauen: ein Appell, sich an die Regeln zu halten, der Raum ist offen) und (d) das Verbot, den Internetzugang privat zu nutzen (Kontrolle: eine spezielle Software erlaubt Überwachung; Vertrauen: wieder ein Appell).

In allen fünf Szenarien ergab sich jeweils das gleiche Bild. Die Arbeitsmotivation war in der Vertrauensbedingung durchweg höher als in der Kontrollsituation, bei der sie häufig sehr gering und nur selten hoch war.

Klar, man kann als Firma sicher ein paar Kosten einsparen, wenn der Kopierraum verschlossen ist und die Mitarbeiter beim »Hausdrachen« den Schlüssel abholen müssen. Aber was für ein Signal sendet das an die Belegschaft aus? Traut man mir nicht? Und wieso sollte das auf meinen Umgang mit dem Drucker beschränkt sein? Vertraut man mir insgesamt nicht? Das ist ein wichtiger Aspekt: Beim Vertrauen ist es wie mit dem Schwangersein – nur ein bisschen gibt es nicht. Ein Arbeitgeber kann seinen Angestellten nicht sagen: Nee, beim Drucker trau ich euch nicht, sonst aber schon. Vertrauen oder Misstrauen können nicht auf einzelne Bereiche aufgeteilt werden, denn sie gelten ja einer Person, und die ist immer die gleiche. Das heißt aber für das Gegenüber auch, dass seine Motivation universal und bereichsübergreifend geschwächt wird, selbst wenn ihm Misstrauen nur in einer relativ belanglosen Situation entgegengebracht wird. Und noch etwas ist wichtig: Vertrauen aufzubauen kostet viel Zeit und erfordert Ehrlichkeit. Vertrauen zu zerstören geht ganz schnell, und dann ist es nur schwer wiederherzustellen.

Apropos Kostenersparnis. In meiner Zeit als Zivildienstleistender in einem Kreiskrankenhaus in Bergisch Gladbach betreute ich auf der Intensivstation Patienten (schön), reinigte nach erfolgter Operation aber auch Gynäkologie-Stühle, wobei ich regelrecht in Löse- und Reinigungsmittel watete (nicht so schön). Sehr uncool war auch, dass wir Pflegediensthelfer – im Krankenhaus eine Position am untersten Ende der Nahrungskette– bereits sportlich früh um sechs Uhr morgens zum Dienst antreten mussten. Immerhin gab es gegen sieben eine Frühstückspause nach dem ersten Rundgang über die Station, bei dem Betten gemacht, Nierenschalen entleert oder Beatmungsgeräte gesäubert worden waren. Dass die Krankenhausleitung für alle Stationen und Mitarbeiter kostenlos Brötchen bereitstellte, wurde mit viel Wohlwollen zur Kenntnis genommen. Eines Tages aber, vielleicht durch die geniale Eingebung eines Beraters oder eines psychologisch besonders unbegabten Controllers, wurden die Brötchen abgeschafft. Kostensparen war angesagt: Wir sind ja keine Bäckerei, die Leute sind zum Arbeiten hier, nicht zum Kaffeekränzchen. Das kam, vorsichtig formuliert, weniger gut an. Und ob es sich wirklich lohnte, wenn man zum Beispiel bedenkt, wie oft in einer Schicht eine Krankenschwester oder ein Pfleger vor der Frage stand, mehr oder weniger sorgsam mit Materialien und Pflegeutensilien umzugehen, die mehr kosten als alle Klinikfrühstücksbrötchen zusammen? Oder länger im Dienst zu bleiben, weil gleich noch eine Neueinweisung kam? Sich freiwillig für die Weihnachtsschicht zu melden?

Brötchenkosten zu sparen, dadurch aber das Betriebsklima zu ruinieren und die Loyalität der Mitarbeiter zu verringern, scheint mir ein schlechtes Geschäft zu sein. Denn da schlägt sie hammerhart zu, die Reziprozität.

Noch ein kurzes Beispiel sei genannt, diesmal aus der Bekleidungsbranche: Die beiden kanadischen Psychologinnen Sabrina Deutsch Salamon und Sandra L. Robinson untersuchten in Zusammenarbeit mit einer Handelskette, wie sich Vertrauen auf die Belegschaft, die Verkaufszahlen und schließlich die Kundenzufriedenheit auswirkt.[18] Regelmäßig befragte das Unternehmen seine rund 6000 Mitarbeiter anonym zu verschiedenen Themen. Für ihre Studie hatten die Forscherinnen zwei Fragenkomplexe hinzugefügt: Zum einen wollten sie wissen, inwieweit die Angestellten das Gefühl hatten, das Management bringe ihnen Vertrauen entgegen. Zum anderen fragten sie danach, wie stark die Mitarbeiter sich für den wirtschaftlichen Erfolg ihrer jeweiligen Filiale verantwortlich fühlten. Gab es zwischen den Umfragewerten und den Verkaufszahlen der einzelnen Filialen einen Zusammenhang? Ja. Standorte, an denen die Mitarbeiter überwiegend das Gefühl hatten, das Management vertraue ihnen, waren im Schnitt nicht nur erfolgreicher als die anderen. Die Angestellten dort fühlten sich zudem eher für das Geschäftsergebnis ihrer Filiale verantwortlich.

Die Frage nach Vertrauen stellt sich auch angesichts der Debatte rund um das sogenannte Homeoffice. Schon das Konzept der *Vertrauensarbeitszeit* war vielen Chefs lange Zeit ein Reizwort, Homeoffice gar der Inbegriff von Kontrollverlust. Wie soll man da kontrollieren, ob der Mitarbeiter nicht entspannt die Füße hochlegt oder nebenbei Netflix laufen hat, während er die Quartalszahlen zusammenstellt? Erst seit aufgrund der Coronapandemie die Homeoffice-Pflicht kam, stellten viele Skeptiker fest, dass der Laden trotzdem läuft – teilweise sogar besser als mit Präsenzpflicht. Dabei gibt es schon seit Längerem Belege dafür, dass selbstbestimmtes Arbeiten der Produktivität zuträglich ist. Eine der bekanntesten Studien dazu führte der Stanford-Ökonom Nicholas Bloom mit Kollegen vor einigen Jahren in einem chinesischen Callcenter durch.[19] Per Zufallsprinzip wurden Mitarbeiter ausgewählt, die bereit waren, für neun Monate ins Homeoffice zu wechseln. Gegenüber den Kollegen, die weiter im Büro arbeiteten, erhöhte sich ihre Arbeitsleistung um 13 Prozent. Sie machten weniger Kaffeepausen, meldeten sich seltener krank und erledigten in der gleichen Arbeitszeit mehr Anrufe. Außerdem gaben sie eine höhere Jobzufriedenheit an und blieben dem Unternehmen im Schnitt länger treu.

Mehr Vertrauen, weniger Kontrolle zahlt sich also für den Arbeitgeber buchstäblich aus. Natürlich eignet sich nicht jeder Job fürs Homeoffice, und auch die Vertrauensarbeitszeit ist nicht ohne Nachteile, gerade wenn die Interaktion mit Kollegen im Job eine wichtige Rolle spielt[20]. Aber generell wird mehr Flexibilität zum Win-win für beide Seiten, solange eine wichtige Voraussetzung erfüllt ist: Die Mitarbeiter müssen die neu gewonnene Autonomie als Vertrauensbeweis wahrnehmen und nicht als Maßnahme zur Kostensenkung, etwa um Bürofläche einzusparen oder Kosten auf die Mitarbeiter abzuwälzen.[21]

So weit das Hohelied des Vertrauens. Doch ich muss auch ein bisschen Wasser in den Wein gießen: Aus dem oben Geschilderten lässt sich keineswegs schlussfolgern, dass Vertrauen *immer* besser ist als Kontrolle. Weshalb ich den zitierten Lenin-Satz auch genauso wenig als Anti-Lenin-Satz lesen möchte. Ehrlich gesagt bin ich ganz froh, dass die Abschussrampen der Langstreckenraketen *Minuteman III* oder der *Topol* mit ihren atomaren Vernichtungssprengköpfen streng bewacht und kontrolliert werden und die Kommandeure der Stützpunkte keine Politik der offenen Tür betreiben. Und dass man es nicht einer einzelnen Person, die gerade amerikanischer oder russischer Präsident ist, überlässt, die Welt zu vernichten, denn so weit darf unser Vertrauen sinnvollerweise nicht gehen.

In besonders sensiblen Bereichen funktioniert es natürlich nicht ohne Kontrolle. Das gilt auch in Arbeitskontexten. Man wird einem Bankpraktikanten nicht am ersten Tag die Schlüssel zum Tresor aushändigen oder einem Fluganfänger einen vollbesetzten Airbus ohne Co-Pilot anvertrauen. Immer da, wo Kontrolle notwendig ist, spielt allerdings die Kommunikation eine wichtige Rolle. Es gilt, klar zu sagen, dass es sich nicht um persönliches Misstrauen handelt, sondern um Vorgaben der jeweiligen Organisation, um einen Schaden von ihr und ihren Mitarbeitern *insgesamt* abzuwenden. Dabei kommt es auf den Ton an. Es kann helfen, anstatt von Kontrolle von »Besprechung« zu reden oder Kontrolle im Rahmen von »Feedbackprozessen« auszuüben. Außerdem sind die Leute ja nicht blöd. Jeder versteht, dass es manchmal eben ein gewisses Maß an Kontrolle braucht; nur macht sich, wer es damit übertreibt, schnell lächerlich und ruiniert die Motivation.

Rache ist süß

Nun verhält es sich mit der Reziprozität aber nicht nur so, dass Menschen freundliches Verhalten mit Kooperation belohnen; sie antworten auch mit Rache, Sabotage oder Zerstörung, wenn es unfair zugeht. Schauen wir uns also die dunkle Seite der Reziprozität etwas genauer an, die negative Reziprozität. Sie ist mindestens so mächtig wie ihre positiv gestimmte Schwester, und man sollte sich sehr gut überlegen, ob man sie sich zur Feindin machen möchte. Auf jeden Fall werden wir einen weiteren Grund dafür kennenlernen, warum Menschen sich »unmoralisch« verhalten – als Antwort darauf, dass sie ihrerseits unfairem Verhalten ausgesetzt sind.

Das bekannteste Laborexperiment, das die Existenz negativer Reziprozität veranschaulicht, ist das sogenannte *Ultimatumspiel*, das die Wissenschaft nachhaltig beeinflusst hat.

Zum ersten Mal durchgeführt wurde es 1982 von Werner Güth und Co-Autoren.[22] Die Regeln sind einfach, wie bei allen guten Experimenten. Es gibt einen »Aufteiler«, der einen Geldbetrag erhält, für den jede Aufteilung zulässig ist: alles behalten, alles geben, fifty-fifty teilen usw. Ein »Empfänger« wird nun über den ihm zugedachten Geldbetrag informiert und kann entscheiden, ob er ihn annimmt oder nicht. Akzeptiert er, wird das Geld entsprechend dem vom Aufteiler vorgeschlagenen Betrag ausgezahlt. Lehnt er ab, erhalten beide Teilnehmer nichts. Regelmäßig ist bei dieser Anordnung zu beobachten, dass Empfänger geringe Beträge ablehnen, obwohl sie dadurch auf Geld verzichten. Werden einem Empfänger z. B. von 100 Euro 10 Euro geboten, lehnen die meisten diesen Betrag ab, weil es ihnen einfach unfair vorkommt, dass der Aufteiler 90 Euro für sich behält. Mit anderen Worten, sie sind bereit, auf die 10 Euro zu verzichten, um ihn für sein egoistisches Verhalten zu bestrafen: negative Reziprozität eben.

Das Ultimatumspiel wurde hundertfach repliziert und in allen möglichen Varianten studiert. Im Kern aber ergibt sich immer das gleiche Bild. Als unfair wahrgenommene Beträge werden regelmäßig abgelehnt, wenn dadurch ein vermeintlich gieriger Aufteiler bestraft werden kann.

Warum sind wir bereit, einen Unbekannten, den wir im Leben nie mehr treffen werden, zu strafen, obwohl das für uns mit Verzicht oder Verlust verbunden oder auch kostspielig ist? Viel einfacher zu erklären ist die Bereitschaft, jemanden zu bestrafen, mit dem man in Zukunft wieder interagieren wird. Hier geht es darum, eine Reputation aufzubauen: *Mit mir nicht!* Aber gegenüber einem Fremden? Warum das so ist, wissen wir im Grunde nicht. Evolutionär gesehen mag es allerdings von Vorteil gewesen sein, sich glaubwürdig zu wehren. Die Erwartung, dass mein Höhlengenosse vielleicht völlig ausrastet und mir die Keule über den Schädel zieht, wenn ich ihm die Ration Mammutfleisch streitig mache, lässt mich möglicherweise genau davor zurückschrecken – was für ihn dann besagter Vorteil wäre. Im sechsten Kapitel werde ich noch einmal auf eine in diesem Zusammenhang interessante Hypothese zurückkommen.

Das menschliche Gehirn scheint jedenfalls reziprok programmiert zu sein, denn das Bestrafen unfairer Handlungen führt unmittelbar zu Aktivierungen in Hirnarealen wie etwa dem Nucleus accumbens, die für Belohnung zuständig sind und auch bei Sex und Schokolade aufleuchten[23]. Rache ist süß, könnte man sagen. Und wer kennt es nicht: Wenn am Ende eines langen Hin und Her der Bösewicht im Film seinem verdienten Tod entgegensieht. Wenn – endlich – »Mundharmonika« diesen Arsch Frank im Duell abknallt, Charles Bronson gegen Henry Fonda in *Spiel mir das Lied vom Tod*. Alle Gut-gegen-Böse-Filme funktionieren so und bereiten uns 90 oder 120 Minuten auf den selig-wohligen Moment vor, wenn der Schurke endlich bestraft, zerstört, vernichtet wird.

Eingangs hatte ich gesagt, dass ich mir kein besseres Mittel vorstellen kann, jemanden zu destruktivem Verhalten zu animieren, als ihn unfair oder respektlos zu behandeln. Was das für Firmen bedeuten kann, haben die beiden US-Ökonomen Alan B. Krueger und Alexandre Mas in einer Fallstudie herausgearbeitet.[24] Im August 2000 startete der Reifenhersteller Firestone eine beispiellose Rückrufaktion von mehr als 14 Millionen Autoreifen. Grund waren gravierende Qualitätsprobleme: Vor allem bei Hitze und hohen Geschwindigkeiten bestand die Gefahr, dass sich bei dem betroffenen Modell das Gummiprofil löste, sodass die Reifen bei voller Fahrt platzten. Nach Ansicht der US-Bundesbehörde für Straßen- und Fahrzeugsicherheit hatten defekte Firestone-Reifen zahlreiche Unfälle zur Folge, bei denen insgesamt 271 Menschen starben. In den vier Monaten nach Ankündigung der Rückrufaktion fiel der Börsenwert von Firestone sowie der Muttergesellschaft Bridgestone von 16,7 auf 7,5 Milliarden Dollar. Das Unternehmen plante daraufhin, den Markennamen »Firestone« aufzugeben. Zudem wurde das Topmanagement komplett ausgewechselt.

Krueger und Mas untersuchten mögliche Gründe für die Produktionsfehler. Sie stellten fest, dass die meisten mängelbehafteten

Reifen in den Jahren 1994 bis 1996 produziert worden waren. Das betroffene Modell wurde vor allem im Firestone-Werk Decatur hergestellt, und dort tobte Mitte der 1990er-Jahre einer der härtesten Arbeitskämpfe, den die Branche bis dahin erlebt hatte.

Im April 1994 lief ein Vertrag aus, den Bridgestone mit der Gewerkschaft United Rubber Workers geschlossen hatte. Der Konzern nutzte die Gelegenheit, um eine drastische Verschlechterung der Arbeitsbedingungen durchzusetzen, darunter eine Lohnkürzung von 30 Prozent für neue Beschäftigte, zwei Wochen weniger Urlaub für ältere Mitarbeiter und den Wechsel von 8- zu 12-Stunden-Schichten. Die in der Gewerkschaft organisierten Arbeiter reagierten darauf mit Streik. Bridgestone begann seinerseits damit, Aushilfskräfte anzustellen, die der Konzern 30 Prozent unter Gewerkschaftstarif bezahlte. Im Mai 1995 beendete United Rubber Workers den Streik ohne vorzeigbaren Erfolg. Bridgestone kündigte jedoch an, weiter mit Aushilfskräften arbeiten zu wollen und die Streikenden nur bei Bedarf an die Arbeitsplätze zurückkehren zu lassen. Es sollte bis Dezember 1996 dauern, bis das Unternehmen die komplette alte Belegschaft wieder aufnahm.

Schenkt man Gewerkschaftsdokumenten Glauben, ließ das Unternehmen die Rückkehrer auch dann noch für den Arbeitskampf büßen: Ihnen wurden die härtesten Arbeiten an den schlechtesten Maschinen zugeteilt, und sie wurden von den Schichtleitern massiv schikaniert.

Die gravierenden Qualitätsprobleme in Decatur fielen nach den Ergebnissen der Studienautoren genau in die Zeit dieses Arbeitskampfes. Reifen, die in den Jahren 1994, 1995 oder 1996 im dortigen Werk produziert worden waren, gaben bis zu fünfzehnmal häufiger Grund zur Beanstandung als solche aus anderen Bridgestone-Fabriken. Die Autoren halten es für sehr wahrscheinlich, dass der Arbeitskampf bei diesen Problemen die entscheidende Rolle spielte. Die Mitarbeiter wurden durch die als sehr unfair wahrgenommene Lohnkürzung und die weitere Verschlechterung der Arbeitsbedingungen systematisch demotiviert – mit fatalen Folgen für Firma, Beschäftigte und Kunden.

Lohnkürzung ist aber nicht gleich Lohnkürzung. Es kommt wesentlich darauf an, *wieso* Löhne verringert werden. Dient eine Kürzung nachweislich zum Erhalt der Arbeitsplätze oder der ganzen Firma, sind Beschäftigte eher bereit, die Kröte zu schlucken. Geschieht es hingegen, um die Gehälter der Führungsetage oder Ausschüttungen für Vorstand und Aktionäre zu erhöhen, wird es zu Protesten, Motivationsverlust und anderen Formen der negativen Reziprozität kommen. Die Motive und Intentionen der Handelnden sind entscheidend, das heißt, ob der Arbeitgeber bzw. die Verantwortlichen in Unternehmen prosozial handeln oder nicht.

Die Rolle, die Intentionen für das Ausmaß negativ reziproken Handelns spielen, zeigt sich sehr schön in einer Variante des Ultimatumspiels, die ich gemeinsam mit Ernst Fehr und Urs Fischbacher durchgeführt habe.[25] Die Idee des Experiments ist zu untersuchen, inwiefern die Frage, ob ich ein bestimmtes Verhalten meines Gegenübers als fair oder unfair wahrnehme, davon abhängt, welche Handlungsoptionen er hat. Schauen Sie sich dazu am besten das folgende Schaubild an (vgl. Abbildung 11).

Es handelt sich um vier Mini-Ultimatumspiele. In allen kann der Aufteiler über 10 Euro entscheiden und dazu einen von zwei festgelegten Vorschlägen machen, wobei der zweite je nach Spiel variiert. Der Empfänger wiederum kann jeweils annehmen oder ablehnen.

Beginnen wir mit (a), dem (5/5)-Spiel. Hier kann der Aufteiler entweder 2 Euro anbieten und 8 Euro für sich behalten (linker Vorschlag), oder er kann 5 Euro anbieten und auch behalten (rechter Vorschlag). Nimmt der Empfänger an, erhält er entweder

2 oder 5 Euro. Lehnt er hingegen ab, bekommen beide Teilnehmer 0 Euro. Nur 2 Euro anzubieten ist natürlich kein besonders fairer Zug, denn der Aufteiler behält dann 80 Prozent des Kuchens für sich. Da er die Alternative hatte, 5 Euro anzubieten und damit eine faire Lösung vorzuschlagen, erscheint das Angebot von 2 Euro als unfair. Wenig überraschend lehnen deswegen viele Probanden den 8/2-Vorschlag in diesem Spiel ab.

Betrachten wir nun die anderen drei Spiele (b, c und d). In allen kann der Aufteiler den unfairen 8/2-Vorschlag anbieten. Aber die Alternativen ändern sich. Im (2/8)-Spiel kann der Aufteiler nun alternativ entscheiden, dem Empfänger 8 Euro zu geben und nur 2 Euro für sich zu behalten. Wie unfair kommt Ihnen jetzt der 8/2-Vorschlag vor? Finden Sie ihn genauso unfair wie im (5/5)-Spiel, bei dem der Aufteiler die Möglichkeit hatte, ein für beide faires Ergebnis vorzuschlagen? Wohl kaum. Denn jetzt hat er diese Wahl nicht mehr und kann lediglich entscheiden, ob er sich selbst bevorzugt (und 8 Euro erhält) oder ob der Empfänger 8 Euro bekommt und er selbst nur 2 Euro. Kann man in dieser Situation vom Aufteiler erwarten, dass er sich selbst schadet?

Im (8/2)-Spiel ist es noch unklarer, ob der linke Vorschlag unfair ist, denn jetzt hat der Aufteiler überhaupt keine echte Wahl mehr: Er kann nur 8/2 vorschlagen, d. h. er *muss* die »unfaire« Aufteilung vornehmen.

Im (10/0)-Spiel schließlich ist es noch extremer. Hier ist die Alternative zum 8/2- ein 10/0-Vorschlag. Der Aufteiler kann also nur entscheiden, dem Empfänger 2 oder nur 0 Euro vorzuschlagen. In dieser Situation ist der 8/2-Vorschlag sogar das weniger unfaire Angebot.

Wenn man sich anschaut, wie oft in allen vier Spielen das »unfaire« 8/2-Angebot abgelehnt wird, stellt man fest, dass dies am häufigsten im (5/5)-Spiel der Fall ist, gefolgt vom (2/8)-Spiel, dann dem (8/2)-Spiel und schließlich dem (10/0)-Spiel, in dem

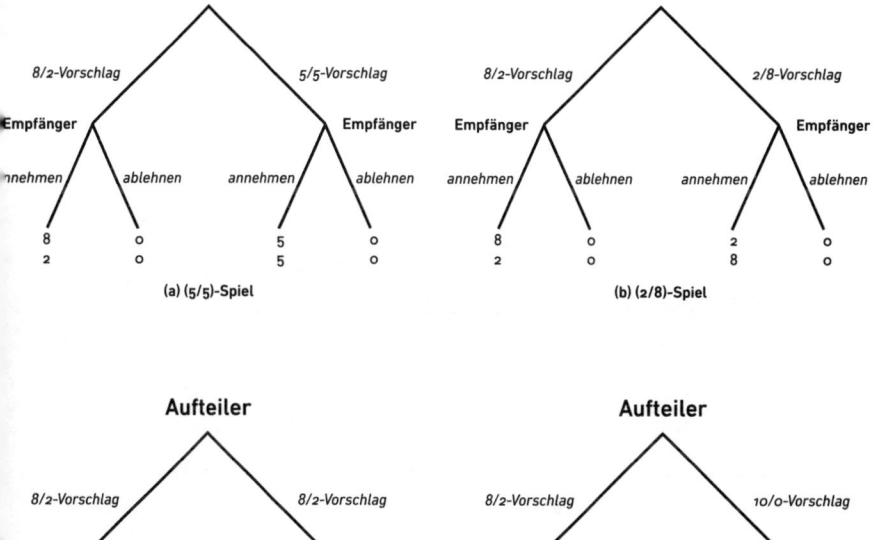

Abb. 11: Mini-Ultimatumspiele

fast gar keine Ablehnung mehr stattfindet. Obwohl die Konsequenzen und materiellen Folgen des 8/2-Angebots in *allen vier Spielen exakt identisch* sind, reagieren die Empfänger sehr aufmerksam darauf, welche Alternativen der Aufteiler hatte. Bot sich ihm die Möglichkeit, sich fair zu verhalten, wird das 8/2-Angebot häufig abgelehnt. Hatte er diese Möglichkeit jedoch nicht, zum Beispiel weil er wie im (8/2)-Spiel gar keine Alternative hatte oder wie im (10/0)-Spiel nur eine noch unfairere Option wählen konnte, wird das 8/2-Angebot viel seltener abgelehnt.

Der Grund dafür ist, dass wir in erster Linie Intentionen bestrafen, nicht so sehr Konsequenzen. Wer die unfaire Aufteilung 8/2 wählt, obwohl er die Möglichkeit hatte, eine faire Lösung vorzuschlagen, hat offensichtlich keine guten Absichten. So jemand ist eindeutig gierig, und das wird durch Ablehnung bestraft. Aber wieso sollte ich jemanden bestrafen, wenn er gar nicht die Möglichkeit hat, mir eine bessere Option zu bieten? Wie kann ich in einer solchen Situation davon ausgehen, dass er schlechte Absichten hegt?

Ganz ähnliche Befunde zeigen sich auch in einer Variante des Experiments, das ich zu Beginn dieses Kapitels beschrieben habe.[26] Dort konnte Spieler A auf der ersten Stufe Spieler B Geld wegnehmen oder ihm welches geben. Beides wurde reziprok, d. h. durch Bestrafung bzw. Belohnung beantwortet. Ganz anders in der Variante, bei der Spieler A *nicht selbst entscheidet,* wie viel er geben oder nehmen möchte, sondern ein Zufallsgenerator. Trotz exakt gleicher Auszahlungskonsequenzen verschwindet in dieser Bedingung reziprokes Verhalten beinahe vollständig. Denn Spieler B erfasst intuitiv: Wieso soll ich jemanden belohnen (und dafür Geld aufwenden), wenn er doch gar nichts dafür kann, dass er »nett« zu mir war, und wieso soll ich Geld aufwenden, um jemanden für etwas zu bestrafen, was er gar nicht zu verantworten hat, woran er nicht schuld ist.

Wir beurteilen Handlungen eben nicht nur nach ihren Konsequenzen, sondern auch nach der Absicht, die ihnen zugrunde liegt. Anders formuliert: Kontexte und Entscheidungssituationen sind für die Beurteilung des Verhaltens anderer entscheidend, nicht zuletzt, weil sie unterschiedliche Möglichkeiten bereitstellen, wie sich unsere Absichten offenbaren. Unpopuläre Maßnahmen beispielsweise werden eher akzeptiert, wenn Handelnde externe Umstände dafür verantwortlich machen können.

Arbeitgeber etwa verweisen gerne auf Globalisierung, Kostendruck, Wettbewerb oder kollektiv vereinbarte Lohnabschlüsse. Es sind jedenfalls Gründe außerhalb der eigenen, individuellen Kontrolle. Ähnliche Phänomene begegnen uns im Alltag: Etwa, wenn die Deutsche Bahn oder Tankstellen für Preiserhöhungen gestiegene Energiekosten verantwortlich machen oder der Kapitän des unterlegenen Fußballteams im Interview nach dem Spiel erklärt, es habe am Rasen, am Schiedsrichter oder am Ball gelegen.

Ob es im Einzelnen wirklich so ist, ob also die viel zitierten Umstände tatsächlich keine bessere Handlung zuließen, steht auf einem anderen Blatt. Oft dürfte es sich beim Hinweis auf »die Umstände« um einen wenig originellen rhetorischen Kniff handeln. Die Motivation dahinter ist klar: Verantwortung verschleiern, gute Absicht signalisieren, widrige Bedingungen als Ursache anführen – alles, um negativ reziproke Reaktionen zu vermeiden.

Wenn unfaires Verhalten andere krank macht

Unfair behandelt zu werden demotiviert nicht nur, es erzeugt Stress und macht krank. Das zumindest legen epidemiologische Studien nahe. In einer kürzlich erschienenen Arbeit habe ich gemeinsam mit Co-Autoren diese Zusammenhänge in einer Kombination von Experiment und Felddaten untersucht.[27]

Im Rahmen des Experiments wurden Paare von jeweils einem

Mitarbeiter und einem Chef gebildet. Während der Chef einfach gar nichts tun musste, hatte der Mitarbeiter eine besonders dämliche und nervige Arbeit zu verrichten, nämlich auf Blättern mit Nullen und Einsen die Nullen zu zählen. (Wir hätten auch die Einsen zählen lassen können, aber irgendwie fand ich es noch stupider, sich auf die Nullen zu konzentrieren. Es ging mir um eine Aufgabe, die nicht intrinsisch belohnend war, die also keinen Spaß machte.) Für jedes korrekt ausgezählte Blatt erzeugte der Mitarbeiter einen Gewinn von 3 Euro. Dieses Geld ging aber nicht an ihn, sondern an seinen Chef. Wurden also zum Beispiel 9 Blätter richtig ausgezählt, hatte der Mitarbeiter insgesamt 27 Euro erwirtschaftet. Nach Ablauf der Arbeitszeit, die der Chef z. B. mit dem Lesen von Zeitschriften verbracht hatte, musste er entscheiden, wie das erwirtschaftete Geld zwischen ihnen beiden aufgeteilt wurde.

Während des gesamten Experiments wurde bei den Probanden in der Rolle der Mitarbeiter mithilfe von zuvor applizierten Kontakten die Herzfrequenz-Variabilität gemessen. Sie ist ein sehr guter Prädiktor für Stress und die Wahrscheinlichkeit einer kardiovaskulären Erkrankung, die laut WHO zu den wichtigsten krankheitsbedingten Todesursachen weltweit zählt. Normalerweise schlägt das Herz mit einer schönen Unregelmäßigkeit, also einer relativ hohen Variabilität. In Stresszuständen nimmt die Variabilität ab, und eine niedrige Herzfrequenz-Variabilität gilt als Risikofaktor für Herzerkrankungen.

Bevor die Mitarbeiter erfuhren, welchen Anteil die Chefs für sie vorgesehen hatten, wurden sie gefragt, welchen Lohn sie als fair und angemessen empfinden würden. Im Schnitt beanspruchten sie mindestens zwei Drittel der erwirtschafteten Summe für sich, was angesichts der »Arbeitsteilung« auch nachvollziehbar war. Tatsächlich erhielten sie aber deutlich weniger. Mich interessierte nun, ob die Differenz zwischen dem Lohn, der gezahlt, und dem, der als subjektiv fair und angemessen erwartet wurde, prädiktiv für die gemessene Variabilität im Herzschlag war. Insbesondere, ob bei größerer Diskrepanz die Variabilität geringer ausfiel. Genau das konnten wir beobachten. Es gibt einen positiven Zusammenhang zwischen erlebter Unfairness (der Diskrepanz zwischen angemessenem und tatsächlichem Lohn) und Stress (einer relativ geringen Herzfrequenz-Variabilität). Meines Wissens ist dies der erste physiologische Laborbeleg dafür, dass es Stress erzeugt, unfair behandelt zu werden.

Es ist medizinisch erwiesen, dass Stress für die Entstehung zahlreicher Krankheiten verantwortlich ist, insbesondere kardiovaskulärer Art. Könnte es also sein, dass ein als unfair wahrgenommener Lohn zu einer chronischen Stressbelastung und demzufolge zu vermehrter Anfälligkeit für Krankheiten führt? Um diese Frage für den deutschen Arbeitsmarkt zu beantworten, analysierten wir im Anschluss an das Experiment Daten des Sozio-oekonomischen Panels, einer repräsentativen jährlichen Befragung von etwa 20 000 Deutschen im Alter ab 17 Jahren. In mehreren Befragungswellen wurde eine Frage zur Wahrnehmung des Einkommens gestellt: »Betrachten Sie den Lohn, den Sie bei Ihrem jetzigen Arbeitgeber verdienen, als fair?« Im Schnitt über mehrere Befragungswellen gaben die Befragten in 37 Prozent der Fälle an, dass sie ihren Lohn als unfair empfanden, immerhin ein gutes Drittel also.

Außerdem enthält das Sozio-oekonomische Panel regelmäßig Fragen zum Gesundheitszustand, sowohl zum momentanen Allgemeinzustand als auch zu spezifischen Krankheiten.

Die Frage ist nun, ob es einen statistischen Zusammenhang zwischen Gesundheit und unfairem Lohn gibt. Die Antwort lautet eindeutig ja. Die Effekte auf den allgemeinen Gesundheitszustand sind statistisch signifikant und erheblich und entsprechen etwa der gleichen Effektgröße wie eine Lohnkürzung um 1000 Euro netto im Monat.

Wohlgemerkt gelten diese Effekte auch, wenn die Einflüsse von Einkommen und Alter herausgerechnet werden. Das bedeutet, dass zwei gleich alte Arbeitnehmer, die das Gleiche verdienen, ein unterschiedliches Risiko haben zu erkranken, abhängig davon, ob sie ihren Lohn als fair oder unfair wahrnehmen. Es geht aber noch ein bisschen genauer: Wenn der Effekt der als unfair wahrgenommenen Behandlung auf die Gesundheit vor allem stressbedingt ist, sollte man vor allem Effekte auf stressbedingte Erkrankungen finden. Schaut man sich hierzu die spezifischen Gesundheitsfragen genauer an, entdeckt man tatsächlich entsprechende selektive Zusammenhänge: Die Effekte sind am stärksten für Herzkrankheiten, Depression und Migräne und insignifikant für Krankheiten wie Asthma, Krebs oder Diabetes.

Welchen Lohn Menschen als angemessen empfinden, ist übrigens in hohem Maße relativ und subjektiv. Wir können jahrelang mit unserem Gehalt völlig zufrieden sein; sobald wir aber erfahren, dass unser Kollege für die gleiche Arbeit mehr bekommt, empfinden wir unsere Bezahlung plötzlich als Zumutung. Für diesen Effekt gibt es auch hirnphysiologische Belege. Um das zu zeigen, ließen wir Versuchspersonen im Hirnscanner gegeneinander antreten.[28] Abbildung 12 zeigt einen Probanden, kurz bevor er in den Scanner »geschoben« wurde. Jeweils zwei Versuchspersonen in zwei parallelen Scannern mussten die gleiche Aufgabe lösen, wurden für richtige Antworten aber manchmal unterschiedlich bezahlt. Wie zu erwarten, steigt die Aktivität des Belohnungssystems, je höher der eigene Lohn ausfällt. Interessant ist aber, dass für einen gegebenen Lohn die Aktivität signifikant *geringer* ausfällt, wenn der andere Teilnehmer für die gleiche Aufgabe *mehr* verdient. Unterschiedliche Bezahlung für die gleiche Arbeit wird also unmittelbar vom Gehirn als »unfair« und weniger belohnend registriert.

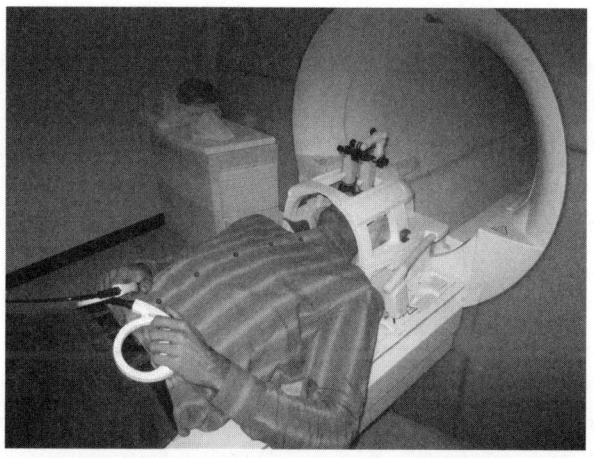

Abb. 12: Ein Proband auf dem Weg in den Hirnscanner. Über die »Brille« werden Informationen zum Spielablauf mitgeteilt, mit den Handgriffen kann der Proband seine Entscheidungen treffen.

Wir beurteilen die Fairness von Löhnen (und anderen Ergebnissen) meistens relativ zu einem Referenzpunkt. Das kann, wie im Scanner-Experiment, der Lohn eines Kollegen sein. Ein Cartoon aus dem *New Yorker* verdeutlicht das anschaulich: »Wie wäre es dann«, schlägt ein Angestellter vor, nachdem er bei seinem Vorgesetzten mit der Forderung nach einer Lohnerhöhung abgeblitzt ist, »wenn Sie Parkerson das Gehalt kürzen?« Als Referenzpunkt kann aber auch der eigene Lohn aus der Vergangenheit eine Rolle spielen, weswegen Lohnerhöhungen oder -senkungen eine starke motivationale Bedeutung haben. Gleiches gilt für die Erwartung über die Lohnentwicklung[29]. Bekomme ich mehr als letztes Jahr, also mehr als den Status quo, wird das als positiv erlebt. Bekomme ich hingegen weniger, als ich erwartet habe, wirkt sich dies negativ aus.

Erwartet zum Beispiel ein Mitarbeiter eine Lohnerhöhung um 1000 Euro und sein Kollege keine Steigerung, findet der erste es unfair und der zweite freut sich, wenn beide 500 Euro mehr erhalten. Referenzpunkte können sich also aus sozialem Vergleich ergeben, aber auch aus Status-quo-Vergleichen oder Erwartungshaltungen. Aus all diesen Gründen ist es innerhalb von Firmen so wichtig, auf ein ausgewogenes Lohnsystem zu achten und ein kluges Erwartungsmanagement zu betreiben.[30] Viel versprechen und dann nicht halten kann sich negativ auswirken. Man sollte nur ankündigen, was man auch umsetzen kann.

Unfaires Verhalten reduziert nicht nur Motivation, sondern beeinflusst auch Wohlbefinden und Gesundheit negativ, zerstört also ein gewaltiges Motivations- und Glückspotenzial. Die Konsequenzen für Unternehmen und Organisationen liegen meines Erachtens auf der Hand: Menschen fair und respektvoll zu behandeln ist nicht nur anständig, sondern insbesondere auch ökonomisch sinnvoll. Insofern lassen sich Verteilungs- und Effizienzfragen nicht so sauber voneinander trennen, wie Ökonomen oft behaupten. Fairnessfragen *sind* Effizienzfragen.

Wenn es unfair zugeht, wie etwa bei geringen Angeboten im Ultimatumspiel oder unangemessener Entlohnung von Arbeitnehmern, ist der zu verteilende Kuchen nachher effektiv kleiner. Auch deshalb sind die extremen Ungleichheiten innerhalb und zwischen den Volkswirtschaften so problematisch. Seit 1995 ist der Anteil am globalen Vermögen, der auf Milliardäre entfällt, von 1 auf über 3 Prozent gestiegen, während gerade mal 2 Prozent des Reichtums auf die gesamte ärmere Hälfte der Weltbevölkerung entfallen.[31] In Deutschland besaß laut DIW das oberste Prozent im Jahr 2020 rund 35 Prozent des gesamten Nettovermögens[32], genauso viel wie die ärmsten 75 Prozent der erwachsenen Bevölkerung zusammengenommen. Diese Ungleichheiten sind nicht nur anstößig, sondern auch ineffizient.

Sie verringern die menschliche Wohlfahrt – in Deutschland und weltweit.

Das Gemeinwohl: Kooperation und öffentliche Güter

Die Fähigkeit zu kooperieren ist die entscheidende Voraussetzung für das Gemeinwohl. Sie bestimmt den Erfolg jeder Form menschlicher Gruppen, sei es im Kleinen oder im Großen. Kooperationsfähigkeit ist essenziell; das war schon in der Geschichte so, etwa bei der gemeinsamen Jagd einer Gemeinschaft zu Zeiten der Jäger und Sammler oder der gemeinsamen Bewirtschaftung der Dorfallmende, das ist heutzutage nicht anders für die Teamarbeit in einer Start-up-Firma, die Aufrechterhaltung eines Streiks, das Befischen der Küstenregion oder ein ausreichendes Steueraufkommen in modernen Gesellschaften. Die relevante Gruppe kann dabei die gesamte Menschheit umfassen, wie es etwa beim Kampf gegen die Erderwärmung oder bei der Bekämpfung einer Pandemie der Fall ist.

Auch wenn die spezifischen Formen und Ausprägungen der Kooperation sich zwischen Kontexten unterscheiden, ist das Kooperationsproblem im Kern doch immer das gleiche. Es handelt sich um das Spannungsverhältnis von Eigen- und Gruppeninteresse. Kooperieren ist aus Sicht des Einzelnen kostspielig, aber aus Sicht der Gruppe von Vorteil, weil ein positiver externer Effekt erzeugt wird. Daher prägt sich in der Kooperation auf bestimmte Weise »gutes« oder moralisch wünschenswertes Verhalten aus, wobei der Einzelne die Interessen der Gruppe über den eigenen, persönlichen Vorteil stellt. Genau das aber ist das Problem.

In einer Einführungsvorlesung in die Mikroökonomik an der Universität Zürich führte ich vor einiger Zeit ein Experiment durch, an dem alle der etwa 700 versammelten Studenten teilnahmen. Jeder der Anwesenden sollte entscheiden, ob er bereit war, einen Schweizer Franken in ein Gruppenkonto zu legen. Die gesammelte Summe würde ermittelt, dann von mir *verdoppelt* und anschließend *gleichmäßig* an alle Studenten verteilt werden. Bereits vor Beginn der Vorlesung hatten wir auf jeden Platz einen leeren Umschlag gelegt, in dem sich ein Schweizer Franken befand, den man im Umschlag lassen oder herausnehmen konnte. In der Pause konnte jeder an den verschiedenen Hörsaalausgängen seinen Umschlag (mit oder ohne Franken darin) in geräumige Boxen werfen. Wir zählten das Geld, verdoppelten die Summe und verteilten den entsprechenden Betrag gleich auf alle Umschläge, die wir dann wieder an die Studenten aushändigten.

Angenommen, jeder von ihnen hätte seinen Franken im Umschlag gelassen. Dann hätte jeder anschließend zwei (!) Franken ausgehändigt bekommen, seinen Einsatz also verdoppelt. Es schien also vollkommen vernünftig zu sein, frohen Herzens sein Geld ins Gemeinschaftskonto zu zahlen. Aber das ist nur die Sicht der Gruppe. Aus Sicht des Einzelnen sieht es anders aus. Hier lautet die relevante Frage: Wie viel ist ein Franken wert, den ich behalte, und wie viel ist derselbe Franken wert, wenn ich ihn ins Gruppenkonto lege?

Klar, wenn ich ihn behalte, ist er genau einen Franken wert. Wenn ich ihn hingegen investiere, wird er verdoppelt (was gut ist) und anschließend an alle 700 Studenten inklusive mir verteilt (was nicht so gut ist). Somit ist er genau 2/700 Franken wert, also ungefähr 0,003 Franken, deutlich weniger als ein Rappen! Aus individueller Sicht wäre es also völliger Wahnsinn, den Franken ins Gemeinschaftskonto zu investieren. Gut, mein Franken ist für *jeden* von uns 700 Studenten 0,003 Franken wert, aber was gehen mich die 699 anderen an? Zumal die Rechnung immer die gleiche ist, egal, was die anderen machen, ob sie kooperieren oder nicht. Mein Franken ist für mich immer mehr wert, wenn ich ihn behalte. Und das gilt für alle. Kann ich also erwarten, dass überhaupt jemand investiert bzw. kooperiert? Am besten für mich wäre natürlich, wenn alle anderen kooperieren, ich aber mein Geld schön behalte. In diesem Falle würde ich fast drei (!) Franken verdienen (1 + 699 * 2/700 = 2,997). Wenn allerdings niemand kooperiert, bleibt es bei einem Franken für mich und gleichermaßen für alle anderen.

Soweit die Abwägung aus Sicht des Einzelnen. Wenn ich mich richtig erinnere, lag die Kooperationsrate in dem Züricher Hörsaal bei ungefähr 70 Prozent. Die anschließende Debatte (»wie kann man so unsozial sein, *nicht* beizutragen!« vs. »wie kann man so doof sein beizutragen!«) war sehr emotional und aufschlussreich. Sie offenbarte den inneren Konflikt, den jeder mit sich ausmachen muss, wenn er sich für oder gegen Kooperation, für oder gegen das Gemeinwohl entscheidet.

Das eben beschriebene Experiment heißt in der Forschung *Öffentliche-Gut-Spiel,* und Verhaltensforscher nutzen es, um herauszufinden, warum wir kooperieren und worin die wesentlichen Bestimmungsgründe der Kooperation bestehen. Meistens wird es in kleineren Gruppen gespielt, z. B. mit vier Teilnehmern, so wie es Abbildung 13 verdeutlicht. Jeder der vier erhält eine Ausstattung von 20 Punkten und entscheidet über seinen Beitrag zum öffentlichen Gut bzw. zum »Gruppenkonto«. Jeder Beitrag zwischen 0 und 20 ist zulässig. Die Summe aller Beiträge, die auf das Gruppenkonto eingezahlt wurden, wird verdoppelt und gleichmäßig an alle vier Teilnehmer ausbezahlt. Dabei spielt es keine Rolle, ob oder wie viel ein Spieler selbst auf das Gruppenkonto einzahlt, jeder erhält den gleichen Betrag aus dem Konto. Zusammengefasst lautet die Auszahlungsregel für jedes Gruppenmitglied also:

$$\text{Auszahlung} = 20 - \text{Beitrag Gruppenkonto} + 2\left(\frac{\Sigma \text{ aller Btr z. Gr.-Kto.}}{4}\right)$$

Aus der Auszahlungsregel folgt, dass es für jeden Teilnehmer individuell besser ist, nichts zum öffentlichen Gut beizutragen, da jeder Punkt, den er zum Gruppenkonto beiträgt, ihn zwar 1 Punkt kostet, ihm aber nur 0,5 Punkte einbringt. Da jedoch jeder der vier Teilnehmer von einem investierten Punkt profitiert, ist der Gruppengewinn dann am höchsten, wenn *alle voll* beitragen. In diesem Fall ist der Gewinn pro Spieler 40, während er pro Spieler nur 20 beträgt, wenn *alle 0* beitragen. Am allerbesten für den Einzelnen ist natürlich, wenn die anderen voll beitragen und er selbst nichts beiträgt. Seine Auszahlung ist dann 50, die der anderen drei hingegen nur 30.

Abb. 13: Schematische Darstellung des Öffentliche-Gut-Experiments. Jeder Spieler kann entscheiden, wie viel von seiner Ausstattung er in das Gruppenkonto legt. Unabhängig vom eigenen Beitrag erhält jeder Spieler die gleiche Auszahlung aus dem Gruppenkonto, nämlich:

$$2 \left(\frac{\text{Summe aller Beiträge zum Gruppenkonto}}{4} \right)$$

Das Experiment erzeugt also ein Kooperationsproblem. Das soziale Dilemma besteht darin, dass es individuell die beste Strategie ist, nichts beizutragen, was aber kollektiv zu einem ineffizienten Ergebnis führt. Häufig wird das Experiment wiederholt, um zu erfahren, wie sich Kooperation in Gruppen über die Zeit entwickelt.

Das erste Experiment, an dem ich überhaupt jemals teilgenommen habe – ganz zu Beginn meiner Promotion –, war genau dieses Öffentliche-Gut-Spiel. Meine Aufgabe war es, meinen Doktorvater Ernst Fehr und meinen Mentor Simon Gächter dabei zu unterstützen, das Experiment ohne Computer über insgesamt 10 Runden durchzuführen. Ich musste also in jeder Runde zu jedem Teilnehmer gehen und auf seinem Entscheidungsblatt ablesen, wie viele Punkte er in der laufenden Runde zum Gruppenkonto beitrug.

Ich weiß noch genau, wie faszinierend und zugleich erschreckend dieser Prozess war. Allen Mitgliedern aller Gruppen war ja klar, dass sie als Gruppe viel besser dastünden, wenn sie kooperierten. Aber in keiner einzigen konnte die Kooperation aufrechterhalten werden. Schon in der ersten Runde überraschte mich, dass nicht jeder 20 Punkte beitrug und wie sich dann die Werte, Runde für Runde, Richtung 0 Punkte bewegten. Ich konnte förmlich die Anspannung und Frustration der Probanden spüren, wenn ich nach einer Runde wieder zurück an jeden Platz kam und die Gesamtsumme der Beiträge der Vorrunde der Gruppe in den Entscheidungsbogen eintrug, bevor die Teilnehmer die Entscheidung für die nächste Runde fällten. Runde für Runde ging es abwärts, und mir wurde hier im Kleinen klar, wieso es auf der Welt im Großen so aussieht, wie es aussieht – und dass es offenbar selbst in kleinsten Gruppen praktisch unmöglich ist, ein kooperatives Ergebnis zu erreichen.

Hier also ein erster Befund: In wiederholten Öffentliche-Gut-

Spielen beginnen Gruppen im Durchschnitt mit etwa 60 bis 80 Prozent Kooperation und nähern sich dann Runde für Runde einer Situation, in der fast gar nicht mehr kooperiert wird. Dieses Muster ist hundert- und tausendfach belegt. Traurig. Aber wahr.

Wissenschaftler aus Psychologie und Ökonomik haben seit über 60 Jahren viele Varianten des Öffentliche-Gut-Spiels analysiert und dabei zahlreiche Motive erforscht, die für das Kooperationsverhalten von Relevanz sind. Das in meinen Augen mit großem Abstand wichtigste Verhaltensmotiv ist ganz zweifellos die sogenannte »bedingte Kooperation«, eine Ausprägung reziproken Verhaltens: Ich trage umso mehr bei, je mehr auch die anderen beitragen.

Bedingte Kooperation sagt also, dass meine Bereitschaft zu kooperieren davon abhängt, wie viel andere in meiner Umgebung kooperieren. Tragen sie viel bei, fällt es auch mir leichter, meinen Eigennutz im Zaum zu halten. Tragen sie wenig oder nichts bei, werde ich das auch nicht tun. Niemand will schließlich »der Dumme« sein. Das ist das Schlimmste.

Für dieses Motiv wurde viel Evidenz in Stellung gebracht. So kann man beispielsweise Experimente designen, bei denen die Probanden Entscheidungen treffen, die darauf bedingen, was die anderen beitragen: *Angenommen, die anderen tragen im Schnitt 20 Punkte bei, wie viel bist du bereit, beizutragen? Angenommen, die anderen tragen im Schnitt 19 Punkte bei … usw.* bis runter zu 0 Punkten. Abhängig vom tatsächlichen Durchschnitt in der Gruppe legt der Teilnehmer also seinen Beitrag fest. In einem solchen Aufbau wird man, etwas vereinfachend, immer finden, dass es zwei Gruppen von Menschen gibt.[33] Zum einen die Mehrheit, die mehr beiträgt, wenn der Durchschnitt der anderen Beiträge höher ist. Zum anderen aber eine wichtige Minderheit von Egoisten, die ihren materiellen Vorteil maximiert und nichts beiträgt – egal, wie die anderen sich hierbei verhalten. Das sind die

Schlauberger. Die Cleverle. Die, die an der Supermarktwaage ihr Obst falsch abwiegen, der Versicherung melden, ihr Fotoapparat sei »gestohlen« worden, oder sich darüber freuen, dass ihnen die Kassiererin zu viel Wechselgeld ausgezahlt hat. Die auf Kosten der anderen ihren Reibach machen. Selbst wenig beitragen, aber zuverlässig unter den Ersten sind, die sich beklagen, wenn's mal nicht läuft.

Aber wenden wir uns der Mehrheit zu, den bedingt Kooperativen. Jeder kennt das. Zum Beispiel, wenn Geld für den Geburtstag oder die Hochzeit eines Kollegen gesammelt wird. Jeder fragt: Was geben die anderen? 10, 20 oder 50 Euro? Der Durchschnitt der anderen bildet dabei nicht nur eine Richtschnur, sondern eine beinah magische *Höchstgrenze*. Kaum jemand gibt mehr als das, was die anderen leisten, eher ein kleines bisschen weniger. Und praktisch niemand verhält sich *un*bedingt kooperativ, d. h. auch dann zu kooperieren, wenn die anderen es nicht tun.

Die extrem starke menschliche Neigung, das eigene Kooperationsverhalten auf das Verhalten der anderen zu bedingen und keinesfalls mehr zu machen, äußert sich in einer großen emotionalen Aversion, ja Angst, am Ende dumm dazustehen. Der *Einzige* zu sein, der in der WG das Klo putzt und die Spülmaschine ausräumt, Freunde einlädt und bekocht, Salate zur Vereinsfeier mitbringt, den Schnee vom Gehweg fegt, im Bus das Ticket löst, das Treppenhaus putzt, den Gemeinschaftsgarten pflegt, den Müll trennt, sich an die Hygienevorschriften hält: das will man nicht. Statt mit Stolz und Würde, als guter Kantianer, zu tun, was man für »richtig« hält, tut man doch oftmals nur gerade so viel, wie auch andere tun – oder eben weniger.

Der zweite wichtige Befund lautet also: Es gibt eine starke Minderheit von Egoisten (typischerweise etwa 20 bis 30 Prozent), die einfach unkooperativ sind, und eine Mehrheit, die als bedingt kooperativ beschrieben werden kann.

Ausgehend von diesem Befund sind wir jetzt auch in der Lage zu erklären, wieso Menschen, die ja doch mit einer im Großen und Ganzen robusten Intelligenz ausgestattet sind, selbst in Mini-Gruppen unfähig zur Kooperation sind. Die Erklärung beruht auf zwei Faktoren: bedingter Kooperation und Erwartungen. Schauen wir wieder auf das Experiment. In der ersten Runde überlegen sich die bedingt kooperativen Teilnehmer: Was tragen wohl die anderen bei? Da es für die Gruppe optimal wäre, wenn alle voll kooperierten, könnte man vielleicht erwarten, dass alle 20 Punkte ins Gruppenkonto legen, oder? Aber es wird vermutlich auch Leute geben, die weniger beitragen, also sagen wir, die Teilnehmer erwarten einen Beitrag von 17 Punkten. Da überlegt sich der bedingt Kooperative: Wenn die anderen so viel einbringen, trage ich selbst auf keinen Fall mehr bei, vielleicht ein bisschen weniger, um sicher zu sein, dass ich nicht der Dumme bin, meinetwegen 15 Punkte. Die bedingt Kooperativen legen also 15 ins Konto und die Unkooperativen wie immer: nichts. Das bedeutet, dass der Schnitt in Wirklichkeit unter den Erwartungen von 17 liegt, möglicherweise bei 13. Dann beginnt der Prozess von vorne. Und wenn man ihn oft genug wiederholt, sinkt die Kooperation irgendwann auf null.[34]

Obwohl also eigentlich viel »guter Wille« in Form einer bedingten Kooperationsbereitschaft vorhanden ist, schaffen es die Teilnehmer nicht, sich so zu koordinieren, dass ein hohes Kooperationsniveau erreicht wird. Hieran sind natürlich auch die Egoisten schuld, die mit ihrer Weigerung, etwas beizutragen, die Gesamtgruppe automatisch nach unten ziehen. Selbst in großen Gruppen reichen ein paar von diesen Charakteren aus, um das Kooperationsklima zu zerstören.

Einsicht Nummer drei lautet also, dass der Verfall der Kooperation aus dem Wechselspiel von Erwartungen und bedingt kooperativen und eigennützigen Individuen resultiert, wobei man mit geringeren Beiträgen auf die enttäuschten Erwartungen der Vorperiode reagiert.

Kann man also nichts machen? Ist die »Tragedy of the Commons«, das Scheitern menschlicher Kooperation, unausweichlich? Die ehrliche Antwort lautet: Ja, wenn keine weiteren Mechanismen hinzukommen, um das Verhalten zu disziplinieren. Die Hoffnung auf Freiwilligkeit alleine wird in der Regel enttäuscht werden.

Die Forschung hat verschiedene Mechanismen identifiziert, die das Kooperationsproblem zumindest verringern. Einer dieser Mechanismen sind Image-Effekte, wie wir sie in Kapitel 2 kennengelernt haben. Wenn das Verhalten innerhalb der Gruppe beobachtet werden kann bzw. die Personen einer Gruppe sich identifizieren können, steigt die Kooperationsbereitschaft.[35] Ein weiterer Mechanismus sind soziale Normen, die dabei helfen können, Verhaltensweisen in bessere Bahnen zu leiten. James Coleman, Soziologe aus Chicago, formulierte die These, dass soziale Normen gerade deswegen entstehen, um Kooperationsprobleme zu lösen, indem sie sozial erwünschtes Verhalten normativ einfordern und unerwünschtes Verhalten mit negativen Wertvorstellungen belegen.[36]

Es gibt viele Definitionen sozialer Normen, aber allen ist im Kern gemein, dass eine sozial geteilte Übereinkunft in der Bewertung darüber herrscht, wie man sich in einer bestimmten Situation verhalten soll. Es ist in Deutschland zum Beispiel normativ nicht okay, wenn man bei anderen Leuten in den Vorgarten pinkelt, seinen Müll im Wald ablädt oder gehbehinderten Menschen einen Platz im Bus wegnimmt. Normen dieser Art machen es für den Einzelnen leichter, sich gut oder richtig zu verhalten, weil Normen entweder internalisiert werden, was sich in Schuldgefühlen und Scham äußert, oder von anderen durchgesetzt werden. Wenn also jemand im Bus den Fahrgast mit Sitzfleisch auffordert:

»Bitte machen Sie den Platz für die ältere Dame frei.« Oder indem Fehlverhalten bestraft oder sanktioniert wird, etwa durch sozialen Ausschluss und soziale Ächtung. Wenn wir jemanden nicht mehr zur Nachbarschaftsfeier einladen, weil er sich offen rassistisch geäußert hat.

Die Macht der Bestrafung zur Durchsetzung von Kooperationsnormen wurde experimentell ausführlich untersucht. In einem viel zitierten Artikel von Ernst Fehr und Simon Gächter ergänzten die beiden die Regeln des Öffentliche-Gut-Spiels um ein kleines, aber fundamentales Detail.[37] Im normalen Spiel tragen die vier Gruppenmitglieder ihren Anteil bei, erfahren, was die anderen jeweils beigetragen haben, und schreiten zur nächsten Runde. Die Kollegen fügten nun eine weitere Stufe hinzu: Jeder Teilnehmer konnte jeden anderen bestrafen, indem er entschied, ob er den anderen Geld wegnehmen wollte. Dieses Bestrafen war für ihn selbst aber – wie im richtigen Leben auch – mit Kosten verbunden. Schließlich ist es unangenehm oder sogar gefährlich, andere auf ihr Fehlverhalten hinzuweisen. Und vielleicht denkt man ganz einfach: Wieso ich?

Warum sollte also jemand die Bestrafungsoption wählen, wenn er dann doch selbst weniger verdient? Mit anderen Worten, ist die Durchsetzung von Normen (durch die Bestrafung von Fehlverhalten) nicht selbst ein Akt der Kooperation? Ja, das ist so. Und wenn alle Menschen eigennützig wären, würde weder kooperiert noch die Nicht-Kooperation bestraft werden. Das Ende vom Lied. Aber genau an diesem Punkt kommt uns eine alte Bekannte zur Hilfe. Die *negative Reziprozität*! Und wenn auf irgendetwas Verlass ist in diesem Leben, dann auf sie.

Stellen Sie sich jetzt vor, Sie und zwei andere bedingt Kooperative haben soeben voll kooperiert und alle ihre 20 Punkte ins Gruppenkonto investiert. Der vierte aber, der oberschlaue Egoist, hat nichts beigetragen … Wie fühlen Sie sich? Was empfinden

Sie gegenüber dieser Person, die jetzt aufgrund *Ihrer* Kooperation mehr verdient hat als Sie?

Im Basis-Spiel können Sie Ihr Mütchen nur damit kühlen, in der nächsten Runde ebenfalls wenig beizutragen, was, wie wir gesehen haben, auch geschieht und zur Abwärtsbewegung der Kooperation führt. Mit der Bestrafungs-Option hingegen können Sie dem Trittbrettfahrer jetzt direkt eins auf die Mütze geben. Das machen die Leute auch. Und wie. Die Bestrafung fällt in der Regel umso höher aus, je weiter jemand von der sozialen Norm abweicht. Wenn also, um das Beispiel fortzusetzen, die drei Kooperativen den Egoisten gemeinsam bestrafen, kann es für diesen richtig ungemütlich werden. Vor allem wird er weniger verdienen, wenn er nicht kooperiert, als wenn er ebenfalls beiträgt. Und da sein eigener Verdienst alles ist, worum er sich schert, wird er angesichts der glaubwürdigen Drohung einer Bestrafung wohl oder übel kooperieren.

Die Durchsetzung von Normen und Kooperation wird durch die Möglichkeit zur Bestrafung egoistischen Verhaltens also wahrscheinlicher. Im Experiment sind tatsächlich signifikant höhere Kooperationsraten zu beobachten, was an dem Wechselspiel von bedingter Kooperation und negativer Reziprozität liegt, die es erlaubt, Kooperation zu stabilisieren. Dieser Mechanismus setzt allerdings voraus, dass normabweichendes Verhalten beobachtbar ist und individuell sanktioniert werden kann. Man muss die Übeltäter identifizieren und individuell zur Rechenschaft ziehen, damit die bedingt Kooperativen die Unkooperativen im Zaum halten können. Diese Voraussetzungen sind in kleinen Gruppen natürlich eher gegeben als in großen, anonymen. Es ist daher nicht verwunderlich, dass wir Kooperation in großen sozialen Zusammenhängen seltener antreffen als etwa in Familien, im Freundeskreis, in der Nachbarschaft, im Verein, am Arbeitsplatz oder auf kommunaler Ebene. Größere Gruppen hingegen sind vulnerabel gegenüber unkooperativen Verhaltensweisen und bedürfen zusätzlicher staatlicher Maßnahmen in Form von Gesetzen, Kontrollen und Strafen.

Die Sanktionierung von Normverstößen ist nicht nur wirksam, indem sie eigennütziges Verhalten diszipliniert. Sie fördert Kooperation auch dadurch, dass sie die Geltung und Anwesenheit von Normen unterstreicht. Werden zum Beispiel kleinere Verstöße toleriert, kann es zu sogenannten »Broken Window«-Phänomenen[38] kommen, der Tatsache, dass ursprünglich unbedeutende Übertretungen sich zu massiven Normverletzungen ausweiten – wenn etwa Schwarzfahren oder Vandalismus zu weiteren und größeren Verstößen animieren oder gar erst anstiften.

Der Zusammenhang zwischen der äußeren Erscheinung öffentlicher Räume und der Bereitschaft, Normen und Regeln einzuhalten, wurde in einem Feldexperiment von Robert Cialdini und Co-Autoren untersucht.[39] In ihrer Studie testeten sie, ob Menschen Abfälle eher einfach wegschmeißen, wenn sie sich in einer Umgebung befinden, in der bereits viel Müll herumliegt. Zu diesem Zweck funktionierten sie ein komplettes Parkhaus in ein Labor um und präparierten es für ihren Versuch. Zunächst hefteten sie an die Windschutzscheiben der im Parkhaus stehenden Wagen Informationszettel (angeblich ging es um Sicherheit am Auto) – das »Wegwerfmaterial«, wenn man so will. In der ersten Experiment-Anordnung war das Parkhaus ansonsten »sauber«, kein Müll lag herum. In der zweiten Anordnung warfen die Autoren einige der Informationszettel auf den Parkhausboden, so als hätten andere Autofahrer sie von der Windschutzscheibe genommen und einfach fallen gelassen. Das Parkhaus war jetzt also »verschmutzt«.

Es kam, wie es kommen musste: Im sauberen Parkhaus wurden von den Autofahrern weniger Informationszettel weggeworfen als im bereits verschmutzten. Der Zustand der Umgebung sendet also ein starkes Signal über die Geltung und Einhaltung von Normen und Regeln, auf das wir entsprechend reagieren: Wenn andere ihren Abfall wegwerfen, dann kann ich es auch. Scheint ja normal zu sein ... Herrscht hingegen der Eindruck einer intakten Regelbefolgung vor, verhält man sich selbst auch eher dieser Norm entsprechend[40].

Die Durchsetzung von Regeln hat also immer auch einen expressiven Wert; sie erinnert an Existenz und Geltung sozialer Übereinkünfte und koordiniert Erwartungen. Und Menschen richten ihr Verhalten nach ihren Erwartungen über das Verhalten anderer. Es gibt in diesem Sinne »gute« und »schlechte« Erwartungsgleichgewichte, einerseits Situationen, in denen die Erwartung, dass sich alle an die Regeln halten, tatsächlich dazu beiträgt, dass die Regeln eingehalten werden. Und andererseits Situationen, in denen die Erwartung von Regelverstößen in der Tat zur Erosion von Regeln und damit zur Bestätigung der Erwartungen führt. Wie man diesen Mechanismus zum Beispiel für den Klimaschutz nutzen kann, erläutere ich im letzten Kapitel.

Zum Schluss dieses Kapitels möchte ich noch einmal zur Kernthese zurückkehren. Die Evidenz legt Folgendes nahe: Es fällt uns leichter, ein »guter Mensch« zu sein, wenn andere gut zu uns sind, und sehr schwer, wenn andere uns unfair oder unkooperativ begegnen. Wir arbeiten besser, spenden mehr und geben mehr Trinkgeld, wenn man uns freundlich begegnet. Gleichzeitig bestrafen wir jene, die uns unfair behandeln, sei es im Labor oder am Arbeitsplatz. Fairness und Vertrauen sind daher wichtige Motivatoren, und ein kluges Management sollte sich dessen stets bewusst sein.

Auch sind wir im Prinzip zu kooperativem Verhalten in der Lage. Aber die Bereitschaft dafür hängt wesentlich von unserer Erwartung dahingehend ab, inwiefern unsere Mitmenschen kooperieren – niemand will der Dumme sein. Unsere Kooperationsbereitschaft ist höher, wenn wir für Nicht-Kooperation bestraft werden können, wenn die sozialen Normen in unserer Umgebung intakt sind und vor allem auch durchgesetzt werden. Aus diesen Faktoren leitet sich die kritische Rolle eines klugen Erwartungsmanagements sozialer Normen ab. Auch hierauf komme ich noch einmal zurück.

Kapitel 5

Wieso ich?
Diffusion von Verantwortung
in Organisationen und Märkten

Manchmal geht die Moral einfach unterwegs verloren. Es ist wie mit langen Wasserleitungen: Irgendwo und irgendwie versickert das Wasser auf dem Weg von A nach B, und am Ende kommt viel weniger an als ursprünglich zugeführt. Ähnlich ergeht es, bildlich gesprochen, der Moral in Organisationen und Märkten. Sie gerät zwischen die Räder, weil sich keiner so richtig verantwortlich fühlt. Weil es immer noch einen anderen geben könnte, der die Dinge regelt, weil wir Anweisungen folgen und Verantwortung delegieren. Oder weil wir im komplexen Gefüge von arbeitsteiliger Produktion, internationalen Vertriebs-, Liefer- und Handelsbeziehungen und schließlich im unüberschaubar vielfältigen Konsumangebot den Überblick verlieren.

Unterschiedliche Formen arbeitsteiliger Organisation tragen dazu bei, dass Verantwortung *diffus* wird und wir uns am Ende weniger moralisch verhalten, als wir es vielleicht selbst von uns erwarten, sei es als Vorgesetzter, Mitarbeiter oder Konsument. Reden wir also über Delegation und die Rolle von Autorität und die Diffusion der Verantwortung in Gruppen und Märkten.

Mach du es: Moral und Delegation

Die Unternehmensberatung hat mal wieder ganze Arbeit geleistet. Wochenlang hatten sich die Berater in der Firma eingenistet, fleißig betriebsinterne Unterlagen gewälzt, Mitarbeiter befragt, Bilanzen studiert, Cashcows und Potenziale, aber auch Kostenfallen und defizitäre Bereiche identifiziert, kurzum das ganze Unternehmen gründlich vom Kopf auf die Füße gestellt. Die Unternehmensleitung nimmt die Ratschläge an und verkündet die neue Strategie: Restrukturierung, Einsparungen, Kündigungen. Als Auftraggeberin sind ihr, so scheint es, angesichts der offenbar übermenschlichen Kompetenz und Autorität der Berater »die Hände gebunden«. Was soll man da machen? Schuld an den unpopulären Konsequenzen ist somit der Dienstleister.

Die Beauftragung externer Berater oder Gutachter ist eine beliebte Form der Delegation von Verantwortung. Verwaltungen und Firmen lassen sich von ihnen aber nicht nur unterstützen, um wirklich etwas Neues über ihre Organisation zu erfahren und neue Strategien zu entwickeln. Ebenso wichtig ist eine andere Funktion, die die Berater erfüllen: die längst beschlossenen Strategien zu rechtfertigen und umzusetzen. Sie sind Ursache und Überbringer schlechter Nachrichten, dienen als Blitzableiter und Sündenbock.

Aber funktioniert das tatsächlich? Kann man durch Delegation Verantwortung auf andere abwälzen und Dinge umsetzen, die man sonst nur schwer vermitteln könnte? Kann man den schwarzen Peter einfach so jemand anderem in die Hand drücken?

Mithilfe eines einfachen Experiments haben Björn Bartling und Urs Fischbacher untersucht, ob die Delegation von Aufgaben zu einer Verschiebung der Verantwortung führt.[1] Sie gingen von der Hypothese aus, dass es für einen Chef lohnend sei kann, möglicherweise unpopuläre oder unfaire Handlungen zu delegieren, weil dadurch die Verantwortung für negative Konsequenzen vom Delegierenden auf den Ausführenden übertragen wird. Für ihre Untersuchung wählten sie eine Variante des Diktatorspiels mit Gruppen von jeweils vier Teilnehmern: einem »Chef«, einem »Agenten« sowie zwei »Empfängern« (vgl. Abbildung 14).

Der Chef steht vor folgendem Problem: Um einen Geldbetrag aufzuteilen, hat er zwei Optionen: er teilt entweder fair oder unfair. Erstes bedeutet, dass alle vier Gruppenmitglieder 25 Prozent erhalten, Zweites hingegen, dass Chef und Agent je 40 Prozent erhalten, während die beiden Empfänger mit jeweils nur 10 Prozent abgespeist werden. Der moralische Zielkonflikt für den Chef besteht also darin, entweder fair zu sein oder mehr zu verdienen. Als Pointe des Experiments hat er nun aber die Möglichkeit, die Entscheidung an den Agenten zu delegieren, statt sie selbst zu treffen. In diesem Fall überlässt er Letzterem die Entscheidungshoheit und die Verantwortung, zwischen den beiden Aufteilungsoptionen zu wählen. Um zu messen, wie die Übertragung von Verantwortung von den Empfängern wahrgenommen wird, können diese anschließend bestimmen, ob sie den Betrag, der an den Chef und/oder den Agenten ausgezahlt wird, verringern wollen.

Wie haben sich die Probanden verhalten? Zunächst zeigt sich, wenig überraschend, dass eine faire Aufteilung durch entweder den Chef oder den Agenten zu keiner Bestrafung durch die Empfänger führt, denn dafür gibt es keinen Anlass. Uns interessiert vor allem, was passiert, wenn die unfaire Aufteilung gewählt wird: Nun wird vor allem der Akteur bestraft, der diese für die Empfänger nachteilige Option tatsächlich umgesetzt hat. Das bedeutet für den Chef, dass er wesentlich *weniger* bestraft wird, wenn er die Entscheidung an den Agenten überträgt und dieser daraufhin die unfaire Aufteilung wählt, als wenn er sie selbst vornimmt. Obwohl der Chef in beiden Fällen gleichermaßen profitiert und die Verschiebung der Verantwortung selbst veranlasst hat, kommt

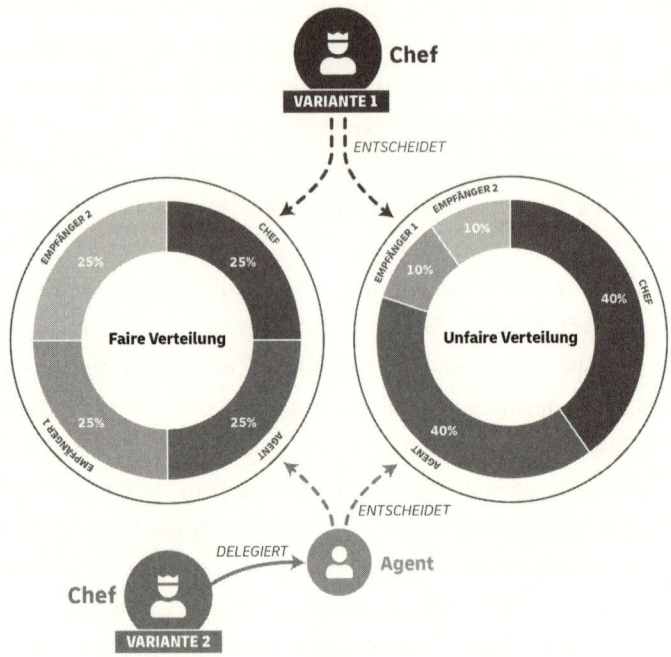

Abb. 14: Schematische Darstellung des Delegations-Experiments. Der Chef kann entweder selbst über die Aufteilung entscheiden (Variante 1) oder die Entscheidung an den Agenten delegieren (Variante 2).

er mehr oder weniger ungeschoren davon. Führt er die unfaire Aufteilung hingegen selbst durch, wird er von den Empfängern bestraft, indem er einen dreimal so hohen Betrag wieder abgeknöpft bekommt als bei Delegation der Aufgabe an den Agenten.

Die Autoren untersuchten noch weitere Situationen und fanden dabei heraus, dass die Bestrafung des Chefs auch dann deutlich geringer ausfällt, wenn er, statt einen Menschen mit der Entscheidung zu betrauen, einen Zufallsmechanismus entscheiden lässt, zum Beispiel einfach würfelt. Hier wird an den Zufall delegiert, das Schicksal entscheidet.

Man sieht, Delegation lohnt sich, um moralisch aus der Schusslinie zu kommen. Gleichzeitig befördert aber genau dieser Umstand die Wahrscheinlichkeit unmoralischer oder unfairer Ergebnisse. Manche Firmen machen das sogar zu ihrem Geschäftsmodell, indem sie sogenannte »Interim-Manager« vermitteln (*Chief Restructuring Officer*, CRO). Diese bringen sicher wertvolle Erfahrungen mit, aber ihre Verpflichtung erlaubt eben auch, die Schuld für unpopuläre Entscheidungen auf sie abzuwälzen. Ganz in diesem Sinne wirbt ein Unternehmen, das Interim-Management-Dienste anbietet: *Veränderungen erfordern häufig schwierige und unpopuläre Entscheidungen. Die Anstellung eines Interim-Managers ermöglicht es, diese Entscheidungen umzusetzen und dann voranzugehen. Das erlaubt Ihnen, anschließend mit einer neuen, permanenten Führungskraft weiterzumachen, die sich die Finger nicht schmutzig gemacht hat und unbelastet ist von den negativen Emotionen, die ihr Vorgänger erzeugt haben mag.*

Ja, mehr noch: Wenn es schon möglich ist, unfaires Verhalten zu seinem eigenen Vorteil zu delegieren, ohne sich dabei die »Finger schmutzig zu machen«, dann wäre es doch eigentlich ideal, *besonders* willfährige – vulgo unmoralische – Agenten zu beauftragen, die Drecksarbeit zu erledigen. Wenn schon, denn schon. In einem Experiment[2] untersuchten John Hamman, George Loewenstein und Roberto Weber ebendies: Was passiert, wenn es einen Markt gibt, auf dem sich Agenten mit ausgesprochen »geringen Hemmungen« für ihre Dienste empfehlen können?

Zunächst zeigen die Autoren, dass sich die Chefs relativ fair verhalten, wenn sie in einem wiederholten Diktatorspiel Geld zwischen sich und den jeweiligen Empfängern aufteilen können. Die Moral ist ohne Delegation einigermaßen intakt. Sobald es aber für die Chefs die Möglichkeit gibt, Agenten damit zu beauftragen, die Entscheidung an ihrer Stelle zu treffen, tun sie es. Die Agenten wiederum stehen im Wettbewerb untereinander und hoffen, den Aufteilungsjob zu bekommen, weil sie damit Geld verdienen können. Das führt dazu, dass sie sich mit immer unfaireren Angeboten bei ihren potenziellen Auftraggebern lieb Kind zu machen versuchen, was diese wiederum dadurch belohnen, dass sie besonders skrupellosen Agenten den Vorzug geben. Natürlich bleibt die Moral dabei auf der Strecke. Im Vergleich zu den Aufteilungen ohne Agenten, ohne Delegation, sinkt der Anteil, den die Empfänger erhalten, dramatisch.

Es ist ein Teufelskreis. Die Chefs wählen Agenten, die besonders unfair teilen, und die Agenten überbieten sich darin, besonders unfaire Aufteilungen vorzuschlagen und durchzusetzen. Für die Chefs ist das äußerst lukrativ. Und das Beste daran: Keiner muss sich einen Kopf um die Moral machen. Die Chefs handeln schließlich nicht selbst, und die Agenten folgen ja nur den Wünschen ihrer Auftraggeber. Perfekt!

Die Resultate der beiden Experimente veranschaulichen, wie Delegation es leichter macht, eigennützig zu handeln, ohne sich dabei sonderlich schlecht fühlen zu müssen oder von anderen als besonders unmoralisch angesehen zu werden. Verstärkt wird dieser Mechanismus, wenn es einen Markt für Agenten gibt, auf dem sich Firmen die moralisch »anspruchslosesten« aussuchen können. Es fällt nicht schwer, sich vorzustellen, wie sich durch ein weit gespanntes Netz von Delegationsbeziehungen zwischen zahlreichen Akteuren die Verantwortung immer mehr verflüchtigt. Der Fall, dass es wie im Experiment nur einen Chef und einen Agenten gibt, ist die Ausnahme. In der tatsächlichen Arbeitswelt, in der Verantwortung zwischen unzähligen Entscheidungsebenen hin und her geschoben wird, ist oft überhaupt nicht mehr klar, wer noch für ein Fehlverhalten einstehen muss.

Ein gutes Beispiel ist der sogenannte Dieselskandal. Unter dem Druck, möglichst schnell einen »Clean Diesel« für den US-Markt zu entwickeln, kamen Ingenieure auf die glorreiche Idee, eine Abschaltvorrichtung zu programmieren, die erkannte, ob ein Auto sich gerade auf einem Abgasprüfstand befindet. Solange es geprüft wurde, war es sauber. Sobald es im Normalbetrieb fuhr, erhöhte sich der Schadstoffausstoß um ein Vielfaches. Auf diese Weise konnten die Abgasbestimmungen »eingehalten« werden, was fatale Folgen für Umwelt und Gesundheit hatte.[3] Bei der Aufarbeitung dieses größten Industrieskandals der Nachkriegsgeschichte beriefen sich Ingenieure darauf, sie hätten ihre Vorgesetzten auf die Problematik hingewiesen beziehungsweise deren Vorgaben erfüllt, woran sich diese aber so nicht erinnern konnten oder wollten. Vielmehr wiesen sie darauf hin, ihrerseits auf höherer Ebene ein zumindest implizites Plazet für die verbrecherischen Praktiken erhalten zu haben, was wiederum von ihren eigenen Vorgesetzten geleugnet wurde. Wer trug die Verantwortung? Die Entwickler, die Vorgesetzten oder die Marketingstrategen? Welche Rolle spielten Prüfstellen und Konsumenten, die es vielleicht auch nicht so genau wissen wollten? Man schob sich die Verantwortung gegenseitig zu, niemand wollte etwas gewusst haben oder jeder versuchte, Schaden von sich abzuwenden, indem auf die Tatsache verwiesen wurde, dass die Chefs ja einverstanden und die Prüfstellen unkritisch gewesen seien. Ein klarer Fall von Moralversagen durch Delegation.

In unserer komplex organisierten Arbeitswelt ist es typisch, dass sich die Verantwortung und damit die Moral auf ihrem langen Weg zwischen Hierarchiestufen, Teamkollegen, Beratern, Subunternehmen, Abteilungen, Filialen und Tochterunternehmen auflösen. Eine spezifische und häufig verwendete Ausprägung von Delegation ist das sogenannte Subcontracting. Der Fall des Fleischproduzenten Tönnies, der dank seiner ausbeuterischen Methoden gegenüber osteuropäischen Arbeitnehmern und als Corona-Hotspot zu trauriger Berühmtheit gelangte, ist hierfür leider ein gutes Beispiel. Verantwortung für Arbeitsschutz, Arbeitsbedingungen, Hygiene am Arbeitsplatz oder eine anständige Behandlung der Angestellten? Im Rahmen der Fleischindustrie ist das häufig Sache der Subunternehmer.

Schauen wir uns die Situation etwas genauer an. Oftmals schließen Schlachthofbetreiber mit einem Werkvertragsnehmer (den Subunternehmen) einen *Werkvertrag* über eine konkrete, zu erbringende Arbeitsleistung ab. Der Werkvertragsnehmer muss diese dann selbstständig organisieren und eigenverantwortlich durchführen. In der Fleischindustrie handelt es sich vor allem um sogenannte *On-Site-Werkverträge,* bei denen die erbrachte Leistung auf dem Betriebsgelände des Auftraggebers stattfindet. So wird zum Beispiel festgelegt, welche Anzahl an Schweinen der Werkvertragsnehmer schlachten soll. Dafür erhält er eine fixe Summe. Wie genau das Subunternehmen vorgeht, um den Auftrag zu erfüllen, bleibt ihm selbst überlassen. Um den eigenen Gewinn zu maximieren, haben die Subunternehmen ein Interesse daran, die eigenen Ausgaben möglichst gering zu halten, was entsprechende Folgewirkungen nach sich zog. Gleichzeitig konnten Tönnies & Co. die Verantwortung an die Subunternehmen abwälzen. Johannes Jakob vom Deutschen Gewerkschaftsbund brachte im Gespräch mit *tagesschau.de* die Tatsache, dass fast die gesamte Produktion über Werkverträge an Subunternehmen ausgegliedert ist, bei denen Mitte 2020 etwa 50 Prozent der 16 500 Angestellten der Branche beschäftigt waren, auf den Punkt: »Dadurch können sich die Schlachthöfe vollkommen ihrer Verantwortung für die Arbeitsbedingungen entziehen.«[4] Was bedeutet das konkret?

Es kommt zu »sklavenähnlichen« Zuständen[5]: Oft werden Mindestlohnstandards nicht eingehalten. Da es meist keine elektronische Zeiterfassung gibt, wird gern bei der Arbeitszeit getrickst, und die Beschäftigten müssen stattdessen zum Beispiel Blankozettel unterschreiben oder Schichten von mehr als 16 Stunden arbeiten. Zudem fehlen Pausen, und die Ruhezeit von elf Stunden zwischen zwei Schichten wird nicht eingehalten. Oft fungiert das Subunternehmen gleichzeitig als Vermieter. Die Beschäftigten leben in Gemeinschaftsunterkünften mit bis zu sechs anderen Bewohnern pro Zimmer auf engstem Raum zusammengepfercht und müssen hierfür auch noch überzogene Mieten zahlen, die direkt von ihrem Gehalt abgezogen werden. Außerdem kommt es zu gefährlichen Arbeitsschutzmängeln, weil etwa Schutzeinrichtungen an Werkzeugen entfernt werden, um schneller arbeiten zu können. Bei Krankheit werden die Arbeitnehmer meistens nicht weiterbezahlt, und bei längerer Erkrankung droht die Kündigung. Für kleine Vergehen gibt es hohe Strafen. Zum Teil müssen die Beschäftigten ihre Arbeitsmaterialien (Messer, Schürze, Handschuhe) selbst bezahlen. Zudem erheben die Subunternehmen groteske Gebühren für Zeiterfassungschips oder die Nutzung des Pausenraums. Weil viele Arbeitnehmer nur über mangelnde Deutschkenntnisse verfügen und unter dem Druck stehen, ihren Familien im Heimatland Geld zu schicken, fällt es den Unternehmen relativ leicht, sie auszubeuten.

Werkverträge sind weit verbreitet. Einer Studie des Zentrums für Europäische Wirtschaftsforschung (ZEW) zufolge lagern fast 90 Prozent aller deutschen Unternehmen mindestens einen Kernprozess aus.[6] Die höchsten Anteile von Beschäftigten im Rahmen von On-Site-Werkverträgen finden sich in der Industrie für Ernährung/Textil/Bekleidung/Möbel, im Baugewerbe wie auch im Bereich Kommunikation und Information. Es ist daher zu begrüßen, dass seit dem 1. Januar 2021 das neue *Arbeitsschutzkontrollgesetz* gilt, das Werkverträge im Kernbereich der Fleischindustrie, also bei Schlachtung, Zerlegung und Fleischverarbeitung, verbietet.[7] Bleibt zu hoffen, dass es auch etwas bringt.

Zusammenfassend lässt sich festhalten, dass bei jedem einzelnen Delegationsvorgang Verantwortung von einer Person zur nächsten verschoben wird. Ein Vorgesetzter oder Auftraggeber kann immer geltend machen, dass er selbst nichts »getan« habe, während der Ausführende auf die Tatsache verweisen kann, dass er nur einen Auftrag ausgeführt hat; letztlich trage der Vorgesetzte bzw. Auftraggeber die Verantwortung, so das Argument. Es soll nicht verschwiegen werden, dass es viele gute Gründe dafür gibt, Aufgaben zu delegieren. Aus Sicht der ökonomischen Theorie wären zum Beispiel Vorteile aus Spezialisierung oder Informationsasymmetrien zu nennen. Die Möglichkeit, Schuld und Schande auf andere abzuwälzen, zählt aber zweifellos auch dazu.

Autorität, Befehl und Tod

Die Natur von Delegationsbeziehungen ist geprägt vom Verhältnis zwischen Auftraggeber und Auftragnehmer. In den bisherigen Beispielen handelte es sich um freiwillige Arrangements, wie sie für privatwirtschaftliche Beziehungen typisch sind. Ein Agent kann eine Aufgabe und damit Verantwortung übernehmen, muss es aber nicht. Das ist grundsätzlich anders, wenn Chef und Agent in einer Autoritätsbeziehung zueinander stehen, der Agent also wie zum Beispiel im Beamtenverhältnis weisungsgebunden ist. Am deutlichsten tritt diese Form der Beziehung beim Militär zutage, das genau deswegen funktioniert, weil ein Soldat tut, was sein Vorgesetzter ihm befiehlt. Statt mit einem Agenten vertraglich zu regeln, unter welchen Umständen er eine Aufgabe übernimmt, fordert die Autorität vom Untergebenen einfach nur Gehorsam. Tu dies, tu das. Dieser Mechanismus kann das Delegationsproblem noch einmal erheblich verschärfen und wurde nicht zuletzt Ursache großer Menschheitsverbrechen.

Unter Berufung auf den »Befehlsnotstand« begingen Soldaten Massenmorde und andere Gräueltaten. So waren es im Zweiten Weltkrieg nicht nur die Einsatzgruppen der Sicherheitspolizei, des Sicherheitsdienstes und der Waffen-SS, sondern auch Wehrmachtssoldaten, die hinter der voranrückenden Front vor

allem in Osteuropa unzählige Zivilisten massakrierten, Kriegs-
gefangene verhungern ließen und politische und kulturelle Eliten
ermordeten. Zahlreiche verbrecherische Befehle wurden erteilt –
und *befolgt*. Im Zusammenhang mit dem Unternehmen Barba-
rossa, dem Angriffskrieg auf die Sowjetunion, erließ das Oberkommando des Heeres beispielsweise den »Kommissarbefehl«,
wonach sowjetische Parteifunktionäre und Führungsoffiziere der
Roten Armee sofort nach Gefangennahme hinzurichten seien,
was zu Tausenden Exekutionen führte. Im »Sühnebefehl« ging es
dagegen um Rache und Abschreckung: Für jeden von Partisanen
getöteten deutschen Soldaten, so das Oberkommando der Wehrmacht im September 1941, seien 50 bis 100 Zivilisten zu töten. Der
»Kommandobefehl« vom Oktober 1942 richtete sich gegen Angehörige alliierter Kommandoeinheiten, die im Falle einer Gefangennahme zu »erledigen« seien.

Abb. 15: Wehrmachtssoldaten erschießen im September 1941
in der Sowjetunion als Partisanen bezeichnete Männer.

An der Mitwisserschaft und aktiven Unterstützung der Barbarei seitens der Wehrmacht besteht heute in der Forschung nicht der geringste Zweifel. Ohne die Beihilfe durch die deutschen Soldaten wären die systematische Ermordung und Misshandlung von Zivilisten und Kriegsgefangenen sowie der mit dem Vernichtungskrieg, als der der Angriff auf die Sowjetunion von Beginn an konzipiert war, verbundene Völkermord unmöglich gewesen.

Zur Wahrheit gehört auch, dass offene Befehlsverweigerung für den einfachen Soldaten oft schwierig und sogar lebensgefährlich war. Nichtsdestoweniger gab es Möglichkeiten, sich zu widersetzen. Historiker haben herausgearbeitet, dass es zum Teil erhebliche individuelle Entscheidungsspielräume gab, sei es bei der Ausführung von Mordbefehlen oder der »Mitarbeit« in Konzentrationslagern. Beispielsweise ist durch umfangreiche Dokumente belegt, dass Angehörige des Hamburger Reserve-Polizeibataillons 101 wiederholt vor der freien Wahl standen, ob sie sich an Massenexekutionen beteiligen wollten.[8] Dennoch wirkten Mitglieder des Bataillons aktiv an der Ermordung von mindestens 38 000 Juden mit. Eine Weigerung führte nachweislich weder zu Bestrafungen noch anderen negativen Konsequenzen. Der Historiker Stefan Hördler[9] wies für das KZ Stutthof und andere Konzentrationslager nach, dass sich Wachleute der SS versetzen lassen konnten, etwa zurück zu alten Einheiten oder in den Innendienst, ohne dadurch Nachteile in Kauf nehmen zu müssen, weshalb einige von ihnen dies auch taten.[10] Selbst bei aktiver Unterstützung von KZ-Häftlingen – im zeitgenössischen Sprachgebrauch der SS als Häftlingsbegünstigung bezeichnet – waren überwiegend drei- bis sechsmonatige Haftstrafen die Folge. Anschließend kehrten die betroffenen Männer in die Gesellschaft zurück.[11]

Auch die weiblichen Täter der NS-Zeit hatten solchen Spielraum: Viele Aufseherinnen im KZ-System und SS-Helferinnen, vorwiegend im Nachrichtendienst, meldeten sich freiwillig und konnten insbesondere in den ersten Kriegsjahren auf Wunsch aus dem Dienst ausscheiden und in den zivilen Bereich zurückkehren.[12]

Insgesamt war es also keineswegs so, dass eine Verweigerung von Mordbefehlen für einen selbst notwendigerweise zu einer Gefahr für Leib und Leben führte. Gleichwohl wurde von vielen Angeklagten, die wegen Kriegsverbrechen in der Nachkriegszeit vor Gericht standen, ein »subjektiver Befehlsnotstand« geltend gemacht. Demnach genügte das persönliche Empfinden eines Befehlsnotstands, einer selbst wahrgenommenen Gefahr für Leib und Leben, unabhängig von einer objektiv vorliegenden Zwangssituation. Dieser Argumentation schlossen sich viele Gerichte an, was insbesondere in den 1950er- und 1960er-Jahren zu Freisprüchen führte.

Nicht zuletzt die Widerstandsbewegung des 20. Juli 1944 belegt, dass es nicht nur ein Bewusstsein über die Abscheulichkeit des eigenen Tuns gab, sondern auch Handlungsoptionen jenseits der gut geölten Maschinerie von Befehl und Gehorsam. Sich damit zu rechtfertigen, nur Befehle auszuführen, kann moralisch jedenfalls nicht überzeugen, wenn man zumindest über geringfügige Spielräume verfügt. In diesem Sinne verstehe ich, was Hannah Arendt in einem Gespräch mit Joachim Fest äußerte: dass *niemand das Recht habe, zu gehorchen;* eine Äußerung, die aus gutem Grund zu einem vielzitierten, geradezu ikonischen philosophischen Ausspruch avancierte.[13]

Wir wenden uns von diesen abscheulichen Taten ab und sind uns dabei wahrscheinlich ziemlich sicher, dass wir Gleiches niemals selbst täten: Menschen quälen und misshandeln, nur weil es angeordnet oder befohlen wurde. Oder etwa doch?

Genau diese Frage veranlasste den amerikanischen Sozialpsychologen Stanley Milgram zu Untersuchungen, die zu den wichtigsten und aufschlussreichsten, wenngleich auch zu den umstrittensten sozialpsychologischen Experimenten zählen, die jemals durchgeführt wurden. Sie zeigen, wie wenig Autorität vonnöten ist, um zumindest manche von uns zu Handlangern des Bösen zu machen. Zu seiner berühmten Studie von 1963 motivierte Milgram die Vermutung, dass die Verbrechen des Zweiten Weltkriegs nur möglich waren, weil es genug willfährige Menschen gab, die bereit waren, gehorsam den Anweisungen der Machtelite folgen[14] – ganz normale Leute.

Für seine Experimente rekrutierte er Teilnehmer an einer Studie zur »Auswirkung von Strafen auf den Lernerfolg«. In der Rolle eines Lehrers sollten sie Schülern Wortfolgen beibringen und dabei, falls notwendig, mithilfe von Elektroschocks Strafen einsetzen. Die Skala begann bei 15 Volt, »Leichter Schock«, und stieg in 15-Volt-Intervallen an, wobei sie über »Starker Schock« (135–180 Volt) bis hin zu »Gefahr: Massiver Schock« (375–420 Volt) reichte. Die zwei höchsten Stufen 435 und 450 Volt waren lediglich mit »XXX« beschriftet. Die Teilnehmer wurden instruiert, bei jedem Fehler der Schüler das Spannungslevel eine Stufe höher zu stellen.

Die Stromvorrichtung war kompletter Fake. Aber das wussten die Teilnehmer ebenso wenig wie dass die »Schüler« Schauspieler und gleichfalls Teil des Versuchsaufbaus waren. Sie folgten einem vorher bestimmten Protokoll: Bis zu einem Spannungslevel von 300 Volt protestierten sie nicht gegen die Stromschläge, aber ab 300 Volt fingen sie an, gegen die Wand zu schlagen, als ob sie Schmerzen hätten. Die Schüler begannen auch, keine Antworten mehr zu geben. Daraufhin teilte der Versuchsleiter den Teilnehmern mit, dass keine Antwort als falsche Antwort zu werten sei. Trotz deren Ausbleiben sollten die Teilnehmer mit den Elektroschocks weitermachen. Für den Fall, dass sie dazu nicht gewillt waren, wurden sie nachdrücklich aufgefordert, fortzufahren.

Von den 40 Teilnehmern stoppte keiner vor der 300-Volt-Stufe. Nur 5 Teilnehmer stoppten bei 300 Volt, nachdem die Schüler gegen die Wand geschlagen hatten. Weitere 9 stoppten bei späteren Stufen, so dass 35 Prozent sich ab einem bestimmten Punkt weigerten, fortzufahren. Die restlichen 65 Prozent schockten einfach immer weiter, bis zum Maximum von 450 Volt.

Woher kommt die Bereitschaft entgegen aller offensichtlichen Fragwürdigkeit, Gehorsam zu leisten? Wieso standen nicht alle Probanden einfach auf und sagten:»Hey, für so einen kranken Scheiß bin ich nicht zu haben. Wenn das hier alles tatsächlich so läuft wie beschrieben, dann zeige ich Sie wegen Körperverletzung an. Mit der Uni-Leitung werde ich auch Kontakt aufnehmen. Hier läuft etwas fundamental falsch und aus dem Ruder!« Stattdessen fügten sich die meisten Probanden, unterdrückten ihre moralischen Hemmungen und befolgten die von einer vermeintlichen Autorität auferlegten Anordnungen. Offenbar verliehen der Ort und die institutionellen Umstände den Experimentatoren ein gewisses Maß an Autorität, immerhin handelte es sich um Wissenschaftler, die ihre Untersuchung zu bedeutsamen Fragen durchführten. Das repräsentierte Glaubwürdigkeit und Seriosität[15]. Die Probanden konnten zudem annehmen, dass sie Teil eines ganz normalen wissenschaftlichen Versuchs waren, der vermutlich nicht gegen die Regeln der Forschungsgemeinschaft verstieß. Hätte er sonst durchgeführt werden können?

Viel ist über das Milgram-Experiment geschrieben worden. Wie kaum ein anderes sozialpsychologisches Experiment wurde es in der breiten Öffentlichkeit rezipiert, popularisiert und diskutiert. Natürlich blieb auch berechtigte Kritik nicht aus[16]: Ein erster deutlicher Widerspruch wurde von der US-amerikanischen Psychologin Diana Baumrind formuliert.[17] Sie kritisierte, dass die beschriebenen negativen psychischen Folgen des Experiments für die Teilnehmer nicht den aus dem Experiment resultierenden wissenschaftlichen Erkenntnisgewinn rechtfertigten. Die hierdurch ausgelöste Debatte über ethische Regeln bei der Durchführung von Experimenten führte 1973 zu neuen Richtlinien für psychologische Experimente.

Halten wir fest: Die Logik von Delegation, Autoritätsverhält-
nissen und Befehl erzeugt ein für die Moral ungünstiges Klima.[18]
Wenn der Vorgesetzte dem Untergebenen aufträgt, einen, sagen
wir, moralisch nicht ganz einwandfreien Vorgang abzuwickeln,
löst sich die Moral allzu leicht in nichts auf. Denn nach voll-
brachter Tat kann der Vorgesetzte geltend machen, dass er nichts
»getan« habe, schließlich war es der Untergebene. Dieser wiederum wird anführen, er habe ja nur eine Anweisung befolgt, die
eigentliche moralische Verantwortung trage natürlich der Vorgesetzte. Eins plus eins ist dann auf einmal weniger als zwei: die
Subadditivität der Moral, wie ich es gern nenne.

Gruppen – oder wenn Verantwortung diffus wird

Häufig lösen wir Konsequenzen nicht alleine durch unsere eigene
Entscheidung aus, sondern gemeinsam mit anderen: in Gruppen
oder Teams. In Verwaltungen, Organisationen und Firmen ist *kol-
lektives* Handeln im Allgemeinen sogar die Regel. Für die Moral
birgt das eine echte Gefahr, weil sich der Einzelne nicht sicher sein
kann, ob sein Verhalten tatsächlich entscheidend und ausschlaggebend ist: *Verantwortung wird diffus.*

Beginnen wir unsere Überlegungen mit einem anschaulichen
Beispiel. Vielleicht haben Sie sich schon einmal gefragt, wieso
bei Erschießungskommandos immer mehrere Schützen antreten.
Technisch wäre *ein* Schütze ja völlig ausreichend. Und nicht nur,
dass es mehrere Personen sind, die ihr Gewehr abfeuern: In manchen Waffen befinden sich Platzpatronen. Wieso? Versetzen Sie
sich in die Lage eines Schützen. Vor Ihren Augen bricht der wehr-
lose Delinquent tot zusammen. Aber Sie können sich sagen, dass
es vielleicht gar nicht *Ihr* Schuss war, der zu seinem Tod geführt
hat. Bestimmt war es ein anderer Schütze, und möglicherweise

befand sich in Ihrem Gewehr sogar eine Platzpatrone. In jedem Fall verringert das Prozedere das Verantwortungsgefühl und bricht somit psychologische Widerstände gegen die moralisch problematische Handlung.

Das Beispiel illustriert eine zentrale Einsicht der Moralforschung, nach der das Verhalten in Gruppen besonders anfällig für moralisch fragwürdige Handlungen ist, einfach weil Verantwortung für das eigene Handeln diffus wird. Wieso soll ausgerechnet ich helfen? Wieso nicht jemand anderes? Was geht mich das Ganze überhaupt an?

Ein bekanntes Beispiel für die Unfähigkeit von Gruppen, sich anständig und verantwortlich zu verhalten, stammt von 1964; das Geschehen war zugleich Startschuss für eine intensive Forschungstätigkeit. Im März jenes Jahres wurde Kitty Genovese, eine italienischstämmige junge Frau, in New York brutal ermordet. Zwei Wochen nach dem Vorfall erschien in der *New York Times* ein Artikel, demzufolge insgesamt 38 Zeugen den Mord gehört oder sogar gesehen, jedoch weder eingegriffen noch die Polizei gerufen hatten.

Der Artikel liest sich beklemmend: Queens, eine Mittelklassegegend, 3:20 Uhr morgens. Nach Abstellen ihres Autos ist Kitty auf dem Weg nach Hause, als ein Mann sie plötzlich mit einem Messer angreift. Lichter in den umliegenden Häusern gehen an, Fenster werden geöffnet. Kitty schreit: *Oh, mein Gott, er hat auf mich eingestochen! Bitte helfen Sie mir! Bitte helfen Sie mir!*, woraufhin ein Anwohner ruft: *»Lass das Mädchen in Ruhe!«* Daraufhin lässt der Angreifer von ihr ab und läuft fort. Die Lichter gehen wieder aus. Wenig später kommt es zu einer zweiten Attacke. Kitty hat sich mittlerweile näher an ihr Apartment herangeschleppt, wieder sticht der Angreifer auf sie ein. Sie schreit: *»Ich sterbe! Ich sterbe! Ich sterbe!«* Wie zuvor gehen Lichter an und werden Fenster geöffnet, woraufhin der Angreifer sich wiederum zurückzieht, sich in sein Auto setzt und davonfährt. Es ist jetzt 3:35 Uhr. Doch der Angreifer kehrt nochmals zurück, sticht ein drittes Mal auf Kitty ein und vergewaltigt und tötet sie schließlich. Um 3:50 Uhr erhält die Polizei den ersten Anruf und ist kurze Zeit später am Tatort. Bis auf drei Nachbarn ist niemand bei Kitty, als die Beamten eintreffen. Sechs Tage später wird der Angreifer Winston Moseley verhaftet.

Der Artikel hatte einen Aufschrei der Entrüstung zur Folge. Hätten die Anwohner früher die Polizei gerufen, hätte Kitty Genovese vielleicht überlebt. Wieso hatten sie nichts unternommen? Sie antworteten ausweichend, die Aussagen reichten von *Ich weiß es nicht* über *Offen gestanden, wir hatten Angst* bis zu *Ich war müde* oder *Ich wollte nicht, dass mein Mann etwas damit zu tun hat*. Heute weiß man, dass einige der Angaben im Artikel übertrieben und fehlerhaft waren, sowohl was den Tathergang als auch die Anzahl der Zeugen und ihr Wissen um die Tat anbelangt. Dessen ungeachtet löste der Fall Kitty Genovese eine wissenschaftliche Debatte um eine zentrale menschliche Verhaltensweise aus: die *Diffusion von Verantwortung*.

Als erste Forscher nahmen sich die beiden Psychologen John M. Darley and Bibb Latané in einer Serie von Experimenten dieses Themas an.[19] Ihr erstes Experiment versuchte, eine ähnliche Situation wie im Genovese-Fall nachzustellen, und widmete sich der Frage, ob die Anzahl der »Augenzeugen« einen Einfluss auf die Hilfsbereitschaft anlässlich eines »medizinischen Notfalls« hatte. (Der Notfall war nur gespielt und wurde mithilfe von Schauspielern in Szene gesetzt, was die Probanden aber nicht wussten.) Die Studie kam zu dem zentralen Ergebnis, dass die Wahrscheinlichkeit zu helfen umso geringer ausfiel, je größer die Gruppe war. Wenn die Probanden alleine mit dem Opfer waren, zeigten alle Hilfsbereitschaft, in einer Gruppe aus sechs Personen jedoch nur 62 Prozent.

Wieso neigen Menschen in Gruppen zu weniger moralischem

Verhalten? Hierfür gibt es mehrere Gründe. Ein aus ökonomischer Sicht besonders wichtiges Motiv ist die Frage, ob der Handelnde »pivotal« ist, das heißt, ob sein Handeln für den Fortgang der Dinge *ausschlaggebend* ist. Angenommen, ich glaube, dass es schon irgendjemanden gibt, der Hilfe organisiert, dann ist meine Hilfe nicht mehr nötig bzw. ausschlaggebend. Es macht schlicht keinen Unterschied, ob ich zusätzlich auch noch meine Hilfe anbiete. Ich bin nicht pivotal. Ist dies der Fall, reichen schon kleine Kosten, die ich auf mich nehmen müsste, aus, um mich davon zu überzeugen, dass es für mich nicht sinnvoll ist zu helfen.

Die moralische Relevanz dieses *konsequentialistischen* Denkens für unser Verhalten haben wir in einem Experiment untersucht, bei dem Individuen entweder alleine oder in Gruppen darüber entscheiden konnten, ob sie das Leben einer Maus retten wollten oder nicht[20]. Zusätzlich zu der Entscheidung wurden die Erwartungen der Teilnehmer erhoben, sodass man herausfinden kann, ob die Erwartung, pivotal zu sein, tatsächlich das Verhalten bestimmt. Wie in meinem Experiment zu Ehrgeiz und Moral (s. Kapitel 2) war der Entscheidungskontext, ob jemand bereit war, für Geld eine Maus zu töten. Wie ich oben erläutert habe, entspricht dieser Kontext der Definition von Moral, wonach es unmoralisch ist, jemand anderem ohne guten Grund Schmerzen zuzufügen, wozu der Tod ja wohl zählen dürfte. Zur Erinnerung: Es handelte sich bei der Studie um sogenannte »überzählige« Mäuse, es wurden also Tiere gerettet, die ohne das Experiment auf jeden Fall getötet worden wären.

Stellen Sie sich vor, Sie haben die Wahl. Sie können entweder eine Maus vor dem sicheren Tod retten und erhalten kein Geld (Option A) oder eine Maus töten und dafür 10 Euro bekommen (Option B). In dieser Situation sind Sie vollkommen pivotal. *Sie* und nur Sie allein entscheiden über Leben und Tod, Geld Euro oder Leben (vgl. Abbildung 16).

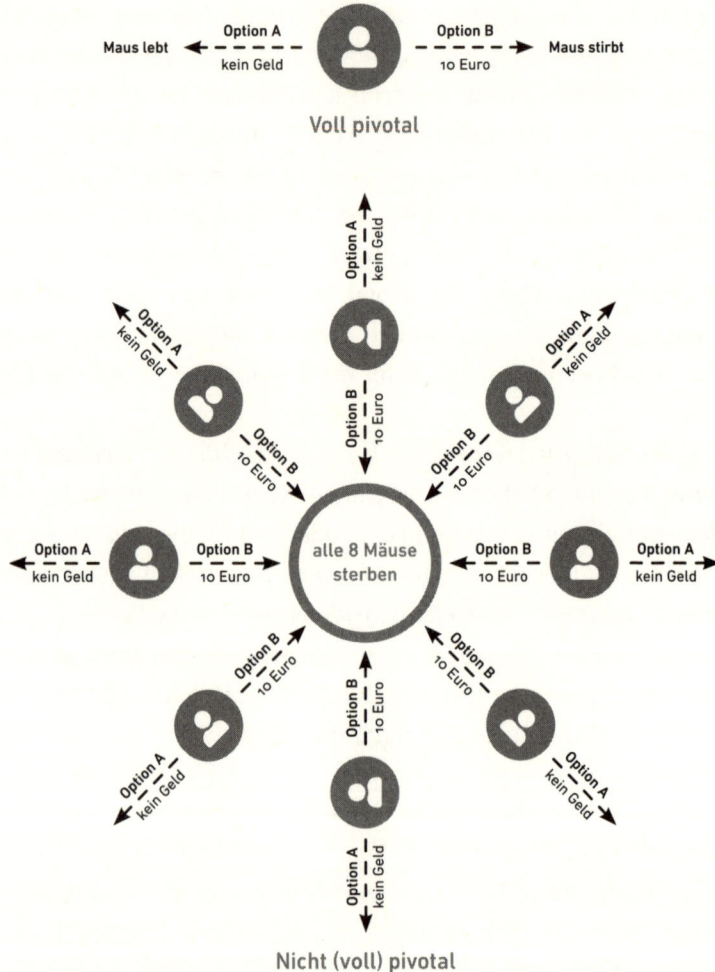

Abb. 16: Schematische Darstellung des Gruppen-Experiments. Oben die Situation, in der der Teilnehmer alleine entscheidet und deshalb pivotal ist. Unten die Situation in der Gruppe, in der ein Teilnehmer nur dann pivotal ist, wenn alle sieben anderen Teilnehmer Option A wählen.

Stellen Sie sich jetzt einen anderen Versuchsaufbau vor. Zusammen mit sieben weiteren Teilnehmern bilden Sie eine Achtergruppe (vgl. Abbildung 16). Diesmal geht es um das Leben von acht Mäusen. Wie zuvor haben Sie und die anderen Gruppenmitglieder je zwei Optionen. Sie können sich dafür entscheiden, sich moralisch zu verhalten und auf das Geld zu verzichten (Option A) oder den Tod der Maus in Kauf zu nehmen und 10 Euro zu erhalten (Option B). Die Konsequenzen in dieser Gruppenbedingung lauten: Wenn alle Teilnehmer Option A wählen, werden alle acht Mäuse gerettet. Wählt hingegen mindestens *einer* Option B, sterben alle acht Mäuse. Es ist also egal, ob einer, zwei, drei oder alle acht Teilnehmer Option B wählen, schon bei einem Votum sind die Mäuse tot. Die Teilnehmer treffen ihre Entscheidung gleichzeitig, ohne zu wissen, wie sich die anderen verhalten.

Was geht im Kopf eines Teilnehmers vor? Er könnte sich überlegen, wie wahrscheinlich es wohl ist, dass alle anderen sieben Teilnehmer Option A wählen. Denn nur in diesem Fall ist er selbst pivotal und könnte durch seine Wahl (A oder B) tatsächlich über das finale Ergebnis entscheiden. Aber wie wahrscheinlich ist das? Gibt es nicht immer (mindestens) einen, der auf seinen Vorteil bedacht ist und mit Sicherheit B wählt? Und dann? Ja dann, so sagt sich der Teilnehmer, wäre ich nicht mehr pivotal, weil die Mäuse ohnehin getötet werden, egal ob ich A oder B wähle. Folglich kann ich auch B wählen und die 10 Euro einstecken – es macht ja ohnehin keinen Unterschied. Das Problem an diesen Überlegungen ist, dass alle Teilnehmer sie sich machen und es dann tatsächlich moralisch unproblematisch wäre, Option B zu wählen, jedenfalls aus konsequentialistischer Sicht.

Im Experiment beobachten wir nun Folgendes. In Situation 1, in der Probanden alleine entscheiden und vollkommen pivotal sind, wählen 46 Prozent den Tod der Maus (Option B). In der Gruppenbedingung (Situation 2) liegt dieser Wert signifikant höher, bei fast 60 Prozent. Zudem ist die Bereitschaft, B zu wählen, für einen Teilnehmer umso höher, je geringer er die Wahrscheinlichkeit einschätzt, dass er pivotal ist. Beispielsweise wählten aus der Gruppe der Teilnehmer, die glauben, dass sie nur mit einer Wahrscheinlichkeit von 0 bis 3 Prozent pivotal sind, über 80 Prozent Option B. Bei Teilnehmern hingegen, die die Wahrscheinlichkeit höher als 36 Prozent einschätzen, sind es nur noch knapp 20 Prozent. Offenbar spielt also die Erwartung über das Verhalten der anderen Teilnehmer eine zentrale Rolle. Je pessimistischer ich bezüglich der Prosozialität der Mitglieder meiner Gruppe bin, desto leichter fällt es mir, mich ebenso eigennützig zu verhalten. Da es in unserem Set-up – und vielen Situationen im Alltag – schon ausreicht, wenn nur *ein* anderer Teilnehmer Option B wählt, folgt zudem, dass dieser Pessimismus mit wachsender Gruppengröße zunimmt. Das heißt, dass die Wahrscheinlichkeit unmoralischer Ergebnisse höher ist, je größer die Gruppen sind.

Apropos Ergebnisse: Wie erging es am Ende den Mäusen? In der voll pivotalen Bedingung überlebten 54 Prozent der Tiere. In der Gruppenbedingung starben in *allen* Gruppen immer *alle* Mäuse. Die Macht der Diffusion.

Ich glaube, dass ähnliche Überlegungen wie in unserem Experiment auch Kitty Genovese zum Verhängnis wurden. Der einzelne Anwohner mag sich gedacht haben: Wieso ich? Wieso soll ich die Kosten auf mich nehmen und helfen? Vielleicht werde ich selbst verletzt. Außerdem ist es irgendwie unangenehm und peinlich, rauszugehen und Alarm zu schlagen. Vielleicht habe ich mich geirrt und stehe nachher blöd da. Angesichts dieser Kosten kommt gleich der nächste Gedanke in den Sinn: Es wird schon jemand die Polizei rufen. Viele wohnen hier, hören, was ich höre, und sehen, was ich sehe. Es wird bestimmt jemand dabei sein, der einschreitet, sicher hat schon längst jemand die Polizei gerufen.

Ich will damit nichts zu tun haben. Ich will keinen Ärger. Fenster schließen, schlafen gehen.

Um das Phänomen der Pivotalität genauer zu beleuchten, wiederholten wir das Gruppen-Mäuse-Experiment. Wieder gab es die individuelle und die Gruppenbedingung sowie die prosoziale Option A und die eigennützige Option B. Diesmal ging es aber nicht darum, das Leben von Mäusen zu retten. Vielmehr löste, wer sich für A entschied, eine Spende von 15 Euro an eine Organisation aus, die krebskranke Kinder und ihre Angehörigen dabei unterstützt, die Folgen der Krankheit zu bewältigen.

In der individuellen Anordnung, bei der jeder Teilnehmer vollständig pivotal ist, war die prosoziale Entscheidung (Option A), 15 Euro zu spenden und für sich selbst kein Geld zu erhalten. Bei Option B hingegen erhielt der Proband 10 Euro für sich, verwehrte damit aber die Spende für die krebskranken Kinder. In der Gruppenbedingung war die Verantwortung diffus: Jeder Teilnehmer war mit sieben anderen in einer Gruppe. Jeder traf die Entscheidung, sich entweder für die Spende (Option A) oder den eigenen Vorteil (Option B) zu entscheiden. Wenn mindestens einer in der Gruppe sich für B entschied, wurde die Spende von 8 mal 15 Euro, also 120 Euro, nicht getätigt.

Ähnlich wie im Mäuseszenario entschieden sich in der Gruppenbedingung fast 60 Prozent für B, spendeten also nicht. Das ist deutlich mehr als in der pivotalen Bedingung, bei der nur 40 Prozent sich gegen die Spende entschieden. Eine Steigerung um 47 Prozent! Während krebskranke Kinder somit in der pivotalen Bedingung einige Unterstützung erfuhren, war das Spendenaufkommen in der Gruppenbedingung deutlich geringer. Um es genau zu sagen, es war *exakt gleich null*. In keiner einzigen Gruppe wurde die Spende ausgelöst.

Wieder spielten hier die Erwartungen über die Bereitschaft der anderen, Option A zu wählen, die entscheidende Rolle. Je mehr ein Teilnehmer glaubte, dass es schon jemand anderen geben würde, der nicht spendete, desto geringer war die Wahrscheinlichkeit, dass er selbst spendete. Und es kommt noch schlimmer: Bei wiederholten Entscheidungen sank die Bereitschaft zur Spende noch einmal weiter ab. Wenn die Probanden gebeten wurden, ein zweites Mal zu entscheiden, stieg die Anzahl derer, die B wählten, noch einmal deutlich. Das ist insofern zu erklären, als die Probanden über das Ergebnis aus der ersten Runde informiert wurden und daher lernten und wussten, dass es tatsächlich immer mindestens einen gab, der nicht spendete. Das hatte einen verheerenden Effekt auf die Erwartungen, verstärkte den Pessimismus und reduzierte die Spendenbereitschaft noch weiter.

In vielen Situationen des Alltags können wir beobachten, wie andere vor uns gehandelt haben. In der frühen Phase der Coronapandemie zum Beispiel war direkt an den leeren Regalen für Klopapier oder Nudeln abzulesen, wie manche unserer Mitbürger zu unkooperativem Horten neigten. Für die Diffusion von Verantwortung ist das Wissen über den Egoismus der anderen relevant, weil sich der Einzelne angesichts des Fehlverhaltens anderer jetzt sogar sicher sein kann, nicht pivotal zu sein: *Wenn ich das Klopapier nicht hamstere, dann schnappt es sich eben ein anderer, macht ja keinen Unterschied!*

Um diese Intuition zu überprüfen, ließen wir das Spenden-Experiment in der Gruppenbedingung noch einmal mit leicht veränderten Regeln laufen. Diesmal entschieden die Teilnehmer nicht gleichzeitig, sondern *nacheinander*, wobei sie über den bisherigen Verlauf der Entscheidungen in ihrer Gruppe informiert wurden. Das Ergebnis war eindeutig. Option B wurde in dieser sequenziellen Variante in 72 Prozent der Fälle gewählt, ein Anstieg von 82 Prozent gegenüber der Bedingung, bei der der einzelne Teilnehmer pivotal war. Vor allem zeigte sich, dass praktisch niemand spendete, wenn vorher schon jemand Option B gewählt

hatte. Das steht in vollkommener Übereinstimmung mit konsequentialistischen Überlegungen, bei denen nicht gefragt wird, was
im Prinzip »richtig« ist, sondern Kosten und Nutzen abgewogen
werden. Wenn diese moralische Einstellung mit dem (berechtigten) Pessimismus über das Verhalten anderer zusammenkommt,
löst sich die Moral am Ende in nichts auf.

Die Resultate zeigen, wie leicht es ist, Menschen zum Bösen
zu verführen. Eine kleine Änderung der Versuchsanordnung
führt zu verheerenden Folgen. Für (bösartige) Organisationen,
die moralische Widerstände brechen möchten, ergibt sich daraus
eine einfache Empfehlung: Verantwortung an eine Gruppe delegieren und damit den am wenigsten moralischen Menschen pivotal machen; ganz ähnlich stellen sich ja die Rahmenbedingungen
beim Erschießungskommando dar.

Wenn eine Organisation hingegen sozial verantwortliche
Ergebnisse sicherstellen will, sollte sie das Gegenteil tun: dem Einzelnen individuelle Verantwortung übertragen. Jeder muss wissen,
dass es auf ihn ankommt. Er kann sich nicht hinter den Entscheidungen anderer verstecken, sondern handelt im Bewusstsein,
pivotal zu sein. Genau das läuft in vielen arbeitsteiligen Prozessen
unserer Gesellschaft falsch. Zu oft sind die Entscheidungsketten
indirekt, immer gibt es noch jemand anderen, der noch einmal
alles kontrolliert, nachschaut und zur Not korrigiert. In solchen
Zusammenhängen fällt das eigene Fehlverhalten nicht auf, und
man muss sich nicht wundern, wenn am Ende Resultate stehen,
die »niemand gewollt« und von denen »niemand gewusst« hat.

Zahlreiche Beispiele organisationalen Fehlverhaltens gehen auf
das Konto der Diffusion von Verantwortung. In einem der größten Firmenskandale der US-Geschichte etwa bezog sich einer der
Hauptprotagonisten explizit auf diese Logik. Andrew Fastow war
von 1998 bis 2001 CFO des Energie- und Mischkonzerns Enron.
In dieser Zeit kam es zu massiven Bilanzfälschungen. Umsätze

wurden viel zu hoch, Verbindlichkeiten viel zu gering ausgewiesen, sodass das Bild eines extrem erfolgreichen Unternehmens gezeichnet wurde, das auf massivem Betrug beruhte. Als die US-Börsenaufsicht im Oktober 2001 begann, Enron zu durchleuchten, ging alles sehr schnell. Der Betrug wurde offengelegt, milliardenschwere Schulden, die man in Subunternehmen versteckt hatte, kamen ans Licht, das Unternehmen räumte ein, viel zu hohe Gewinne und Umsätze deklariert zu haben. Im Dezember 2001 meldete Enron Konkurs an. Die Folgen des Betrugs für das Unternehmen, die Mitarbeiter, die Aktionäre und die Öffentlichkeit waren beträchtlich. Der Aktienkurs rauschte von seinem Höchststand von etwa 90 Dollar (zu dem das Management noch schnell seine Aktienpakete verkaufte) auf unter einen Dollar, Pensionsrückstellungen bzw. Betriebsrenten der Mitarbeiter in Höhe von etwa zwei Milliarden Dollar lösten sich in nichts auf. Interessanterweise hatten die Rating-Agenturen Standard & Poor's und Moody's dem Unternehmen noch bis zum Schluss eine gute Bonität bescheinigt, nicht zuletzt aufgrund der fehlerhaften Wirtschaftsprüfung durch Arthur Andersen, die im Gefolge der Enron-Insolvenz ebenfalls bankrottging.

Vor Gericht sagte der zu sechs Jahren Haft verurteilte Andrew Fastow aus: »Aber die Wahrheit ist, wenn ich an irgendeinem Punkt in meiner Karriere gesagt hätte: ›Stopp, das ist doch Wahnsinn, das kann ich nicht machen‹ ... hätten sie einfach einen anderen CFO gefunden, aber das entschuldigt es nicht. Es wäre wie zu sagen, dass es okay ist, jemanden umzubringen, denn hätte ich es nicht getan, hätte es jemand anders getan.«[21]

Das Zitat ist aus zwei Gründen aufschlussreich. Das Argument, dass man ihn als CFO einfach durch jemand anderen ausgetauscht hätte, der dasselbe gemacht hätte, beschreibt genau die Logik, die wir im Experiment gesehen haben: Wenn ich es nicht mache, dann macht es jemand anders. Das Ergebnis ist dasselbe.

Also kann ich es auch gleich selbst machen (und den materiellen Vorteil einheimsen). Diese Austausch-Logik liefert aus konsequentialistischer Sicht tatsächlich eine Entschuldigung. Wenn ich weiß, dass der Schaden oder das unmoralische Ergebnis ohnehin eintritt, bin ich exkulpiert. Für die Mäuse oder die Spenden im Experiment oder die Mitarbeiter von Enron im wirklichen Leben spielte es am Ende ja auch keine Rolle, *wer* den Schaden verursachte, nur *dass* er verursacht wurde.

Fastows Aussage deutet aber auch an, dass zumindest das moralische Empfinden nicht indifferent gegenüber der Frage ist, wer den Schaden verursacht. Kann ich mich wirklich hinter der Austausch-Logik verstecken und meinen moralischen Frieden mit der Feststellung machen, sonst hätte es eben jemand anderes gemacht? Nimmt man im Gegensatz zur konsequentialistischen Haltung eine an Immanuel Kant orientierte, deontologische Position ein, stellt die Austausch-Logik keine Entschuldigung dar. Bei Letzterer geht es nicht um Kosten-Nutzen-Abwägungen, sondern um Richtig oder Falsch – aus Prinzip. Insofern lässt das Zitat vermuten, dass neben der beinharten konsequentialistischen Austausch-Logik zumindest ansatzweise eine alternative moralische Beurteilung existiert, eine zumindest emotional erlebte Abneigung gegen das Falsche, auch wenn das falsche Handeln im Ergebnis keinen Unterschied macht.[22]

Auf der Ebene des Verhaltens kommt die Austausch-Logik aber mit ihrer ganzen Macht zum Tragen. Ein beliebtes Argument der Waffenindustrie lautet: Wenn wir nicht liefern, liefern die anderen! Dieses Begründungsmuster bildete immer schon die moralische Rückendeckung für die ungebremste und zunehmende Produktion von Waffen und ihren Export. Ein prominentes Beispiel: Im Jahr 2016 rechtfertigte Boris Johnson, der damals noch Außenminister war, im Parlament britische Waffenlieferungen an Saudi-Arabien. Sie waren höchst umstritten, weil solche Waffen zu dieser Zeit für Kriegsverbrechen im Jemen eingesetzt wurden. Den Abgeordneten rief Johnson zu, niemand solle einen Zweifel daran haben, dass man ein »Vakuum« schaffen würde, wenn man keine Waffen lieferte. Und dass andere westliche Staaten dieses Vakuum gerne füllen würden, mit genau den gleichen negativen Folgen für das Völkerrecht.[23]

Doping im Sport ist auch so ein Fall. Öffentlich beteuern die Athleten in der Regel, dass sie selbst »sauber« seien und einen ebensolchen Sport wollten. Und dennoch jagt ein Dopingskandal den nächsten, sei es im Radsport, in der Leichtathletik oder anderen Konditionssportarten. Was dem Ansehen des Sports insgesamt sehr schadet, ergibt aus Sicht des Einzelnen durchaus Sinn. Sieht sich nicht jeder Athlet mit Blick auf die anderen Wettbewerber potenziell in einem Dilemma? Was, wenn die anderen dopen und ich nicht? Kann ich sicher sein, dass sie sich an die Regeln halten? Ist es wirklich moralisch, wenn ich als Einziger sauber bin, während die anderen Ruhm und Geld einfahren – oder ist es einfach nur dämlich? Wenn der einzelne Sportler glauben kann, dass andere dopen, verringert es seine moralische Hemmung, selbst auch zu dopen. Je mehr Sportler so denken, desto mehr Doping wird es geben und desto geringer sind die Hemmungen, ein Teufelskreis.

Die Entschuldigung »wenn ich es nicht tue, tut es jemand anderes« begegnet uns auch bei den großen Verbrechen der Menschheit. Ein eindringliches Beispiel ist die Rolle der Ärzte, die an der sogenannten Rampe von Auschwitz entscheiden mussten, wer von den Neuankömmlingen sofort getötet wurde oder zunächst ins Arbeitslager befohlen wurde. In einer beklemmenden Studie interviewte der US-amerikanische Psychiater Robert Lifton nach dem Krieg Ärzte, die in Auschwitz an der Rampe tätig gewesen waren.[24] Ein Argument, das von ihnen vorgebracht wurde, lautete, dass es »keinen Unterschied« machte, ob sie (also die befragten

Ärzte) diese Entscheidung trafen oder nicht. Hätten sie selbst sich geweigert, wären sie durch andere Ärzte ersetzt worden. Im Ergebnis hätte sich nichts geändert.

Märkte: Die totale Diffusion

In seiner Anfang Oktober 2020 erschienenen Enzyklika *Fratelli tutti*[25] »über die Geschwisterlichkeit und die soziale Freundschaft« kritisiert Papst Franziskus ungewöhnlich deutlich »den Markt«. Er schreibt: »Der Markt allein löst nicht alle Probleme, auch wenn man uns zuweilen dieses Dogma des neoliberalen Credos glaubhaft machen will.« Und weiter: »Es handelt sich um eine schlichte, gebetsmühlenartig wiederholte Idee, die vor jeder aufkeimenden Herausforderung immer die gleichen Rezepte herauszieht.« Der Neoliberalismus berufe sich auf »magische« Vorstellungen zur Lösung gesellschaftlicher Probleme. Der Papst bezeichnet den Markt als eine »Gewalt ..., die das gesellschaftliche Gefüge« bedrohe, wobei doch die »dogmatischen Rezepte der herrschenden Wirtschaftstheorie sich als fehlbar« erwiesen hätten. Und er beklagt eine Gesellschaft, die sich dem »Diktat der Finanzwelt unterworfen« habe und die endlich wieder »die Menschenwürde in den Mittelpunkt stellen« müsse.

Ganz in der Manier eines streitbaren Don Camillo, der unversehens mit dem Kommunismus sympathisiert, steht der Papst mit dieser Kritik nicht allein. Die Kritik an Märkten reicht weit zurück. Dass der Markt die Moral untergrabe, wurde besonders prominent von Karl Marx, Friedrich Engels und ihren Nachfolgern immer wieder zur Leitidee einer alternativen Wirtschaftsordnung herangezogen: Werte werden auf Märkten zu Tauschwerten degradiert. Auch bekannte politische Theoretiker wie Michael Sandel beklagen, dass Märkte immer tiefer in alle Lebensbereiche vordringen und wir uns fragen müssen, »wo wir Märkte brauchen – und wo nicht«. Der Tausch auf Märkten stelle, so Sandel weiter, unsere Werte und die eigentliche Bedeutung von Gütern und Dienstleistungen in Frage.[26]

Märkte erzeugen regelmäßig einen Schaden für Dritte, die selbst nicht auf dem Markt aktiv sind. Die Herstellung und der Handel fast aller Güter verursacht solche negativen externen Effekte, seien es Gesundheitsschäden durch schlechte Arbeitsbedingungen, das Leid von Tieren, das durch nicht artgerechte Haltungsmethoden erzeugt wird, oder Umweltschäden durch die Einleitung toxischer Stoffe in den Boden und das Wasser, ihre Freisetzung in die Luft. Aus einer langen Liste ähnlicher Vorkommnisse sei zum einen der Fall des japanischen Chemiekonzerns Chisso angeführt, der bei der Produktion von chemischen Verbundstoffen Quecksilber in großen Mengen und unkontrolliert in die Umgebung und damit ins Trink- und Meerwasser abführte. Als Konsequenz starben über drei Jahrzehnte hinweg mindestens 1784 Menschen, die in der Nähe der produzierenden Fabriken lebten, an einer Quecksilbervergiftung, und über 17 000 erlitten teils schwere Schädigungen des Nervensystems.[27] Zum anderen gab es beispielsweise den Brand in einer Textilfabrik in Dhaka, der Hauptstadt von Bangladesch. Am 26. November 2012 schrieb *Zeit Online* hierzu unter der Überschrift »Tödliche Kleidung«: »Der Fabrikbrand von Bangladesch deckt eine Lebenslüge der reichen Welt auf: Billig und fair zugleich lässt sich Kleidung nicht produzieren. Den ganzen Sonntag über schleppten Arbeiter Säcke aus der Fabrik. Weiße Säcke mit verkohlten Leichen, bis zum Montag sind es mehr als 120, noch immer ist die genaue Zahl unbekannt. Die verbrannten Toten, bis zur Unkenntlichkeit entstellt, stapeln sich vor der Textilfabrik Tazreen Fashion Limited, die in der Nacht zum Sonntag nördlich von Dhaka in Flammen aufging.«[28] Obwohl Feuerlöscher nicht funktionsbereit und Notausgänge verschlossen oder nicht vorhanden gewesen waren, wurde der Fabrikbesitzer erst nach langem Zögern angeklagt. Tazreen Fashion Limited lieferte unter anderem Waren an den Modekonzern C&A. Rechtliche oder finanzielle Konsequenzen für westliche Unternehmen gab es keine.

Untergräbt der Markt also die Moral? Und wenn ja, müssen wir das einfach so hinnehmen, oder können wir etwas dagegen tun? Sollten alle Güter und Dienstleistungen bepreist und auf Märkten gehandelt werden, oder besteht berechtigte Sorge, dass Werte und Würde auf Märkten in Frage gestellt werden?

Obwohl die Kritik an der moralischen Indifferenz von Märkten Gegenstand erbitterter Diskussionen in Philosophie, Ökonomik und anderen Sozialwissenschaften war und ist und obwohl auf politischem Feld leidenschaftlich für und gegen Märkte Partei ergriffen wird, wissen wir vergleichsweise wenig über die *kausalen* Effekte von Marktinteraktionen auf unsere moralischen Urteile und Entscheidungen. Das liegt vor allem daran, dass Märkte allgegenwärtig sind und es daher schwierig ist, Verhalten in einer kontrafaktischen Situation zu beobachten, besonders wenn man nicht unterschiedliche Individuen vergleichen möchte, also jene, die Märkte gut finden, mit denen, die sie ablehnen und sich alternativer Austauschformen bedienen. Letzteres wäre zum Beispiel der Fall, wenn man das Verhalten ganz normaler Leute an einem Samstagmorgen in einer Einkaufspassage einer x-beliebigen deutschen Stadt mit zurückgezogen lebenden Mönchen oder »Aussteigern« vergliche, die weitgehend autark wirtschaften und die Dinge des täglichen Lebens ohne Märkte und Preise gemeinschaftlich teilen. Würde man diese Personengruppen nach ihren moralischen Überzeugungen befragen, würde man mögliche Unterschiede sicher nicht (nur) darauf zurückführen wollen, dass die einen mehr und die anderen weniger in Märkten unterwegs sind.

Wie aber kann man herausfinden, ob sich *dieselben* Menschen unterschiedlich verhalten, wenn sie entweder auf Märkten oder in einer alternativen Form des Austauschs handeln? Wie kann man untersuchen, ob die Markt-Interaktion als solche einen kausalen Effekt auf moralisches Entscheiden hat? Man muss ein Experiment machen.

Gemeinsam mit meiner Kollegin Nora Szech führte ich das weltweit erste Experiment durch, das sich der Frage widmete, wie Märkte moralisches Handeln kausal beeinflussen können.[29] Es war auch das erste Experiment, bei dem es um das Leben von Mäusen ging. Unsere Idee war, moralische Konsequenzen dadurch abzubilden, dass das eigene Handeln auf einem Markt oder in einer alternativen Austauschform einer dritten Partei, die selbst nicht handelt, einen möglichen Schaden zufügt. Dass also das Handeln von Menschen negative externe Effekte erzeugt, in der Realität beispielsweise durch Umweltzerstörung oder unfaire und ausbeuterische Arbeitsbedingungen.

Märkte sind Institutionen, auf denen Käufer und Verkäufer Güter und Dienstleistungen handeln können, indem sie der jeweils anderen Marktseite Preisangebote unterbreiten und Preisangebote der anderen Marktseite annehmen. Ein Handel gilt als vereinbart und geschlossen, wenn sich Käufer und Verkäufer über den Preis für ein bestimmtes Gut einig geworden sind.

In unserem Experiment analysierten wir drei verschiedene Tauschinstitutionen bzw. Märkte: individuelle Entscheidungen, einen bilateralen sowie einen multilateralen Markt. In der individuellen Bedingung ohne Markt konnten die Teilnehmer wieder zwischen zwei Optionen wählen: A bedeutete, dass die Maus überlebte und der Proband kein zusätzliches Geld verdiente. Option B führte dazu, dass der Proband 10 Euro erhielt und die Maus starb. Die individuelle Bedingung erlaubte eine unverfälschte Messung darüber, welche Wertschätzung die Probanden dem Leben der Maus entgegenbrachten. Waren sie bereit, ihre Maus für 10 Euro zu töten? War ihnen das Leben der Maus mehr oder weniger als 10 Euro wert? Die individuelle Bedingung erlaubt Rückschlüsse auf die Bewertung der Teilnehmer, wenn sie frei entscheiden und sich nicht in einer Markt-Umgebung bewegen. Diese können dann mit derjenigen auf Märkten verglichen werden.

Bei der ersten Marktbedingung im Experiment, dem bilateralen Markt, handelte es sich um eine sogenannte bilaterale Doppelauktion. Das bedeutet, dass jeweils nur *ein* Käufer und *ein* Verkäufer einen Markt bildeten und beide der anderen Marktseite Kauf- bzw. Verkaufsangebote unterbreiten konnten. Dies geschah per Computer und kontinuierlich, sodass beide Marktteilnehmer immer genau wussten, welche Angebote gerade akzeptiert werden konnten. Ein Handel kam dann zustande, wenn der Käufer das Angebot des Verkäufers akzeptierte – oder umgekehrt (vgl. Abbildung 17).

Wenn ein Handel zu einem bestimmten *Preis* zustande kam, verdiente der Käufer *20 Euro minus diesen Preis,* und der Verkäufer bekam den *vereinbarten Preis.* Es gab aber noch eine weitere Folge, wenn ein Handel abgeschlossen wurde: Eine Maus wurde getötet.

Waren die Marktteilnehmer also gezwungen, eine Maus zu töten? Nein. Nur wenn eine Marktseite das Angebot der anderen Seite akzeptierte, kam ein Handel zustande, und eine Maus starb; aber niemand wurde gezwungen, Preisangebote zu machen oder ein Angebot zu akzeptieren. Kam es in einer Handelsrunde nicht zu einem Abschluss, blieb die Maus folglich am Leben, und weder Käufer noch Verkäufer verdienten Geld.

Wir untersuchten noch eine zweite Marktbedingung: Die multilaterale Doppelauktion war identisch zum bilateralen Markt mit der einzigen Ausnahme, dass es nun mehr als nur einen Käufer und einen Verkäufer gab. Stattdessen kamen bei jeder Handelsrunde insgesamt *sieben* Käufer und *neun* Verkäufer zusammen.

Alle Marktteilnehmer konnten – mussten aber nicht – Preisangebote machen und bestehende Angebote annehmen. Immer wenn
ein Handel zustande kam (maximal sieben, da es sieben Käufer
gab), erhielten die Käufer wiederum *20 Euro minus den Preis*
und die Verkäufer den *vereinbarten Preis.* Für jeden erfolgreich
zustande gekommenen Handel starb eine Maus, also maximal
sieben Mäuse.

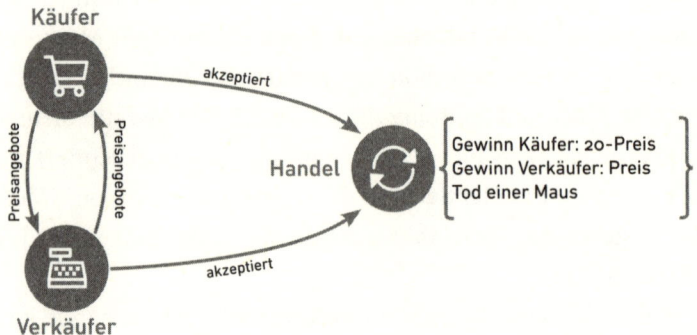

Abb. 17: Schematische Darstellung des Markt-Experiments.
Käufer und Verkäufer unterbreiten sich gegenseitig Preisangebote. Wenn beide ein Angebot akzeptieren, kommt es zu
einem Handel. Für jeden abgeschlossenen Handel stirbt eine
Maus.

Alle drei Bedingungen waren also identisch bis auf den Unterschied, dass es einen Markt gab (bilateral oder multilateral) oder
keinen (individuelle Entscheidung). Der Vergleich zwischen Letzterer und den ersten beiden erlaubt die Beantwortung der Schlüs-
selfrage: Können sich moralische Bewertungen durch Marktin-
teraktion verringern? Könnte es sein, dass die Bereitschaft, eine
Maus für 10 Euro (oder weniger) zu töten, höher ist, wenn wir
auf einem Markt agieren, statt eine individuelle Entscheidung zu
treffen?

Um die Frage zu beantworten, verglichen wir, wie viele Teilnehmer jeweils bereit waren, ihre Maus für 10 Euro oder weniger zu töten – in der individuellen Bedingung, auf dem bilateralen und dem multilateralen Markt. Bei Ersterer entschieden sich 46 Prozent für den Tod der Maus und erhielten dafür 10 Euro. Dieser Wert bildet die moralische Grundeinstellung ab, die sich in der Abwesenheit von Märkten zeigt.

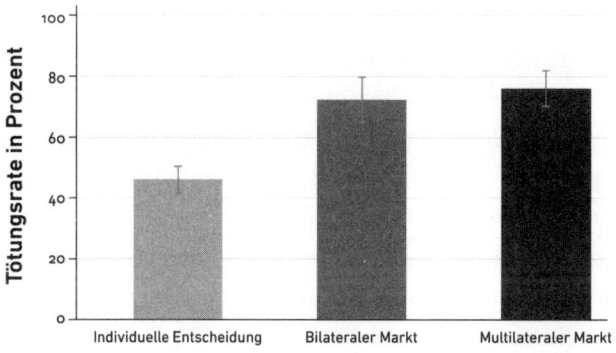

Abb. 18: Resultate des Markt-Experiments. Die Grafik zeigt die Häufigkeit, mit der die Probanden den Tod einer Maus für 10 Euro oder weniger akzeptierten (Fehlerbalken zeigen Standardfehler des Mittelwerts).

Wie hoch war nun der Anteil der Verkäufer auf dem bilateralen Markt, die bereit waren, ihre Maus für 10 Euro oder weniger zu opfern? Es waren 72,2 Prozent. Anders formuliert: Im Vergleich zur Individualbedingung waren 57,1 Prozent mehr Teilnehmer bereit, den Tod der Maus für 10 Euro oder weniger zu akzeptieren. Und auf dem multilateralen Markt stieg der Wert sogar auf 75,9 Prozent, eine Zunahme um 65,2 Prozent. Diese enorme Steigerung von Tötungswilligen bildet aber nicht einmal das gesamte Ausmaß des tatsächlichen Werteverfalls ab, denn der durchschnittlich gezahlte Preis betrug auf dem multilateralen Markt ganze 5,10 Euro. Das ist der »Wert«, den die Marktteilnehmer für ein Mäuseleben übrighatten. Für diesen Preis hätten in der individuellen Bedingung deutlich weniger als 46 Prozent Option B gewählt.[30] Und je öfter der Markt wiederholt wurde, desto geringer waren die Preise. In der letzten Runde ging eine Maus im Schnitt für 4,50 Euro über die Ladentheke, die für sie die Schwelle zwischen Leben und Tod bedeutete.

Das Experiment belegt einen kausalen Verfall moralischer Werte – gemessen an der Bereitschaft, das Leben einer dem einzelnen Teilnehmer anvertrauten Maus zu schützen. Bevor ich Ursachen und Implikationen der Ergebnisse diskutiere, möchte ich kurz einige weitere Befunde erwähnen, die für das Verständnis des Experiments relevant sind.

Erstens lassen sich die Unterschiede zwischen den Märkten und der Individualbedingung nicht dadurch erklären, dass egoistische Individuen eher von Märkten angezogen werden und dort überrepräsentiert sind. Obwohl das in der Realität sehr wohl so sein mag (Studien legen solche Selektionsmuster z. B. im Bereich von Finanzmärkten nahe), kann es die Befunde im Labor nicht erklären, weil die Zuordnung in die drei Bedingungen zufällig war und nicht das Ergebnis individueller Wahlhandlungen.

Zweitens ist der Werteverfall für moralische Werte, den wir zwischen der individuellen Bedingung und den Märkten beobachten, kein Artefakt der verwendeten Methoden. Um das zu zeigen, können wir uns fragen, ob Märkte »normale Güter«, also nicht-moralische Werte, eher »respektieren«. Anders gesagt: Angenommen, wir vergleichen die Wertschätzung für ein gewöhnliches Konsumgut in der individuellen Bedingung mit der in Märkten – finden wir dann eher, dass die Werte stabil bleiben, der Markt »Konsumwerte« also aufrechterhält?

Um das zu überprüfen, führten wir dasselbe Experiment durch, diesmal ging es aber nicht um eine moralische Entscheidung, sondern einen Konsumgutschein, der im Universitätsshop der Uni Bonn einzulösen war. Er war 25 Euro wert, das heißt, wer ihn im Experiment erwarb, konnte dafür Konsumgüter im Wert von 25 Euro kaufen, zum Beispiel Kugelschreiber, T-Shirts oder Kaffeebecher. In der Individualbedingung wurde bestimmt, was den Teilnehmern, Studierenden der Universität Bonn, der Gutschein wert war: im Durchschnitt etwa 8 Euro. Im Markt handelten nun Käufer und Verkäufer Gutscheine, und wir konnten fragen, ob Verkäufer unter Marktbedingungen bereit waren, einen Gutschein für weniger als 8 Euro zu verkaufen. Die Antwort lautete nein. Die Preise zwischen Individualbedingung und multilateralem Markt waren praktisch identisch, und sie fielen auch nicht von Handelsrunde zu Handelsrunde, wie es beim Markt für Mäuse zu beobachten war.

Um diesen Punkt noch einmal zu verdeutlichen: Stellen Sie sich vor, was Ihnen Ihre Lieblingsuhr wert ist, sagen wir 500 Euro. Jetzt stellen Sie die Uhr auf einer Onlineplattform zum Verkauf, und jemand bietet Ihnen 200 Euro. Wieso sollten Sie ein solches Preisangebot akzeptieren? Es hat für Sie keinen Sinn, die Uhr für weniger zu verkaufen, als sie Ihnen wert ist. Nur weil Sie die Uhr auf einem Markt handeln, ändert sich für Sie ja nicht ihr Wert. Genauso verhielt es sich bei den Gutscheinen im Experiment. Märkte respektieren also die Wertschätzung für private Güter und Dienstleistungen. Aber sie versagen bei moralischen Werten. Hier scheinen die Marktteilnehmer ihre eigenen moralischen Standards sukzessive über Bord zu werfen.

Wir haben gesehen, dass Märkte einen kausalen Einfluss auf die Bewertung moralischer Folgen nehmen können.[31] Und ich glaube, dass dieses Phänomen allgegenwärtig ist. Viele Menschen beklagen moralische Verwerfungen, wenn es um das Tierwohl wie etwa die Haltungsbedingungen von Nutztieren geht, die Ausbeutung von Arbeitern, besonders Kindern, oder die Zerstörung der Umwelt und die damit verbundenen Folgen für das Klima. Doch gleichzeitig scheinen sie diese Bedenken als Konsumenten und Marktteilnehmer zu ignorieren. Viele nehmen für sich moralische Werte in Anspruch, aber auf Märkten suchen sie bei Nahrungsmitteln, Kleidung oder Elektronikartikeln dennoch nach den preisgünstigsten Produkten, ganz so, als hätte das keine Folgewirkungen für andere. Bewusst oder unterbewusst tragen sie damit zum Leid Dritter bei, gegen ihre »eigentlichen« Standards. Wieso?

Um zu verstehen, warum uns Märkte moralisch indifferent machen, muss man sich verschiedene Eigenschaften von Märkten klarmachen. Das größte Problem ist meines Erachtens die Diffusion von Verantwortung, die sich durch die komplexe Verschachtelung von Herstellung, Vertrieb und Kauf ergibt. Ich würde so weit gehen zu sagen, dass Märkte eine totale Diffusion erzeugen. Einfach weil auf beiden Seiten des Markts, also auf der Käufer- und der Verkäuferseite, individuelle Zuschreibung diffus ist.

Fragen wir uns mit einem Blick auf das vergleichsweise nichtkomplexe Markt-Experiments. zunächst aus Sicht eines Verkäufers im multilateralen Markt, ob wir unsere Maus verkaufen sollen oder nicht. Erinnern wir uns, dass es neun Verkäufer und sieben Käufer gab. Kann ich also als Verkäufer überhaupt erreichen, dass eine Maus gerettet wird? Wenn ich mich weigere, einen Preis zu bieten oder zu akzeptieren, hat das keinerlei Einfluss auf die Gesamtzahl getöteter Mäuse, wenn ein anderer Verkäufer den Deal macht. Wenn nicht mindestens zwei andere Verkäufer bereit sind, auf ihre Bezahlung zu verzichten, um Mäuse zu retten, spielt es für das *Ergebnis* gar keine Rolle, ob ich mitbiete oder nicht. Anders formuliert: Wenn schon alle sieben Mäuse sterben, wieso soll ich dann nicht zu denen gehören, die etwas daran verdienen? Wenn ich der Einzige bin, der nicht am Marktgeschehen teilnimmt, sterben die Mäuse trotzdem, aber andere machen den Profit. Da kann ich wohl auch mitbieten.

Der Punkt ist, dass der Einzelne auf Märkten praktisch nie pivotal ist, also durch seine Entscheidung einen Unterschied im Ergebnis erreichen kann. Immer wird es jemanden geben, der einspringt und die Lücke schließt. Wenn ich nicht produziere oder verkaufe, macht es jemand anderes. Der Konsument an der Fleischtheke hat vielleicht ein schlechtes Gewissen, wenn er den billigen, aber unethisch hergestellten Schweinenacken kauft. Aber er kann sich sagen: Wenn ich es nicht kaufe, kauft es jemand anderes. Das Gleiche wiederholt sich am Wühltisch mit den billigen T-Shirts, vor dem Regal mit unfair produziertem Kaffee oder an der vor Überfischung der Meere hohnlachenden Fischtheke. Immer wieder erklingt das gleiche, aber starke und überzeugende Argument: wenn nicht ich, dann ein anderer. Das ist die beinharte Logik der Märkte.

Aber damit ist die Liste von deren moralfeindlichen Eigenschaften nicht zu Ende. In einem Markt interagieren viele Menschen, und wie gesagt wird bei Kollektiventscheidungen die eigene Verantwortung diffus. Nehmen wir den finalen Markt-Akt, den Kauf-Akt. Hier müssen immer *mindestens zwei* Parteien zustimmen, ein Käufer und ein Verkäufer, sonst kommt ein Handel nicht zustande. Das bedeutet aber, dass die Verantwortung, die sich möglicherweise aus einem fragwürdigen Kauf ergibt, immer *geteilt* wird, wodurch es zu einer subjektiv als geringer wahrgenommenen Schuld kommt. Jeder hat seinen Anteil am Zustandekommen der Transaktion, trägt aber auch nur einen Teil des verursachten Schadens gegenüber Dritten.

Durch die Zusammenkunft von Käufern und Verkäufern, die sich für einen Tausch interessieren, geschieht auf Märkten noch etwas für die moralische Beurteilung der Akteure Relevantes: Der Markt generiert *soziale Information*. Er informiert – gewissermaßen als Nebenprodukt – darüber, was andere für zulässig, vertretbar oder angemessen halten. Wenn ich mir unsicher war, ob es moralisch vertretbar ist, ein bestimmtes Produkt zu kaufen – sei es, weil ich nicht so gut informiert bin oder mein moralischer Kompass etwas ungenau eingestellt ist –, überzeugt mich die Tatsache, dass andere offenbar überhaupt keine Probleme mit dem Kauf haben. Hin- und hergerissen zwischen dem Preis und meinem Wunsch, das Tierwohl zu achten, beobachte ich, wie sich ein Käufer nach dem nächsten an der Billigfleischtheke für die abendliche Grillparty eindeckt. Können die sich alle irren? Kann es wirklich so verwerflich sein zuzugreifen, wenn doch alle anderen offenbar kein Problem damit haben? Sind meine Skrupel übertrieben, und bin ich am Ende vielleicht wirklich nicht gut informiert?

Unsere Moralvorstellungen reflektieren immer auch gängige soziale Normen, also sozial konstruierte Werte, die sich im Austausch mit anderen herausbilden. Zum Beispiel war das Rauchen in Restaurants, im Zug oder Flugzeug oder bei Freunden zu Hause noch vor ein paar Jahren vollkommen okay. Heute würde man geradezu ungläubig angestarrt werden, wenn man sich im Flieger oder im Büro eine Zigarette ansteckte. Rauchen an bestimmten Orten oder in Gesellschaft von Nichtrauchern ist gesellschaftlich geächtet und wird entsprechend sanktioniert. Aber diese Ächtung ist sozial konstruiert.

Märkte generieren soziale Informationen und informieren über die Gültigkeit sozialer Normen. Dadurch beeinflussen sie unser Verhalten. Natürlich können Märkte alle möglichen Formen und Schattierungen von Normen signalisieren. Ich vermute aber, dass sie tendenziell immer eher das untere Normspektrum repräsentieren, und zwar aus folgendem Grund: Gerade die Zeitgenossen, die besonders geringe moralische Bedenken haben, äußern ihre Kaufbereitschaft am vehementesten. Potenzielle Marktteilnehmer mit hohen moralischen Standards handeln erst gar nicht. Hieraus folgt, dass ein *Beobachter* des Marktgeschehens seine Informationen über Normen aus dem Verhalten derer ableitet, die die *geringsten moralischen Skrupel* haben.[32]

Man könnte einwenden, dass ein sehr kluger und rationaler Beobachter in seine Überlegungen einfließen lassen muss, dass es sich hier um ein selektiertes Sample von Marktteilnehmern handelt und es auch andere gibt, die sich beim gängigen Marktpreis der Transaktion enthalten. Aber das ist nicht einfach und erfordert kontrafaktisches Denken, die Überlegung, was gewesen wäre, wenn auch die moralischen Teilnehmer sich geäußert *hätten*. Ich glaube, man kann davon ausgehen, dass dies zumindest für die meisten von uns eine veritable Überforderung darstellt. Man glaubt, was man sieht. Und wenn sich so viele über den Wühltisch mit Billig-T-Shirts hermachen, kann es so falsch ja wohl nicht sein, oder? Dürften die Hersteller diese Ware sonst überhaupt anbieten? Und würden sich sonst so viele drum reißen?

Aber bereits *vor* dem eigentlichen Kauf-Akt verwässern Märkte die Moral. Die Probleme beginnen bereits bei der arbeitsteiligen Herstellung von problematischen Gütern und setzen sich bei den langen Liefer- und Wertschöpfungsketten fort. Arbeitsteilung ist eine der wichtigsten Errungenschaften moderner Gesellschaften überhaupt. Sie hat nicht nur immense Zuwächse in Produktivität und Fortschritt ermöglicht, sondern auch eine ungeahnte Spezialisierungstiefe. Globale Märkte bedeuten globale Wertschöpfungsketten, also die Produktion von Gütern durch die Verknüpfung zahlreicher Akteure aus zahlreichen Ländern. Wie ein gewaltiges Puzzle bestehen Güter häufig aus einzelnen Teilen, deren Herkunft oder Herstellungsweise sowie ihr Beitrag für das Wohl und Wehe von Mitarbeitern und Umwelt völlig im Dunkeln liegen. Beim Kauf macht sich das wohl kaum ein Verbraucher klar. Wie kann er da seiner Verantwortung gerecht werden, und wem gegenüber hat er überhaupt eine Verantwortung?

Wertschöpfungsketten sind häufig länger, umfassender und komplexer, als man meint. Etwa beim iPhone. Auf der Außenseite des Geräts steht »Designed by Apple in California, Assembled in China«, alles klar! Apple ist für Design und Verkauf zuständig. Aber woher kommen die Einzelteile? »Assembled in China« bedeutet lediglich, dass die individuellen Komponenten in China zusammengebaut werden. Insgesamt sind über 200 Unternehmen aus ungefähr 40 Ländern am Bau eines iPhones beteiligt, die genaue Anzahl bleibt das Betriebsgeheimnis von Apple. Sie liefern die vielen Hundert Bestandteile wie Bewegungssensoren, Batterien, Speicher oder Chips. Trotz der internationalen Verflechtung bleibt der Profit größtenteils allerdings in den USA.

Aber nicht nur Hochtechnologieprodukte, selbst einfache Kleidungsstücke machen in der globalisierten Welt eine lange Reise, bis sie beim Kunden landen. Baumwolle wird vor allem in China und Indien angebaut, geerntet und entkörnt, bevor die Garne produziert und gewebt oder gestrickt werden. Danach erst erfolgen Veredelung und Konfektionierung. Selbst ein Halbfertigprodukt hat oftmals bereits Tausende Kilometer auf mehreren Kontinenten zurückgelegt. Verbunden sind die Produzenten, Zulieferer, Konfektionäre, Logistikdienstleister und Handelsunternehmen durch einen Nexus zahlloser Subkontrakte, die die Verantwortung der zahlreichen Akteure rechtlich und moralisch diffus werden lassen, weil man immer auf andere Marktteilnehmer verweisen kann, die ihren Anteil am finalen Ergebnis haben.

Lange Lieferketten führen aber auch zu einer geografischen und psychologischen Distanzierung von Leid und Schmerz. Wenn es bei der Produktion in »fernen Ländern« unmenschlich zugeht, ist das am Konsumgut nicht mehr zu erkennen. Dem leuchtenden T-Shirt, dem edel verpackten iPhone oder dem appetitlichrosa Schnitzel in der Kühltheke sieht man die problematischen

Aspekte der Produktion nicht mehr an. Sie sind räumlich und emotional weit weg.

Aus der Forschung wissen wir, dass unsere Empathie für Opfer und Geschädigte stark von ihrer Identifizierbarkeit abhängt.[33] Nicht ohne Grund »werben« viele Spendenorganisationen mit konkreten Opfern, deren Gesicht und Namen wir erfahren. Viel mehr als statistische Informationen berühren uns Einzelschicksale. Die Mutter, die ihr Kind bei einem Brand in der Textilfabrik verlor, geht uns viel mehr zu Herzen als die nackten Zahlen von Verletzten und Toten. Durch Markttransaktionen wird das Leid anonymisiert. Es wird in einem bestimmten Sinne unsichtbar und entschwindet unserer Aufmerksamkeit. Würde ich jemanden zu den gleichen Bedingungen in meiner Garage schuften lassen, wie jene es tun müssen, die in Bangladesch mein T-Shirt zusammengenäht haben? Würde ich für meinen Fleischgenuss ein Schwein im Garten halten, es selbst kastrieren, mit Antibiotika vollstopfen und schlachten? Am extremsten verdeutlicht es die Waffentechnik, deren Entwicklung das massenhafte Töten so viel leichter gemacht hat. Statt meinen Gegner mit einem Schwert oder Gewehr eigenhändig und von Angesicht zu Angesicht zu töten und so unmittelbarer Zeuge meines Handelns zu werden, kann ich heute per Mausklick und Joystick den Abschuss einer Rakete durch eine Drohne auslösen. Der Tod, den sie bringt, wird weit weg erlitten und verbirgt sich hinter einer Detonationswolke auf dem Monitor des Gefechtsstands.

Die marktimmanente Distanzierung führt dazu, dass sich Konsumenten die Finger nicht selbst schmutzig machen müssen. Der Markt hüllt das mit ihm verbundene Leid in Schweigen.

Märkte abschaffen?

Sollen Märkte also abgeschafft werden? Nein. Man kann es gar nicht, und man sollte es auch nicht. Es ist unmöglich, weil sich Märkte selbst dann spontan herausbilden, wenn versucht wird, sie gesetzlich zu unterbinden. Allerdings funktionieren sie dann schlechter. Und man sollte Märkte nicht abschaffen, weil sie bei allen geschilderten Nachteilen auch segensreiche Vorteile mit sich bringen. Ihre wichtigste Funktion besteht darin, durch Preise Knappheiten auszudrücken, eine Aufgabe, die aufgrund ihrer immensen Komplexität jede Form von »Planung« überfordert. Marktwirtschaften können viel besser und schneller auf Knappheiten reagieren und die Produktion von Gütern und Dienstleistungen (jedweder Art) im Sinne der Konsumenten veranlassen. Märkte als »Entdeckungsverfahren« sind zudem innovationsfreundlich und disziplinieren Firmen in einem Prozess »schöpferischer Zerstörung«. Sie eröffnen Chancen für neue Ideen und belohnen Innovationen. Es sind die globalisierten Märkte, die die Grundlage für Wirtschaftswachstum und eine mit Wachstum verbundene positive Entwicklung in ganz unterschiedlichen Bereichen ermöglichten[34]: Waren vor 200 Jahren noch drei Viertel der Weltbevölkerung und im Jahr 2000 noch 25 Prozent extremer Armut ausgesetzt, waren es 2018 »nur« noch 10 Prozent. Auch in Sachen Gesundheit und Bildung hat sich einiges zum Besseren entwickelt. Die Kindersterblichkeit in den ärmsten Ländern ist zwischen 1990 und 2019 von 18,25 auf 6,76 Prozent gesunken, und der weltweite Anteil an Kindern, die keine Grundschulausbildung bekommen, hat sich zwischen 1999 und 2019 halbiert. Auch wenn sich die Ungleichheit innerhalb der Länder erhöhte, ist sie im Vergleich zwischen Ländern gesunken. Märkte nur negativ zu sehen, ist falsch. Es wäre töricht, die Vorteile des Marktes nicht nutzen zu wollen. Hier also irrt der Papst.

Mit Märkten verhält es sich ähnlich wie mit einem guten Medikament. Es hilft und wirkt, aber es hat manchmal auch unerwünschte und zum Teil heftige Nebenwirkungen. Diese gilt es im Fall der Märkte durch staatliche Eingriffe und Regulierungen zu minimieren.[35] Das Gesetz zum Nachvollzug von Lieferketten ist hierfür ein Beispiel. Aber auch Produkt-Label und Kennzeichnungspflichten gehören dazu. Hierdurch werden Konsumenten zu informierten Konsumenten, wodurch sie überhaupt erst in die Lage versetzt werden, ihren moralischen Vorstellungen entsprechend rational zu konsumieren. Auch wird sich ihre Zahlungsbereitschaft verändern, etwa für Produkte, die ökologisch und sozial vertretbar hergestellt werden.

Der Staat muss aber auch direkt auf Preise einwirken, um dadurch externe Effekte im Kauf-Akt zu internalisieren, die Kosten also jenen aufbürden, die die negativen externen Effekte verursachen. Das wichtigste Beispiel hierfür ist der Schutz des Klimas durch eine entsprechende CO_2-Bepreisung, sei es durch Steuern oder CO_2-Kontingente. Der Markt alleine kann das nicht regeln.

Kapitel 6

Keiner gleicht dem anderen:
Die Verschiedenheit der Menschen

Im Rheinland, wo ich herkomme, heißt es so schön: *Jede Jeck is anders.* Die ganze Persönlichkeitspsychologie in einem Satz! Und eine Erinnerung an die Tatsache, dass es *den* Menschen nicht gibt. *Der* Mensch ist nicht gut. Und auch nicht böse. Menschen sind verschieden. Sie unterscheiden sich in ihrer Prosozialität und allgemein in ihrer Persönlichkeit. Anders formuliert: Manchen fällt es leichter, sich prosozial zu verhalten, als anderen, weil sie eine unterschiedliche Persönlichkeit haben. Wie anders wäre es zu erklären, dass Leute sich in einer für alle identischen Situation unterschiedlich verhalten?

Aus der Feststellung, dass Menschen verschieden sind, ergeben sich im Zusammenhang mit unserem Thema wichtige Fragen. *Wie* verschieden sind wir eigentlich? Sind diese Unterschiede systematisch, und können Faktoren benannt werden, die das Ausmaß unserer Prosozialität bestimmen? Sind Frauen zum Beispiel altruistischer als Männer? Welche Rolle spielt die Prägung durch unsere Eltern und deren Persönlichkeit? Finden wir neben individuellen Unterschieden auch Unterschiede zwischen Ländern und Kulturen, und wenn ja, wovon hängen diese ab? Und vor allem: Wie werden wir, was wir sind? Inwieweit beeinflussen äußere Umstände und persönliche Erfahrungen, wie altruistisch oder egoistisch ein Mensch sich entwickelt? Können wir die Herausbildung von Prosozialität günstig beeinflussen und damit das Zusammenleben in unserer Gesellschaft verbessern, Menschen also »besser« machen? Um diese Fragen wird es im Folgenden gehen.

Situation und Persönlichkeit

Menschliches Verhalten lässt sich im Wesentlichen immer auf zwei Bestimmungsgründe zurückführen. Die Situation, in der sich ein Mensch befindet. Und seine Persönlichkeit. In den vorangehenden Kapiteln ging es vorwiegend um unterschiedliche Situationen und Kontexte, die Unterschiede im Verhalten erzeugen. Situationen beeinflussen prosoziales Verhalten dadurch, dass sie die Kosten einer moralischen Handlung erhöhen oder verringern, denken Sie etwa an die Tatsache, dass weniger Menschen bereit sind, ein Leben zu retten, wenn sie dafür auf mehr Geld verzichten müssen. Situationen verändern unser Verhalten auch dadurch, dass sie Wirkung und Ausmaß unserer Handlungen bestimmen, die externen Effekte, die eine prosoziale Handlung auf andere ausübt. In Märkten beispielsweise kann man anführen, nicht pivotal zu sein, also auf das finale Ergebnis keinen Einfluss zu haben.

Neben Kontexten und Situationen sind es die Unterschiede in den Persönlichkeiten, die dafür verantwortlich sind, ob wir prosoziales Verhalten beobachten oder nicht. Wie gut oder böse sich ein Mensch verhält, hängt daher immer von der Wechselwirkung aus Persönlichkeit und Situation ab. Selbst wenn die Versuchungen, eigennützig zu sein, groß sind, wird ein eher altruistischer Mensch widerstehen und sich darum bemühen, sich anständig zu verhalten. Ein vorwiegend auf seinen eigenen Vorteil bedachter Egoist hingegen wird auch dann keine moralische Heldentat vollbringen, wenn man es ihm sehr leicht damit macht. Es ist ihm mehr oder weniger egal, wie es anderen Menschen geht. Einer altruistischen Persönlichkeit hingegen ist das Wohlergehen anderer wichtig. Dem Altruisten bedeutet es viel, wenn er durch sein Tun Gutes in die Welt bringt.

Angenommen, Sie beobachten zwei Personen, die einem Blinden über die Straße helfen könnten. Der Hilfs-Akt würde beide genau gleich viel »kosten«, etwa eine Minute ihrer Lebenszeit. Dennoch wird der Altruist eher helfen als der Egoist, weil er aus dem Wohlergehen des Hilfsbedürftigen einen höheren individuellen Nutzen zieht. Er bewertet die positiven Effekte für den Blinden stärker als der Egoist. Der Unterschied im Verhalten ist hier nicht auf die Situation oder den Kontext zurückzuführen, denn der Egoist und der Altruist befinden sich in einer identischen Situation. Er beruht vielmehr auf einer unterschiedlichen Persönlichkeit der beiden. Wie wir aus vielen Langzeitstudien wissen, bildet sich die Persönlichkeit in den Kindes- und Jugendjahren und bleibt dann für Erwachsene übers Leben gesehen relativ stabil.[1] Es lohnt sich also, sich mit Unterschieden in der Persönlichkeit näher auseinanderzusetzen.

Unterschiede messen

Wenn man herausfinden möchte, wie sich Menschen in Bezug auf ihren persönlichen Altruismus-Typ unterscheiden, muss man sie in einer für alle identischen Entscheidungssituation beobachten. Wer sich dann prosozialer verhält, kann in seiner Persönlichkeit als altruistischer identifiziert werden als jene, die sich egoistisch verhalten. Um eine identische Entscheidungssituation herzustellen, ist insbesondere das Labor gut geeignet, denn hier gilt, dass sich alle Teilnehmer den gleichen Spiel- und Auszahlungsregeln gegenübersehen, die gleichen Informationen und Handlungsoptionen haben. Beginnen wir unsere Untersuchung der Verschiedenheit des Menschen deshalb mit Evidenz aus dem Labor.

Das bereits mehrfach erwähnte Diktatorspiel eignet sich besonders gut, um individuelle Unterschiede in der altruistischen Persönlichkeit zu messen. Erinnern wir uns: In diesem Experiment erhält ein Proband einen Geldbetrag, zum Beispiel 10 Euro. Er kann frei darüber entscheiden, wie viel davon er an einen anderen Teilnehmer, der selbst kein Geld bekommt, abgeben möchte.

Ein egoistischer Proband bewertet den Nutzen des potenziellen Empfängers gering und wird wenig oder nichts geben und die 10 Euro einstecken. Einem altruistischen Teilnehmer hingegen ist der Empfänger nicht egal. Er wird deshalb zumindest einen gewissen Betrag mit dem anderen teilen. Kurzum, je altruistischer ein Proband, desto höher der geteilte Geldbetrag.

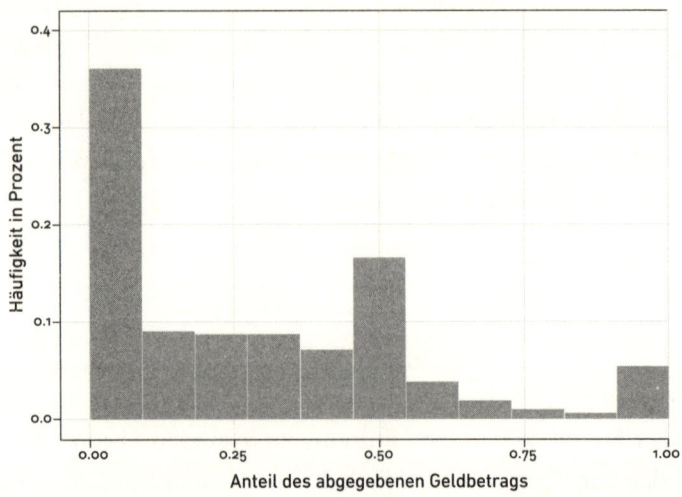

Abb. 19: Verteilung des abgegebenen Geldbetrags im Diktatorspiel. Die Daten basieren auf 20 813 Entscheidungen[3].

In einer Metastudie hat mein Kollege Christoph Engel Hunderte wissenschaftliche Artikel zum Diktatorspiel analysiert und ausgewertet.[2] Basierend auf Tausenden von Probanden-Entscheidungen zeigt die Metastudie, dass die Teilnehmer insgesamt im Durchschnitt 28 Prozent abgeben. Sie zeigt aber auch, dass die individuellen Unterschiede enorm sind: Gut ein Drittel der Teilnehmer gibt gar nichts (vgl. Abbildung 19). Ein weiteres Drittel teilt einen Betrag, aber weniger als die Hälfte des Geldes. Etwa 17 Prozent der Probanden geben genau die Hälfte und nur sehr wenige mehr als die Hälfte.

Menschen unterscheiden sich in der Veranlagung, wie sie gegenüber anderen denken, fühlen und handeln; das gesamte Typenspektrum vom blanken Egoismus bis hin zu starkem Altruismus ist besetzt. Die ausgeprägte *Heterogenität* im Diktatorspiel-Verhalten ist ein typischer Befund in Verhaltensstudien. In keiner mir bekannten Studie verhalten sich alle Individuen gleich. Diese Tatsache bleibt aber häufig unerwähnt, wenn über Ergebnisse von Experimenten berichtet wird, vor allem auch in populärwissenschaftlichen Abhandlungen. Dort ist man in der Regel mit der Feststellung von Gruppenvergleichen (Treatment-Effekten) zufrieden und verschweigt, dass der häufig viel wichtigere Treiber des Verhaltens in der Tatsache individueller Unterschiede begründet ist. Ja, es stimmt, dass etwa beim Diktatorspiel im Vergleich zu vollkommen anonymen Entscheidungen im Durchschnitt mehr gegeben wird, wenn das Verhalten durch Dritte beobachtet wird.[4] Diese Aussage verschleiert allerdings, dass es sowohl mit als auch ohne Beobachtung durch Dritte riesige individuelle Unterschiede gibt und in beiden Gruppen manche nichts, andere viel geben.

Die Vermessung der Welt

Zur bloßen Feststellung, dass Menschen verschieden sind oder dass Kontexte Verhalten systematisch beeinflussen, kann man getrost mit Studierenden arbeiten. Verlässliche Aussagen über die Natur des Menschen erfordern allerdings repräsentative Stichproben, d. h. Untersuchungen, die den Querschnitt der gesamten »normalen« Bevölkerung repräsentieren. Hier alleine auf Studierende zu vertrauen wäre insofern problematisch, als diese eine relativ homogene Gruppe bilden, z. B. in Bezug auf Alter, Intelligenz oder Herkunft. Persönlichkeitsunterschiede wird man so immer unterschätzen.

Zusammen mit meinen Freunden und Kollegen Thomas Dohmen, David Huffman und Uwe Sunde habe ich daher vor etwa 15 Jahren damit begonnen, nicht nur das Verhalten von Studenten zu analysieren, sondern auch repräsentative Stichproben. Wir begannen mit großen Stichproben in Deutschland.[5] Aber wenn schon repräsentativ, warum nicht gleich weltweit? Und tatsächlich gelang es uns erstmalig in der Wissenschaft, ein für die *ganze Welt* repräsentatives Sample zur altruistischen und reziproken Einstellung der dafür ausgewählten Personen zu befragen.

Aber wie geht man das an, einen Datensatz erstellen, der die weltweite Verteilung des Altruismus dokumentiert? Ist es nicht vermessen, die Welt vermessen zu wollen? Ein überzeugender Datensatz muss zahlreiche Anforderungen erfüllen. Zuallererst benötigt man ein geeignetes Fragebogenmaß, das zuverlässig bestimmt, wie altruistisch ein Mensch tatsächlich ist. Mit anderen Worten, das Fragebogenmaß sollte mit altruistischem Verhalten korrelieren. Um einen entsprechenden Fragebogen zu ermitteln, legten wir in einer separaten Studie den Teilnehmern verschiedene Fragen dazu vor, welche Einstellung sie zu Altruismus haben, und ließen sie Diktatorspielen teilnehmen. Diejenigen Fragebogenmaße, die am stärksten mit dem Verhalten im Diktatorspiel korrelierten, wurden ausgewählt. Unser Fragebogen ist daher experimentell validiert, was das wissenschaftliche Vertrauen in die Antworten sicherstellt.[6] Die beiden ausgewählten Fragen zu Altruismus lauteten:

Stellen Sie sich vor, Sie haben unerwartet 1000 Euro erhalten. Wie viel von diesem Betrag würden Sie für einen guten Zweck spenden?

Wie bereit sind Sie, sich für gute Zwecke zu engagieren, ohne dass Sie dafür etwas im Gegenzug erhalten?

Auf die erste Frage antworteten die Teilnehmer mit einem Geldbetrag zwischen 0 und 1000, auf die zweite mithilfe einer Antwortskala von 0 bis 10, wobei 0 bedeutete, dass sie »gar nicht« bereit seien, und 10, dass sie dazu »sehr bereit« seien. Die beiden Fragen erwiesen sich in unseren intensiven Vorstudien als besonders gut geeignet, altruistisches *Verhalten* zu beschreiben, was ich mittlerweile in vielen weiteren Studien bestätigen konnte. Zum Beispiel sind die beiden Altruismus-Fragen sehr hoch korreliert mit der Bereitschaft, einem anderen Probanden für einen Geldbetrag einen Elektroschock zu verabreichen oder ein Menschenleben zu retten (siehe vorige Kapitel). Je höher die Antworten auf die Altruismus-Fragen ausfallen, desto seltener schocken die Teilnehmer andere Teilnehmer und desto eher sind sie bereit, ein Leben zu retten.

Nachdem wir das Fragebogenmaß für Altruismus entwickelt hatten (zusammen mit weiteren Maßen für Risiko- und Zeitpräferenzen, aber auch Vertrauen und Reziprozität; dazu später mehr), wurde es in über 100 Sprachen übersetzt. In vielen Ländern werden mehrere Sprachen gesprochen – alleine auf den Philippinen wurde unsere Befragung in sieben Sprachen durchgeführt. Auch der Geldbetrag in der ersten Frage wurde entsprechend dem Bruttosozialprodukt eines Landes angepasst, wodurch eine möglichst vergleichbare Entscheidungssituation zwischen den Ländern hergestellt wurde. Anschließend wurde der Fragebogen in 26 kulturell sehr unterschiedlichen Ländern auf die entsprechende Eignung und auf Verständnis getestet. Dann konnte es losgehen.

Gemeinsam mit dem international tätigen Befragungsinstitut

Gallup wurden insgesamt etwa 80 000 Individuen in 76 Ländern befragt.[7] Die Stichproben in den jeweiligen Ländern waren repräsentativ, stellen also eine zuverlässige Stichprobe der jeweiligen Bevölkerung dar. Das gesamte Sample repräsentiert sowohl 90 Prozent der Weltbevölkerung als auch des Weltsozialprodukts. Zudem versammelt es die großen Weltregionen, Kulturen, Religionen sowie die ökonomischen und sozialen Entwicklungsstände. Mit diesen Daten ist es erstmals möglich, die Unterschiede innerhalb dieser Länder, aber auch zwischen den Ländern und Regionen zu beschreiben.[8]

Die Weltkarte des Altruismus (Abbildung 20) veranschaulicht, wie dieser über den Globus verteilt ist. Ein Land ist umso altruistischer, je dunkler die Färbung ist, und umso weniger altruistisch, je heller die Färbung ist. Schraffiert sind Länder, die nicht erhoben wurden.

Verschiedene Aspekte fallen auf. Erstens zeigen sich deutliche kulturelle Unterschiede in der Bereitschaft, sich altruistisch zu verhalten. Vergleicht man alle 76 Länder einzeln miteinander (das ergibt 2850 paarweise Vergleiche), finden sich in etwa 80 Prozent dieser Ländervergleiche statistisch hoch signifikante Unterschiede im Altruismus.

Wenn man sich Europa genauer anschaut, stellt man ernüchtert fest, dass unser Kontinent im globalen Vergleich nicht sonderlich altruistisch daherkommt. Kaum ein europäisches Land liegt über dem globalen Durchschnitt, einige aber deutlich darunter. Deutschland nimmt mit Platz 35 eine mäßige Position ein und liegt weltweit betrachtet ziemlich genau beim Durchschnitt, deutlich hinter beispielsweise den USA, China, Brasilien, Bangladesch oder Ägypten. Westeuropa ist insgesamt leicht, Osteuropa allerdings stark unterdurchschnittlich altruistisch. Die auch als »Neo-Europa« bezeichneten Länder USA, Kanada und Australien liegen in punkto Altruismus deutlich über dem weltweiten Durchschnitt,

Süd- und Ostasien ähnlich wie Nordafrika und der Mittlere Osten moderat darüber, während die südafrikanischen Länder stark unterdurchschnittlich abschneiden: ein Beleg dafür, dass Altruismus kulturell und räumlich konzentriert ausgeprägt ist.

Zusätzlich zur altruistischen Persönlichkeit habe ich bei der weltweiten Befragung auch Maße für andere Persönlichkeitseigenschaften erhoben. Für unseren Kontext sind insbesondere die Ausprägung von Vertrauen und positiver bzw. negativer Reziprozität relevant.[9] Die Entwicklung der entsprechenden Fragebogenmaße erfolgte analog zum oben beschriebenen Verfahren für Altruismus. In den Daten zeigt sich, dass Altruismus und die Bereitschaft zu positiver Reziprozität positiv korreliert sind; das gilt auf Länderebene ebenso wie auf individueller Ebene. Es bedeutet, dass altruistischere Länder auch positiv reziproker sind und Menschen, die sich altruistischer verhalten, ebenso eher positiv reziprok handeln. Genau das würde man auch erwarten: In einem Land, in dem gutes, kooperatives und freundliches Verhalten durch positive Reziprozität belohnt wird, ist es attraktiver, sich altruistisch zu verhalten. Ebenfalls lässt sich festhalten, dass das Vertrauen in andere Menschen dort größer ist, wo Altruismus und positive Reziprozität stärker ausgeprägt sind. Auch das ergibt Sinn. Wie kann ich anderen vertrauen, wenn sie nicht prosozial sind?

Woher kommen die kulturellen Unterschiede in der Prosozialität? Eine gemeinsame Arbeit mit meinen ehemaligen Doktoranden Anke Becker und Benjamin Enke (beide heute Kollegen an der Harvard University) zeigt auf, dass die Unterschiede möglicherweise sehr (!) alte Wurzeln haben.[10] Unsere Befunde legen nahe, dass die Migrationsdynamik der letzten Jahrtausende, ausgehend von der Eroberung der Welt durch den Homo sapiens, sich bis heute auf das menschliche Verhalten auswirkt. Ausgangspunkt unserer Studie bildet die weithin akzeptierte Out-of-Africa-

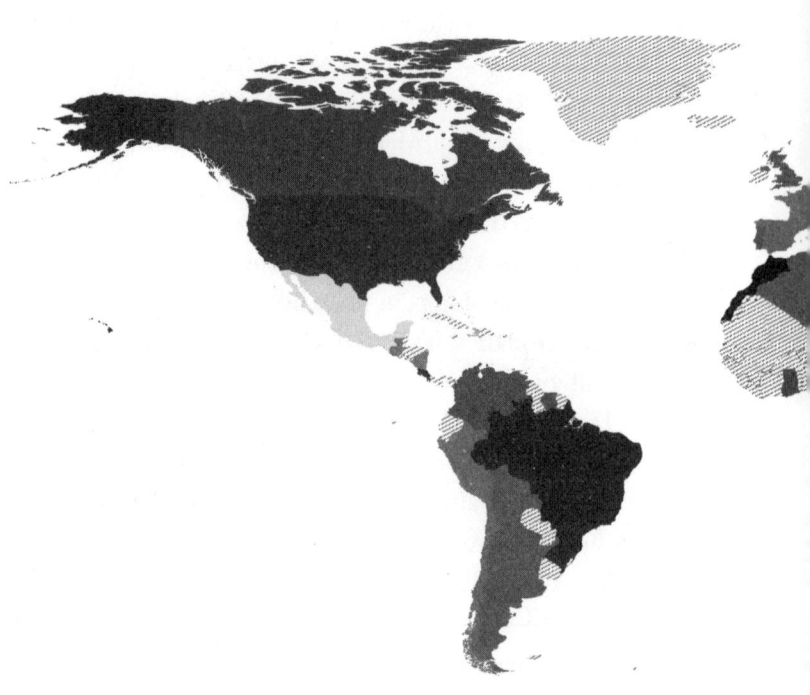

Theorie, der zufolge der moderne Mensch von Afrika aus die verschiedenen Teile der Erde besiedelte. Die Migration fand dabei in zahlreichen Schritten statt (vgl. Abbildung 21). Immer wieder setzte sich ein Teil der Population einer Region von der Gruppe ab und machte sich auf die Suche nach neuen Lebensräumen.

Aber wieso sollte die Migrationsgeschichte unserer Urahnen einen Effekt auf unser heutiges Verhalten haben? Hierfür gibt es mindestens zwei Gründe. Zum einen, weil eine gemeinsame Ge-

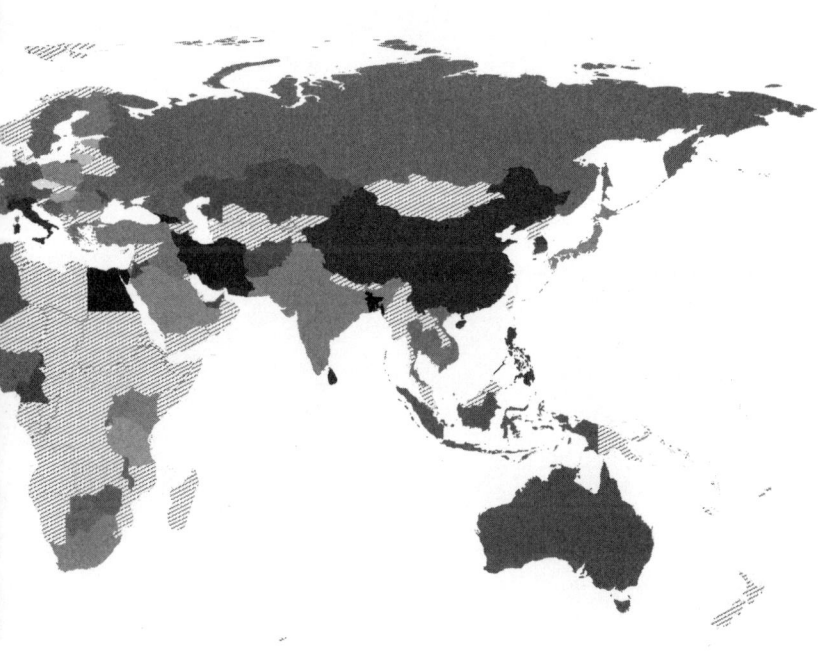

Abb. 20: Weltkarte des Altruismus. Je dunkler,
desto altruistischer ist das Land. Schraffiert
bedeutet, dass für das entsprechende Land keine
Daten vorliegen. Für eine detailliertere farbige
Abbildung und die entsprechenden Werte siehe
https://gps.briq-institute.org.

Altruismus

Hoch

Niedrig

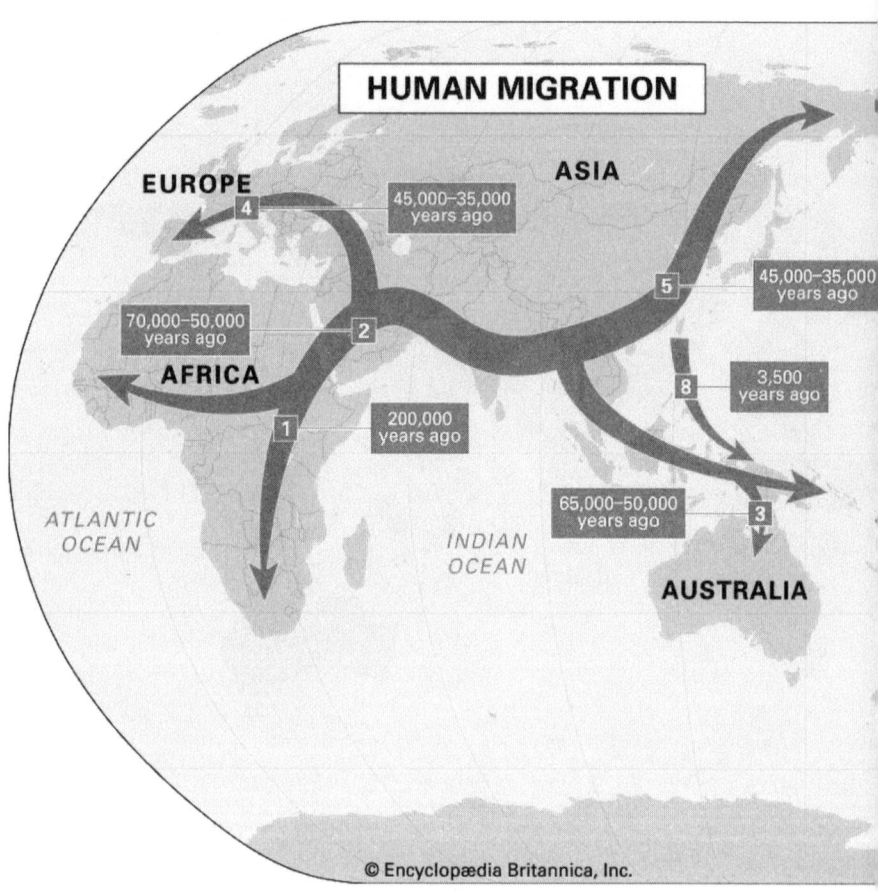

schichte und gemeinsame Lebensumstände unser Verhalten und unsere Einstellungen beeinflussen. Je länger diese gemeinsame Geschichte ist, je kürzer es also historisch zurückliegt, dass wir uns von einer anderen Gruppe getrennt haben, desto ähnlicher sollten wir uns sein. Zum anderen, weil unser Verhalten auch genetische Ursachen hat und der Genpool von Gruppen, die sich früh trennten, unterschiedlicher ist als bei Gruppen, die sich später trennten (aufgrund von genetischer Drift bzw. Selektionsdruck). Daraus

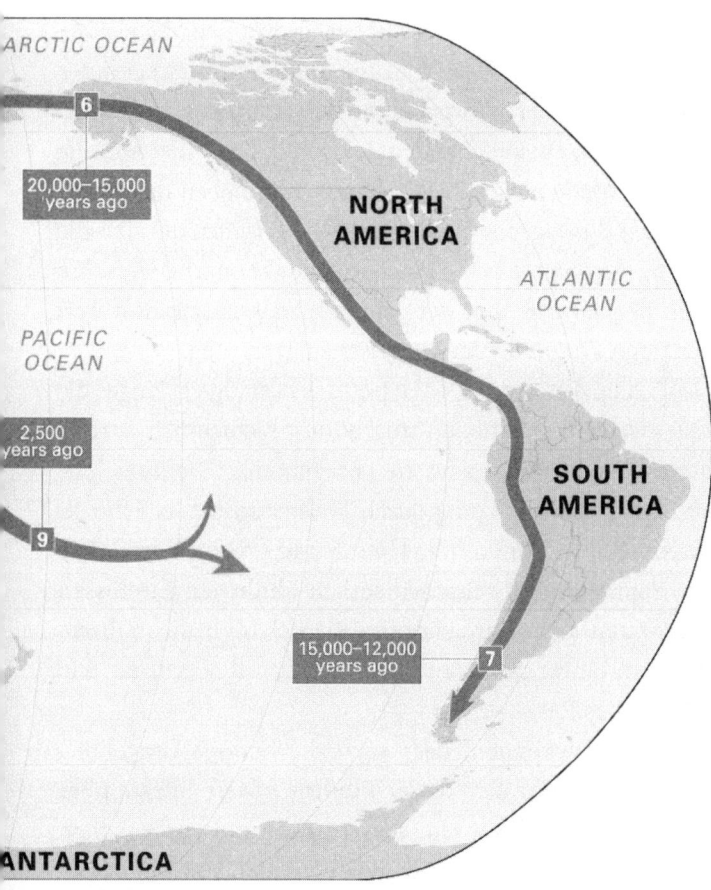

Abb. 21: Out-of-Africa-Migration. Das Schaubild zeigt, wann und wie sich der Homo sapiens ausgehend von Afrika in den letzten Jahrtausenden auf unserem Planeten ausgebreitet hat.

folgt unsere Hypothese: Zwei Bevölkerungsgruppen, die sich bereits vor sehr langer Zeit getrennt haben, sollten sich stärker unterscheiden als zwei andere Gruppen, die sich erst vor relativ kurzer Zeit trennten. Den entsprechenden Zeitpunkt kann man mithilfe verschiedener Maße einschätzen. Hierzu zählt neben der genetischen Distanz die sogenannte linguistische Distanz, die sich die Entwicklungsgeschichte von Sprachen zunutze macht. Verschiedenheit in der Sprache und der genetischen Ausstattung verrät etwas über den Zeitpunkt der historischen Trennung.

Tatsächlich finden wir unsere Hypothese bestätigt. Je länger die Trennung zweier Populationen migrationsgeschichtlich zurückliegt, desto verschiedener sind sie voneinander. Die über Jahrtausende andauernde Prägung durch Lebensumstände, Schocks und Krisen hat ihre Spuren hinterlassen und prägt uns bis heute. Je länger Populationen weltgeschichtlich ähnlichen Einflüssen ausgesetzt waren, desto ähnlicher sind sie sich bis heute in ihrem Altruismus und ihrer positiven und negativen Reziprozität. Ein bemerkenswertes Resultat.

Man könnte einwenden, dass auch die heutige Umgebung einen Einfluss hat und dass dieser Einfluss unsere Effekte überlagert oder in Frage stellt. Um diesem Einwand zu begegnen, untersuchen wir in unseren Daten das Verhalten von Migranten etwas genauer. Wir vergleichen zum Beispiel die Unterschiede von Menschen, die in Nigeria und Frankreich geboren wurden, aber jetzt in den USA leben, mit den Unterschieden zwischen in den USA lebenden Italienern und Japanern. Wieder zeigt sich: Unabhängig von den heutigen (gemeinsamen) Lebensumständen und Einflüssen sind sich jene Migranten ähnlicher, deren Vorfahren welthistorisch über eine längere gemeinsame Geschichte verfügten.

Die Migrationsdynamik des Homo sapiens beeinflusst bis heute unseren Altruismus, unsere Reziprozität und hat darüber hinaus auch einen Einfluss auf unsere Geduld und unser Risikoverhalten. Die Lebensumstände unserer Vorfahren prägen unsere Persönlichkeiten bis heute. Doch was ist mit prägenden Lebensumständen gemeint? In einem kürzlich verfassten Forschungspapier illustrieren wir, was man sich darunter vorstellen kann, indem wir eine berühmte Hypothese untersuchen, der zufolge die Art und Weise, wie die Menschen in vorindustriellen Zeiten wirtschafteten, bis heute das Ausmaß von Reziprozität beeinflusst.[11]

Die Hypothese stammt von den Psychologen Cohen und Nisbett.[12] Ihnen war aufgefallen, dass Gewalt im Süden der USA viel ausgeprägter ist und sich Schießereien viel öfter ereignen als in den nördlichen Staaten. Könnte es damit zu tun haben, wie man dort jeweils vor der industriellen Revolution gewirtschaftet hatte? Kurz gefasst lautet ihre Überlegung, dass es für die Entwicklung von Gewalttätigkeit und Rachsucht einen Unterschied machen könnte, ob man vorwiegend Ackerbau oder Viehwirtschaft betreibt. Denn es ist leichter und rentabler, Rinder und Vieh zu rauben als Getreide und Kartoffeln. Daher lohnt es sich für Viehhirten, eine negativ reziproke Reputation aufzubauen: *Mit mir nicht!* Potenzielle Räuber überlegen es sich dann vielleicht zweimal. Es geht also um den Schutz des Eigentums, das im Vergleich zu Ackerbau und Weidewirtschaft wertvoller ist und dessen sich Verbrecher leichter bemächtigen können, wenn man Viehwirtschaft betreibt. Deshalb sollten Viehhirten eine stärkere negative Reziprozität an den Tag legen als Ackerbauern. Diese Einstellungen werden dann von Generation zu Generation weitergegeben. So weit die Theorie.

Um sie zu testen, verwenden wir zunächst Daten aus dem *Ethnographischen Atlas,* der detaillierte Informationen zu mehr als tausend ethnischen Gruppen beinhaltet. Mithilfe dieser Daten identifizieren wir ethnische Gruppen, die in der vorindustriellen Zeit eher Viehwirtschaft oder Ackerbau betrieben. Mithilfe weiterer Daten können wir in einem ersten Schritt zeigen, dass

Kulturen, die vorwiegend Viehwirtschaft betrieben, sich häufiger Geschichten erzählten, die von Bestrafung, Gewalt und Vergeltung handelten. Offenbar hatte die Art der Produktion einen kulturellen Effekt, der tradiert wurde. Aber auch einen Effekt auf reziprokes Verhalten?

Hier kommen die von mir gesammelten weltweiten Daten zur negativen Reziprozität ins Spiel. Wir verknüpfen sie mit den Informationen zur vorindustriellen Produktionsweise und können die Hypothese tatsächlich belegen: Menschen aus Regionen, die in früheren Zeiten vermehrt Viehwirtschaft betrieben, zeigen eine höhere Bereitschaft, unfaires Verhalten zu bestrafen und Rache zu üben. Die Produktionsweise unserer vorindustriellen Vorfahren beeinflusst also auch heute noch das Ausmaß unserer negativen Reziprozität. Mit weitreichenden Folgen: Populationen, die von primär Viehwirtschaft betreibenden Vorfahren abstammen, sind nicht nur negativ reziproker, sondern heute auch häufiger in Kämpfe und Konflikte verwickelt. Das gilt für von Staaten geführte Kriege bis zu Gewalt von lokalen Gangs oder militanten Gruppen. Mord und Totschlag als späte Folge früherer landwirtschaftlicher Produktionsweisen!

Individuelle Unterschiede und ihre Determinanten

Wir haben gesehen, dass es erhebliche kulturelle Unterschiede beim Ausmaß prosozialer Einstellungen gibt. Die Unterschiede zwischen Ländern und Regionen dieser Welt sind substanziell. Schaut man allerdings genauer in die Daten, stellt man fest, dass die Unterschiede *innerhalb* der Länder noch viel größer sind als *zwischen* den Ländern. Statistisch gesehen ist die erste Variation um ein Vielfaches höher als die zweite.[13] Was das bedeutet, kann man sich mithilfe eines einfachen Gedankenexperiments klarmachen. Wenn man quer durch Deutschland reist und zufällig Menschen trifft, wird man einer größeren Variation im Altruismus begegnen, als es der Fall wäre, wenn man repräsentative Vertreter verschiedener Länder träfe. Identität ist nicht in erster Linie eine Frage von nationalen Grenzen: eine Botschaft, die Nationalisten nicht gerne hören werden, die aber gleichwohl wissenschaftlich belegt ist.

Kann man die Unterschiede innerhalb der Länder beschreiben und erklären? Sind die Unterschiede systematisch? Gibt es Determinanten, die die Heterogenität im Altruismus erklären können? Teilweise ja.

Beginnen wir mit Geschlechterunterschieden. Bei den etwa 80 000 Interviews, die wir weltweit durchführten, zeigen statistische Analysen, bei denen wir Alter, Intelligenz und regionale Einflüsse berücksichtigen, dass Frauen im Schnitt signifikant altruistischer sind als Männer. Aus analogen Analysen geht zudem hervor, dass Frauen im Vergleich zu Männern stärker positiv reziprok und weniger negativ reziprok sind. Befunde, die wir zuvor auch in einer großen und repräsentativen Studie für Deutschland aufzeigen konnten.[14]

Geschlechtsspezifische Unterschiede beobachten wir auch regelmäßig in unseren Laborexperimenten. Teilnehmerinnen wählen in der Regel seltener den Tod einer Maus, auch wenn sie dafür auf Geld verzichten müssen. Gleichermaßen verabreichen sie anderen Teilnehmern weniger häufig Elektroschocks als Männer, und sie spenden auch mehr oder geben höhere Geldbeträge im Diktatorspiel. Das bedeutet aber keineswegs, dass *alle* Frauen altruistischer und moralischer sind als Männer. Beim beschriebenen Effekt handelt es sich um statistisch signifikante Unterschiede in den Durchschnittswerten. Das gesamte Spektrum von Gut bis Böse ist bei Frauen genauso vertreten wie bei Männern. Aber es gilt eben auch, dass Frauen im Schnitt die besseren Menschen sind. Das kann man statistisch gesehen einfach mal so stehen lassen.

Interessanterweise sind die Unterschiede zwischen Männern und Frauen aber in den verschiedenen Ländern unterschiedlich stark ausgeprägt. Sie sind nicht universell gleich, sondern variieren zwischen den von uns betrachteten 76 Ländern zum Teil ganz erheblich. In den meisten Ländern sind Frauen altruistischer, aber nicht in allen. In manchen Ländern gibt es überhaupt keine signifikanten Unterschiede, und in drei Ländern (Bangladesch, Kambodscha und Pakistan) dreht sich der Effekt sogar um, das heißt, hier sind Männer sogar signifikant altruistischer. Ähnliches lässt sich für positive und negative Reziprozität sagen.[15]

Wir haben uns natürlich gefragt, ob sich hinter den geschlechtsspezifischen Präferenzunterschieden zwischen den Ländern eine Systematik verbirgt. Beim Versuch einer Erklärung stießen Johannes Hermle und ich auf eine überraschende Regelmäßigkeit. Doch bevor ich darüber berichte, eine Frage an Sie: Was glauben Sie, wo sind die Unterschiede zwischen Männern und Frauen größer – in eher wohlhabenden oder eher ärmeren Ländern? Und: Sind die Unterschiede in Ländern größer, in denen es mehr oder weniger Gleichberechtigung zwischen Männern und Frauen gibt? Sind die geschlechtsspezifischen Unterschiede in der Prosozialität also z. B. in Schweden größer oder kleiner als in Jordanien oder Kenia?

Die überraschende Antwort lautet: Die Unterschiede zwischen Männern und Frauen sind umso größer, je wohlhabender ein Land und je größer die Geschlechtergerechtigkeit im betreffenden Land ist.[16] Das bedeutet im Klartext: Ausgerechnet in Ländern mit einem relativ hohen Einkommen und in Ländern, in denen die Gleichberechtigung zwischen Mann und Frau relativ stark ausgeprägt ist, finden wir besonders große Unterschiede zwischen den Geschlechtern. Unsere Ergebnisse deuten darauf hin, dass materielle, politische und kulturelle Ressourcen die kritische Voraussetzung für die Herausbildung idiosynkratischer, individueller Persönlichkeiten sind.

Dieses Ergebnis ist auch deshalb überraschend, weil in der Fachliteratur häufig argumentiert wird, dass durch ökonomischen Aufschwung klassische Geschlechterrollen aufgeweicht werden und sich dadurch die Unterschiede zwischen Männern und Frauen verringern sollten. Im Gegensatz dazu finden wir, dass materielle, politische und soziale Ressourcen für Frauen offenbar erst Raum und Freiheit für eine unabhängige Entwicklung und einen unabhängigen Ausdruck geschlechtsspezifischer Präferenzen schaffen. Unsere Analyse hebt hervor, welch enorme Rolle das sozioökonomische Umfeld bei der Entwicklung von Persönlichkeit spielt.

Ein weiterer Faktor, der sich positiv auf die Bereitschaft, altruistisch zu handeln, auswirkt, ist die Intelligenz. Intelligente Menschen sind im Schnitt altruistischer. Auch dies ist ein Ergebnis der weltweiten Befragung, findet sich aber ebenfalls in anderen Studien.[17] Man mag einwenden, intelligente Menschen hätten mehr Geld und könnten es sich daher auch leichter leisten, Gutes zu tun. Das stimmt. Aber der Intelligenz-Effekt gilt auch, wenn man das Einkommen berücksichtigt: Zwei Menschen mit dem gleichen Einkommen, aber unterschiedlicher Intelligenz unterscheiden sich in ihrem Altruismus, jedenfalls statistisch betrachtet. Dass die Fähigkeit zu moralischem Verhalten geistige Entwicklung voraussetzt, ist eine alte Vermutung, die beispielsweise Jean Piaget in seinem Moral-Entwicklungsmodell beschrieben hat. Einsicht in das Gute und Richtige mag tatsächlich hilfreich sein. Hinzu kommt, dass zur Unterdrückung des eigennützigen Impulses, sich zugunsten eines materiellen Vorteils unmoralisch zu verhalten, kognitive Ressourcen benötigt werden.

Tatsächlich spielt die Fähigkeit zur Impuls- und Selbstkontrolle für Moral eine Rolle. Gemeint ist hier das Phänomen, dass wir viele Pläne, die wir machen, am Ende doch nicht einhalten. Eigentlich will ich aufhören zu rauchen, will mehr Sport machen und mich gesünder ernähren. Und bestimmt fange ich gleich morgen damit an … Wer wenig Selbstkontrolle hat, wird auch immer wieder gute Ausreden finden, nicht zu spenden – so lange, bis die Spendenaktion vorbei ist. Das Problem mit der Selbstkontrolle entsteht dadurch, dass die positiven Folgen unseres Handelns sich häufig erst in der Zukunft ergeben, die Kosten sich aber unmittelbar heute einstellen. Es ist ja schön, im Sommer am Pool den gut trainierten Körper zu zeigen, aber ausgerechnet jetzt auf die leckeren Pommes verzichten? Nur noch dieses eine Mal, ab morgen nur noch Rohkost! Und klar möchte ich lange und gesund leben, aber gerade jetzt joggen gehen? Ich geh morgen.

Das zeitliche Auseinanderfallen von Kosten und Belohnung gilt häufig auch für moralische Entscheidungen. Wenn ich jetzt spende, erlebe ich auch *jetzt* unmittelbar das unangenehme Gefühl, Kosten auf mich zu nehmen. Die Belohnung – sei es das gute Gefühl, etwas Moralisches getan zu haben (Selbstbild), vor anderen gut dazustehen (Fremdbild) oder zu erleben, dass mit meiner Spende etwas Sinnvolles getan wird – erfolgt aber oftmals erst mit *zeitlicher Verzögerung,* in der Zukunft. Wenn ich, wie es für Menschen typisch ist, die Gegenwart besonders stark gewichte, entscheide ich mich möglicherweise gegen die Spende. Und das, obwohl ich es »eigentlich« gut und richtig finden würde, etwas zu geben. Mangelnde Selbstkontrolle führt dann zu permanentem Aufschieben und schließlich zur Unterlassung, obwohl man es eigentlich will. Ganz nach dem Motto: Was du heute kannst besorgen, das verschieb getrost auf morgen. Tatsächlich konnten wir experimentell zeigen, dass prosoziales Verhalten (gemessen an der Bereitschaft, Leben zu retten) schwächer ausgeprägt ist, wenn die Handlungsfolgen weiter in der Zukunft liegen.[18] Die offensichtliche Bedeutung dieses Befunds für das Thema Klimawandel und unsere Bereitschaft, etwas gegen ihn zu tun, muss ich nicht weiter betonen.

Die Bedeutung von Selbstkontrolle für prosoziales Verhalten zeigt sich in Studien auch gegenüber anderen Experiment-Teilnehmern: Probanden, die angeben, im Allgemeinen mit Selbstkontrollproblemen zu kämpfen zu haben, sind weniger altruistisch, weniger kooperativ und weniger ehrlich. Kausal kann man das zeigen, wenn man bei Probanden die Fähigkeit zur Selbstkontrolle experimentell dadurch einschränkt, dass man sie mit Denkaufgaben kognitiv ablenkt.[19] Neurowissenschaftliche Experimente haben darüber hinaus eine Hirnregion beschrieben, die verantwortlich für die Fähigkeit zur Selbstkontrolle ist: der dorsolaterale präfrontale Cortex. Mithilfe elektrischer Impulse, der transkraniellen Magnetstimulation, ist es möglich, diese Hirnareale kurzfristig in ihrer Funktion zu blocken. In einer neurowissenschaftlichen Studie konnte gezeigt werden, dass eine solche temporale Inhibition des relevanten Hirnareals zu verstärkt eigennützigem Verhalten führte.[20]

Wie wir werden, was wir sind: Können wir eine prosoziale Entwicklung positiv beeinflussen?

Angesichts der Tatsache, dass wir uns hinsichtlich unserer Altruismus-Bereitschaft individuell unterscheiden, stellt sich die Frage, ob es Umstände gibt, die eine individuelle Entwicklung zu mehr altruistischen Einstellungen begünstigt oder behindert. Kann es sein, dass Erfahrungen, die wir in unserer Kindheit und Jugend machen, die Entwicklung unserer Prosozialität systematisch beeinflussen? Und ergibt sich, falls es so ist, hier ein gesellschaftspolitischer Ansatzpunkt zur Stärkung des Gemeinwohls?

Belastbar wäre eine solche Schlussfolgerung meines Erachtens nur, wenn es gelingt zu zeigen, dass eine Veränderung der Umgebung tatsächlich einen *kausalen* Effekt auf die Prosozialität ausübt. Aber wie soll man das zeigen? Wie kann man eine quasi-experimentelle Veränderung der frühkindlichen Lebensbedingungen bewerkstelligen, um auf diese Weise kausale Rückschlüsse der Umgebung auf die Persönlichkeitsentwicklung zu ziehen? Und welche Merkmale der sozialen Umgebung kämen überhaupt in Frage?

Als ich mir vor etwa zehn Jahren diese Fragen stellte, schien mir mit Blick auf die relevanten »Merkmale« der Umgebung insbesondere die Rolle von *Vorbildern* plausibel. Was könnte einen größeren Einfluss auf meine persönliche Entwicklung haben als die Auseinandersetzung und Imitation von Rollen- und Vorbildern, die mich in meiner unmittelbaren Umgebung tagtäglich begleiten? Schließlich lernen wir unser ganzes Leben, und besonders an dessen Anfang, dadurch, dass wir uns Dinge abgucken, nachmachen und das Verhalten uns nahestehender Menschen imitieren. Auf diese Weise lernen wir nicht nur Sprechen und Laufen, sondern auch unsere sozialen Fähigkeiten. Aus diesen Überlegungen ergibt sich daher die Frage: Angenommen, man würde Kindern ein prosoziales Vorbild zur Seite stellen und könnte sie in ihrer Entwicklung beobachten – würden sie sich dann später auch prosozialer entwickeln und verhalten? Würde also die Entwicklung ihrer Persönlichkeit sich durch Vorbilder positiv beeinflussen lassen? Eine affirmative Antwort wäre für die Ausgangsfrage dieses Buches von höchster Bedeutung, da sie einen Weg aufzeichnen würde, wie wir Individuen und unsere Gesellschaft insgesamt prosozialer machen könnten. Und damit das Gute in der Welt stärken.

Um zu einer überzeugenden Antwort zu gelangen, ist es erforderlich, Kindern und ihren Familien ein positives Vorbild an die Seite zu stellen und das Verhalten der Kinder über Jahre hinweg zu beobachten. Bei meinen Überlegungen wurde mir schnell klar, dass ich einen solchen Versuchsaufbau am ehesten mithilfe eines etablierten Programms realisieren könnte, das Erfahrung darin hatte, Kindern und ihren Familien durch das Angebot eines Mentors zu helfen. Bei der Recherche stieß ich schon bald auf ein in Deutschland etabliertes Mentoringprogramm, das sich meines Erachtens hervorragend eignen würde: das »Balu und Du«-Programm, benannt nach dem Bären Balu, einer der Hauptfiguren aus Rudyard Kiplings *Dschungelbuch.*[21] Genau wie der große, liebevolle und nachsichtige Bär sich im von Gefahren nur so wimmelnden Dschungel um seinen Schützling Mogli kümmert, besuchen beim »Balu und Du«-Programm Mentoren einmal in der Woche ihre »Mentees« genannten Schützlinge in deren familiärem Kontext, um sie im deutschen Alltagsdschungel zu unterstützen. Es dauert jeweils etwa ein knappes Jahr, sodass es zu vielen solcher Treffen kommt.

Die Idee, die dem von meiner Kollegin Hildegard Müller-Kohlenberg entwickelten Programm zugrunde liegt, ist das informelle Lernen. Es geht bei den Treffen also nicht darum, die schulischen oder andere formale Leistungen der Kinder zu verbessern, damit sie bessere Matheklausuren schreiben und besser Französisch sprechen. Sie zielen vielmehr darauf ab, das Selbstbewusstsein der Kinder zu stärken, ihnen durch gemeinsame Aktivitäten neue Möglichkeiten und Erfahrungen zu gewähren und ihren Horizont zu erweitern: erzählen, vorlesen, Musik hören, in den Zoo oder Eis essen gehen, kochen und einfach miteinander Zeit verbringen. Man stelle sich aus Sicht des Kindes vor: Da kommt ein Erwachsener Woche für Woche, um *mich* zu sehen und *mir* zu helfen. Das muss eine wunderbare Erfahrung sein. Insbesondere wenn der Alltag durch Zurückweisung oder mangelnde Aufmerksamkeit gekennzeichnet ist.

Bei der Umsetzung der Idee bestand die erste Herausforderung darin, zusätzliche Mentoren in der Region Köln/Bonn, wo wir die Studie durchführen lassen wollten, zu rekrutieren. Da die Mentoren meist Studierende sind, kontaktierten wir sämtliche Hochschulen in der Umgebung und konnten nach wochenlanger Suche etwa 150 zusätzliche Mentoren gewinnen, die von »Balu und Du« geschult und mit dem Programm vertraut gemacht wurden.

Mein Team[22] organisierte den eigentlichen wissenschaftlichen Teil. Von Anfang an wollte ich die Untersuchung als Langzeitstudie gestalten, wobei nicht nur die Kinder ausführlich befragt werden sollten, sondern auch ihre Mütter und Väter. Gemeinsam mit einem bekannten Befragungsinstitut schrieben wir die Einwohnermeldeämter von Köln und Bonn an und kontaktierten alle Familien mit Kindern, die zwischen 2003 und 2004 geboren wurden. In der Folge wurden über 14 000 Eltern gefragt, ob sie Interesse hätten, dass ihr (etwa 8-jähriges) Kind am »Balu und Du«-Programm teilnähme, und ob sie bereit wären, für zusätzliche Befragungen zur Verfügung zu stehen. Mehr als 1600 Familien mit unterschiedlichem sozioökonomischem Hintergrund bekundeten ihr Interesse. Aus Kostengründen konnten wir leider nicht alle berücksichtigen, und auch die Zahl der Mentoren war begrenzt. Darüber hatten wir alle Familien auch von Anfang an informiert.

Insgesamt etwa 700 Kinder und ihre Mütter (Väter begleiteten ihr Kind zum Interview kaum) nahmen an der ersten Befragung im Oktober 2011 teil. Um die Interviews zügig durchführen zu können und die Fahrtkosten für die Teilnehmer gering zu halten, mieteten wir im Raum Köln/Bonn für mehrere Monate Wohnungen an. Die Befragungen wurden nach einem von uns präzise vorgegebenen Protokoll von professionellen Interviewern durchgeführt. Während sie die Kinder getrennt (aber in Reichweite …) von ihren Müttern interviewten, füllten diese einen eigenen Fragebogen aus, in dem sie über sich, ihre Persönlichkeit, die Situation zu Hause und sozioökonomische Hintergrundvariablen Auskunft gaben. Ein Interview dauerte etwa eine Stunde. Die Kinder beantworteten zum Beispiel Fragen darüber, wie glücklich sie seien, was sie freue und belaste, zu ihrer Persönlichkeit und vielem mehr. Zudem nahmen sie an einfachen Entscheidungs-Experimenten teil, die Aufschluss gaben über ihre Risikoeinstellung, ihre Geduld und: ihre prosozialen Einstellungen.

Die erste Befragung fand statt, bevor die Familien wussten, ob sie zufällig einen Mentor zugewiesen bekamen oder nicht. Die Programmteilnahme erfolgte kurz nach dem Interview, sodass ein Teil der Kinder für das kommende Jahr einen Mentor hatte, während der andere Teil keinen zugewiesen bekam. Nach Abschluss des Programms luden wir wieder alle Kinder und Mütter zu einer zweiten Interviewrunde ein. Seither haben wir bereits neun Befragungen durchgeführt, durften die Kinder (die jetzt junge Erwachsene sind) und ihre Familien also schon fast zehn Jahre begleiten.[23]

Der beschriebene Versuchsaufbau liefert eine fantastische und weltweit bisher in dieser Form auch einzigartige Möglichkeit, den kausalen Einfluss einer Veränderung der Lebensverhältnisse auf die Entwicklung der prosozialen Persönlichkeit zu studieren.[24] Das Studiendesign erlaubt eine riesige Anzahl an Beobachtungen und wichtigen Erkenntnissen. Ich werde mich aber auf die für unsere Fragestellung besonders relevanten Einsichten beschränken.

Um die prosozialen Einstellungen bei den Kindern und ihren Eltern zu messen, verwendeten wir drei Maße. Zuerst das bereits vielfach diskutierte Diktatorspiel. Die Kinder erhielten in den ersten Befragungswellen »Sterne«, die sie zwischen sich und anderen Kindern aufteilen konnten. Die Sterne wiederum konnten in Spielsachen umgetauscht werden, wobei galt: je mehr Sterne, desto tollere Spielsachen. Die Sterne wurden auf einem Tisch ausgebreitet, und die Kinder konnten entscheiden, wie viele sie behalten oder einem anderen Kind, das keine Sterne hatte, abgeben wollten. Die abgegebenen Sterne wurden in einen Umschlag gesteckt, und entsprechend ihrer Zahl verteilten wir später die Spielsachen. Es gab zwei Arten von Empfängern für die Sterne:

Kinder aus der gleichen Stadt (also Köln oder Bonn) oder Kinder in einem Land in Afrika, die ohne ihre Eltern in einem Heim lebten. (Hierfür kooperierten wir mit einem Kinderheim in Togo und hatten dorthin auch Spielsachen geschickt.) »Unseren« Kindern in der Rolle des Diktators war der Unterschied in der Bedürftigkeit sonnenklar. Fast alle gaben mehr, wenn der Empfänger ein Kind im afrikanischen Heim war. Varianten dieser Diktatorspiele führten wir in allen neun Befragungswellen durch.[25]

Das zweite Maß war ein kleiner Fragenkomplex dazu, wie sehr die Kinder anderen Menschen vertrauten. Hierzu gab es drei Einzelfragen, die wir aus etablierten Vertrauens-Befragungen für unsere Altersgruppe angepasst hatten. Sinngemäß ging es darum zu sagen, (i) ob man anderen Menschen vertrauen kann, (ii) ob andere Menschen einem selbst gegenüber gute Absichten haben und (iii) ob man sich auf andere Menschen verlassen kann, auch wenn man sie gar nicht so genau kennt. Auf einer 5-Punkte-Skala konnten die Kinder angeben, wie sehr sie den einzelnen Fragen zustimmten oder nicht zustimmten. (Zuvor hatten wir ihnen die Skala mit einer anderen Frage erläutert: *Magst du Spaghetti?*)

Das dritte Maß verwendete nicht Antworten der Kinder selbst, sondern eine etablierte Skala von Fragen, die die Mütter ausfüllten und bei denen es um verschiedene Aspekte des alltäglichen Verhaltens ging, etwa ob ihr Kind rücksichtsvoll und hilfsbereit sei und wie gerne es mit anderen Kindern teile. Mit diesen Fragen sollte also festgestellt werden, ob und wie stark sich das Kind in seinem Alltag im allgemeinen prosozial verhielt.

Aus diesen drei Maßen konstruierten wir ein gemeinsames Maß für die Prosozialität des Kindes. Die Ergebnisse beziehen sich auf dieses gemeinsame Maß. Ähnliche Maße legten wir auch für Eltern und Mentoren fest.

Unsere Hypothese lautete, dass sich die Konfrontation mit einem prosozialen Vorbild positiv auf die Entwicklung prosozialer Persönlichkeit auswirke. Anders formuliert: Unsere Erwartung war, dass Kinder, die zufällig einen Mentor zugewiesen bekamen, sich anschließend prosozialer verhalten als ihre Altersgenossen. Eine Voraussetzung des Arguments ist, dass Mentoren prosoziale Menschen sind, und das ist in der Tat der Fall, wie wir mithilfe unserer Maße überprüfen konnten. Es kann auch niemanden überraschen. Ihre Tätigkeit, als Mentor Zeit aufzuwenden, um anderen zu helfen, ist ja nichts anderes als gelebter Altruismus.

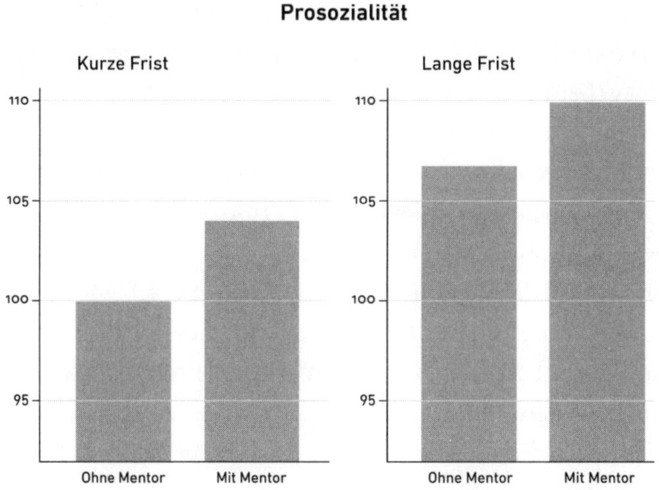

Prosozialität

Abb. 22: Kurz- und langfristige Kausal-Effekte des Mentoring-programms auf die Prosozialität von Kindern und Jugendlichen. Links die Effekte kurz nach Abschluss des Programms, rechts die Effekte zwei Jahre später. Die Abbildung zeigt auch, dass die Prosozialität mit dem Alter insgesamt zugenommen hat.

Die Daten bestätigen unsere Hypothese eindrucksvoll. Kinder, die für ein Jahr einen Mentor zur Seite gestellt bekamen, verhalten sich signifikant prosozialer als Kinder der Vergleichsgruppe (vgl. Abbildung 22). Während sich beide Gruppen vor Programmstart nicht unterscheiden, finden wir nach Abschluss des Programms sehr deutliche Unterschiede. Das gilt für unser gemeinsames Maß von Prosozialität, aber auch für jede der drei einzelnen Facetten. Wohlgemerkt kein korrelativer Befund, sondern der kausale Effekt der Umgebung.

Sie mögen einwenden: Schön und gut, vielleicht gibt es unmittelbar im Anschluss an die Mentoren-Erfahrung einen Effekt. Aber der verschwindet sicher genau so schnell wie er gekommen ist. Pustekuchen! Da wir die Kinder und Familien auch viele Jahre nach Abschluss des Mentoringprogramms begleiten durften und unser Maß bei jeder weiteren Befragung erhoben, können wir zeigen, dass der positive Effekt auf die Prosozialität anhaltend und dauerhaft ist. Auch zwei Jahre nach Abschluss des Mentoringprogramms (und darüber hinaus) bleiben die Unterschiede bestehen (vgl. Abbildung 22). Der Unterschied zwischen Kindern mit bzw. ohne Mentor beträgt in der kurzen Frist 4,0 Prosozialitätspunkte, was in etwa dem Unterschied zwischen Jungen und Mädchen entspricht (Mädchen sind 4,5 Punkte prosozialer als Jungen). Zwei Jahre später beträgt die Effektgröße immer noch 3,2 Prosozialitätspunkte.

Die Veränderung der Persönlichkeit war folglich keine Laune des Augenblicks, sondern systematisch und dauerhaft. Ein klarer Beleg für den Einfluss der Lebensrealität in der Persönlichkeitsentwicklung. Und ein eindeutiger Hinweis darauf, dass wir es als Gesellschaft zu einem Gutteil in der Hand haben, durch geeignete Vorbilder die Entwicklung prosozialer Einstellungen günstig zu beeinflussen.

Wenn Vorbilder eine wichtige Rolle spielen, sollten wir dann nicht auch einen Einfluss der Eltern auf ihre Kinder sehen? Wir sollten. Und wir tun es auch. In unserer Stichprobe (aber auch in anderen Studien und Stichproben) findet sich eine starke intergenerationale Korrelation in den Einstellungen. Das bedeutet, dass die Menschen statistisch gesehen ihren Eltern relativ ähnlich sind. Das gilt für das Prosozialitätsmaß, aber auch für andere Persönlichkeitseigenschaften, wie beispielsweise Einstellungen gegenüber Risiken. Je prosozialer eine Mutter, desto prosozialer ist im Schnitt auch das Kind. Wenn Eltern vorleben, dass es richtig und normal ist, anderen Menschen zu helfen und für andere da zu sein, selbst wenn es teuer ist, sind ihre Kinder eher bereit, auch ein solches Verhalten an den Tag zu legen. Vertrauen die Eltern anderen Menschen, steigt die Wahrscheinlichkeit, dass auch ihre Kinder anderen mehr vertrauen. Das gilt übrigens auch noch, wenn die »Kinder« schon über 60 Jahre alt sind.[26]

Daraus ergibt sich nicht nur unmittelbar eine Verantwortung für Eltern. Es folgt auch eine weitere Hypothese, die wir mit unseren Daten überprüfen können. Wenn, wie wir gesehen haben, Mentoren einen Effekt auf die Persönlichkeit ihrer Mentees haben, sollte ein besonders großer Effekt zu finden sein, wenn Prosozialität im Elternhaus eher rar gesät ist. Angenommen, ein Kind hat eine sehr prosoziale Mutter, die es entsprechend beeinflusst, dann ist relativ wenig Raum für die Rolle eines zusätzlichen Vorbilds vorhanden. Der Mentoren-Effekt sollte daher dort am größten sein, wo Mütter ausgesprochen wenig ausgeprägt prosozial sind. Und genau so ist es. Die Effekte der Mentoren sind umso stärker, je weniger altruistisch die Mütter sind.[27] Vorbilder sind daher besonders wichtig in Kontexten, wo es an entsprechendem Input aus dem familiären Umfeld mangelt. Es ist wie mit dem Erwerb einer Fremdsprache. Wenn beide Elternteile die gleiche Sprache sprechen, lernt das Kind auch nur diese Sprache. Sprechen sie hingegen zwei unterschiedliche Sprachen, werden im Kind zumindest die Grundlagen für beide angelegt. Gibt es in einer Familie keine starken Vorbilder für prosoziales Verhalten, kann ein zusätzliches prosoziales Vorbild von außen viel bewirken.

Lügen

In unseren Befragungen der Kinder und Familien variieren wir jedes Mal einen Teil der Fragen und nehmen neue und andere Facetten von Persönlichkeit hinzu. Etwa fünf Jahre nach Abschluss des Mentoringprogramms analysierten zwei meiner ehemaligen Doktoranden, Fabian Kosse und Johannes Abeler (heute Kollegen an der LMU München bzw. der Oxford University), und ich eine für unsere Fragestellung zentrale Persönlichkeitseigenschaft etwas genauer[28]: die Bereitschaft, die Wahrheit zu sagen bzw. zu lügen.

Lügen zählt typischerweise zu den Handlungen, die wir als unmoralisch betrachten, auch wenn es Ausnahmen geben mag, etwa wenn wir lügen, um jemanden vor Schaden zu bewahren. Meistens verfolgen wir mit Lügen aber nur unsere eigenen Interessen. Wir lügen, um uns einen Vorteil zu verschaffen, sei es, um besser dazustehen, etwas zu bekommen, was uns nicht zusteht, oder unseren Gegnern zu schaden. Könnte es sein, dass die Teilnahme am Mentoringprogramm und die damit verbundenen Erfahrungen mit prosozialen Vorbildern die Bereitschaft zu lügen verringern? Kurz gesagt: Lügen Jugendliche, die einen Mentor hatten, weniger?

Wir maßen das Lügenverhalten, indem jeder Teilnehmer am Experiment einen ganz normalen sechsseitigen Würfel ausgehändigt bekam (vgl. Abbildung 23). Außerdem baten wir jeden, sich eine Zahl zwischen 1 und 6 zu denken, seine »Glückszahl« sozusagen. Wenn ein Teilnehmer bestätigt hatte, dass er eine Glückszahl im Kopf hatte, sollte er würfeln und uns anschließend sagen, ob er die Glückszahl gewürfelt hatte oder nicht. Falls ja, erhielt er einen Geldbetrag. Falls nein, gab es kein Geld. Angenommen, er hatte sich als Glückszahl die 5 vorgestellt und anschließend eine 2 gewürfelt. Wenn er die Wahrheit sagte, müsste er angeben, dass er seine Glückszahl nicht gewürfelt hatte, und ginge leer aus. Er könnte aber auch lügen und behaupten: »Ja, genau, die 2 war meine Glückszahl«, und das Geld einstreichen. Es ging im Experiment also ganz klar um eine Lüge zum eigenen Vorteil.

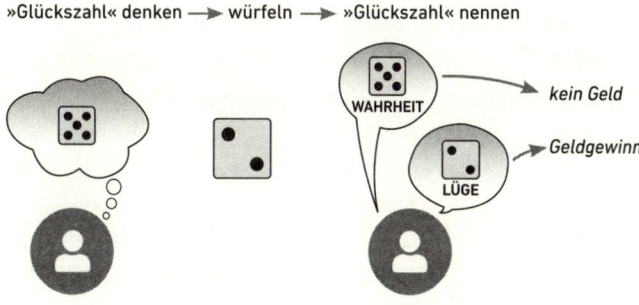

»Glückszahl« denken ⟶ würfeln ⟶ »Glückszahl« nennen

Abb. 23: Schematische Darstellung des Lügen-Experiments.

Da wir nicht in die Köpfe der Probanden schauen können, wissen wir nicht, ob uns ein einzelner Teilnehmer anlügt oder nicht. Für eine *Gruppe* von Teilnehmern allerdings können wir mit großer Sicherheit sagen, ob und wie stark sie gelogen haben, denn die Wahrscheinlichkeit, seine Glückszahl zu würfeln, ist genau 1 zu 6, also etwa 16,7 Prozent. Schließlich ist der Würfel ein Zufallsgenerator.

Zurück zu den Jugendlichen. Hier wurde offensichtlich ordentlich gelogen. Bei der Gruppe der Teilnehmer, die nicht im Mentoringprogramm teilgenommen hatten, gaben 64,7 Prozent an, sie hätten ihre Glückszahl gewürfelt, obwohl von ihnen statistisch gesehen nur etwa 16,7 Prozent sie tatsächlich gewürfelt haben können. Demnach logen etwa 57,6 Prozent[29]. In der Gruppe der Jugendlichen, die einen Mentor und damit ein prosoziales Vorbild hatten, wurde ebenfalls gelogen, aber mit einer signifikant geringeren Wahrscheinlichkeit von etwa 44,2 Prozent. Hier gaben 53,5 Prozent an, sie hätten ihre Glückszahl gewürfelt – also 11,2 Prozentpunkte weniger als in der Gruppe ohne Mentor. Immerhin!

Übrigens: In beiden Gruppen logen weibliche Teilnehmer weniger häufig als männliche. Mädchen gaben seltener an, ihre Glückszahl gewürfelt zu haben, der Unterschied zu den Jungen betrug dabei 15,7 Prozentpunkte. Ein weiterer Befund in der langen Liste, wonach es geschlechtsspezifische Unterschiede im prosozialen Verhalten gibt.

Empathie und Austausch: die negative Rolle gesellschaftlicher Segregation

Wenn wir die Lebenswirklichkeit günstig beeinflussen, kann dies die Entwicklung prosozialer Persönlichkeiten direkt fördern. Insbesondere positiven Vorbildern kommt hier eine zentrale Bedeutung zu. Vorbilder sind deshalb so wichtig, weil Kinder das Verhalten von positiv besetzten Rollenmodellen imitieren. Durch die Imitation von Vorbildern üben wir bestimmte Verhaltensweisen ein, sie werden Teil unserer alltäglichen Lebenspraxis. In einem gewissen Sinne kann man daher sagen, dass wir zu dem werden, was wir imitieren und tun. Mit der Zeit werden diese Verhaltensweisen für uns selbstverständlich, durch ihre Wiederholung werden sie Teil unserer Identität, und wir beginnen zu mögen, was wir tun und wer wir sind. Durch Vorbilder prägt die Umgebung, in der wir aufwachsen, daher die Entwicklung unserer Persönlichkeit.

Die entsprechende Umgebung spielt aber noch in einer anderen Art und Weise eine Rolle, auf die ich kurz eingehen möchte. Damit wir uns prosozial verhalten, müssen wir uns die Hilfsbedürftigkeit anderer Menschen bewusst machen. Wir müssen sehen, lernen und verstehen, dass andere auf unsere Kooperationsbereitschaft angewiesen sind. Altruistisches Verhalten setzt immer das Bewusstsein und die Anerkenntnis eines Problems voraus. Mit einem Wort: Wir müssen empathisch sein. Empathie wiederum fällt uns leichter, wenn wir dazu auf unmittelbare Erfahrungen zurückgreifen können: Wer selbst an einer bestimmten Krankheit leidet, hat viel mehr Verständnis für Menschen mit dem gleichen Schicksal. Wer arbeitslos wird oder von Arbeitslosigkeit bedroht ist, fühlt ganz anders mit Leuten, die entlassen werden. Alleinerziehende haben viel mehr Verständnis für die Nöte und Sorgen von Müttern und Vätern in der gleichen Situation. Wer auf seiner Reise nach Indien in den Slums einer Großstadt Kinder betteln sieht, kehrt mit einem anderen Bewusstsein zurück nach Deutschland und gewichtet seine eigenen Probleme vielleicht neu. Immer gehen uns Dinge näher, wenn wir sie selbst miterleben. Unsere Empathie ist wesentlich stärker, wenn wir selbst an etwas leiden oder an der leidvollen Erfahrung anderer unmittelbar teilhaben. Erfahrungswissen stärkt unsere Empathie und unsere Bereitschaft, uns altruistisch gegenüber anderen zu verhalten.

Die Art und Weise, wie unsere Gesellschaft organisiert ist, erhöht oder verringert die Chance auf dieses Erfahrungswissen. Je stärker gesellschaftliche Gruppen voneinander getrennt sind, desto geringer ist die Wahrscheinlichkeit, dass man für andere Positionen und Bedürfnisse Verständnis und Empathie entwickelt. Ein gutes Beispiel ist unser getrenntes Schulsystem. Kinder werden in den meisten Bundesländern bereits nach der vierten Klasse in unterschiedliche Schulformen selektiert, die parallele Erfahrungswelten generieren. Jeder, der auf dem Gymnasium war,

mag sich fragen, wie viele Leute in seinem Freundes- und Bekannt-
tenkreis kein Abitur haben. Viele werden es in der Regel nicht sein.

Die frühe Festlegung, welchen akademischen Lebensweg man
einschlägt, bestimmt schon sehr früh, wie die beruflichen und
sozialen Chancen eines Menschen aussehen. Eine Festlegung,
die insbesondere in Deutschland stark durch den sozioökonomischen Hintergrund bestimmt ist.[30] Die Wahrscheinlichkeit, ein
Gymnasium zu besuchen, hängt bei uns, auch im internationalen
Vergleich, extrem stark vom ökonomischen Hintergrund und Bil-
dungshintergrund der Eltern ab. Das bedeutet, dass für Gymna-
siasten Erfahrungen, Probleme und Bedürfnisse bildungsferner
Gruppen im eigenen Erleben kaum eine Rolle spielen. Integrati-
vere Schulformen hingegen lassen Kinder und Jugendliche an den
Erfahrungen von Mitschülern teilhaben, die einen völlig anderen
Hintergrund als sie selbst aufweisen. Ich komme im letzten Kapitel auf diese Thematik noch einmal zurück.

Hier sei auf eine Forschungsarbeit verwiesen, die eindrücklich
belegt, wie integrative Schulformen, die Erfahrungen mit Menschen aus anderen sozialen Hintergründen ermöglichen, Empathie und Prosozialität begünstigen.[31] Kontext der Studie ist das
Schulsystem in Indien, das durch eine besonders starke Trennung
nach sozioökonomischen Schichten geprägt ist, und ihre Frage
lautete, welchen Effekt es auf die Entwicklung prosozialer Verhaltensweisen hat, wenn private Schulen mit einer wohlhabenden
Schülerschaft auch ärmere Schüler aufnehmen.

Das Schulsystem in Indien besteht, wie in vielen anderen Ländern der Welt, sowohl aus öffentlichen als auch privaten Schulen.
Während die meisten Kinder auf eine öffentliche oder günstige
private Schule gehen, ist der Zugang zu den privaten »Eliteschu-
len« nur für finanziell wohlhabende Familien möglich. Im Jahr
2007 verpflichtete die indische Regierung 395 private Schulen,
20 Prozent ihrer Plätze an Haushalte mit geringem Einkommen zu

vergeben. Während die meisten Schulen die Maßnahme schnell umsetzten, verzögerte sich der Prozess in manchen, und wieder andere waren von der Maßnahme nicht betroffen. Für einen Forscher eine ideale Gelegenheit, weil nun zu analysierende Variationen entstanden: Innerhalb von Schulen kann man Kohorten, die zu 20 Prozent aus »ärmeren« Schülern bestehen, mit Kohorten nur wohlhabender Schüler vergleichen. Zudem kann man Schüler vergleichen, deren Schulen von der Maßnahme entweder betroffen waren oder eben nicht.

Hatte die Aufnahme ärmerer Schüler einen Effekt auf prosoziales Verhalten? Die Antwort lautet ja. In Klassen, in denen ärmere Schüler aufgenommen wurden, ist die Bereitschaft der wohlhabenden Schüler, Geld für gemeinnützige Projekte (zum Beispiel zur Unterstützung benachteiligter Kinder) zu sammeln, signifikant erhöht (um 13 Prozentpunkte). Und auch in verschiedenen Diktatorspielen zeigt sich eine Veränderung im Verhalten. Wohlhabende Schüler in Jahrgängen mit 20 Prozent ärmeren Schülern geben 44 Prozent mehr an *arme* Schüler einer anderen Schule als Schüler, die nur wohlhabende Mitschüler haben. Interessanterweise wird sogar gegenüber anderen wohlhabenden Schülern mehr Altruismus beobachtet: Ist beim Diktatorspiel der anonyme Partner *reich*, geben Schüler aus Klassen mit ärmeren Mitschülern 24 Prozent mehr als Schüler, die nur wohlhabende Mitschüler haben. Die Aufnahme von ärmeren Schülern führt also nicht nur zu prosozialerem Verhalten gegenüber ärmeren Schülern, sondern zu einem generellen Plus an Prosozialität.

Die Studie findet zudem, dass durch die Aufnahme ärmerer Schüler weniger *diskriminiert* wird. Hierzu wurde angeschaut, ob Schüler in einem Staffellauf eher wohlhabende Mitschüler als Partner wählen, obwohl diese langsamer sind als ein ärmerer Mitschüler. Diese Art der Diskriminierung (lieber reich als schnell) zeigt sich zwar deutlich. Sie ist aber signifikant weniger stark ausgeprägt in Klassen, die zur Aufnahme ärmerer Schüler verpflichtet waren. Der Kontakt mit ärmeren Mitschülern ist hierfür verantwortlich.

Die konkrete Ausgestaltung der Lebensrealität hat also einen nicht zu unterschätzenden kausalen Effekt auf die Entwicklung prosozialer Persönlichkeit. Und die Möglichkeiten, wie wir darauf positiv Einfluss nehmen können, sind vielfältig – ob durch prosoziale Vorbilder und Rollenmodelle, die imitiert werden, oder durch mehr Kontakte mit Menschen aus unterschiedlichen Milieus, die empathiefördernd wirken. Wenn man bedenkt, welches gesellschaftliche Potenzial darin steckt, Kindern bessere Startchancen zu geben, ist es eigentlich ein Irrsinn, wie wenig wir als Gesellschaft dafür tun.

Kapitel 7

Was können wir tun?

In den bisherigen Kapiteln habe ich versucht, Mechanismen und Ursachen aufzuzeigen, die es wahrscheinlicher oder unwahrscheinlicher machen, ein guter Mensch zu sein. Im Mittelpunkt standen dabei die Situationen und Kontexte, in denen Entscheidungen stattfinden, aber auch die Persönlichkeit des Handelnden. Insgesamt drängt sich angesichts der Studienlage ein eher pessimistischer Blick auf die Natur und Verführbarkeit des Menschen auf. Überall lauern Versuchungen, und permanent kämpft die gute Absicht mit egoistischen Motiven.

Andererseits: Wenn es möglich ist zu beschreiben, was dem Guten im Wege steht, ist es dann nicht auch möglich, diese Einsichten zu nutzen, um ihm auf die Sprünge zu helfen? Wenn man versteht, wie Situationen und Persönlichkeit sich auf unser Verhalten auswirken, sollte man dann nicht versuchen, sie im Sinne des Gemeinwohls zu ändern? Eins steht fest: Situationen sind in der Regel von Menschen gemacht. Wir bestimmen selbst, wie wir miteinander umgehen. Daher haben wir es in der Hand, die Lebensumstände so zu gestalten, dass sich die Chancen für das Gute verbessern. Ebenso können wir Einfluss nehmen auf die Entwicklung der Persönlichkeit.

Nicht *obwohl*, sondern gerade *weil* es schwer ist, ein guter Mensch zu sein, sollten wir das Menschenmögliche versuchen. Was also können wir tun?

Aufklären

Verhaltensänderungen setzen die Einsicht in Mechanismen voraus, die uns davon abhalten zu tun, was wir eigentlich für richtig erachten. Ein besseres Verständnis der Wechselwirkung von psychischer Disposition, Entscheidungskontexten und situativen Effekten kann helfen, sich der Widerstände und Stolpersteine bewusst zu werden, die es uns schwer machen, ein guter Mensch zu sein. Für mich ist die Aufklärung über die »Fallstricke des Alltags« ein zentraler Schlüssel dafür, Fehlverhalten zu überwinden und unmoralische Versuchungen zurückzuweisen.

Nun könnte man einwenden, der Verweis auf Aufklärung und die Hoffnung auf Einsicht seien zu kopfbetont. Der Mensch sei durch einen Mangel an Rationalität gekennzeichnet, sein Verhalten sei letztlich emotional gesteuert und das Bewusstsein hinke stets hinterher. Manche meiner Kollegen mögen so argumentieren, aber ich halte diesen Einwand für falsch. Dabei stelle ich die Arbeiten, die zeigen, dass der Mensch nur *beschränkt* rational ist, keineswegs in Frage. Ich bin mir der Forschungsergebnisse zu *Biases,* zu kognitiven Verzerrungen und Beschränkungen bewusst. Es ist richtig, dass wir in komplexen Entscheidungssituationen häufig nicht nach bestimmten rationalen Kriterien handeln, im Umgang mit Wahrscheinlichkeiten und Statistik unsere liebe Mühe haben und unser Verhalten durch Biases gekennzeichnet ist. Kurz: Wir machen Fehler. Aber daraus die Schlussfolgerung zu ziehen, wir seien kognitiv nicht in der Lage, das Richtige zu tun, wäre fatal. Denn wie rational muss man sein, um einem Bettler etwas zu spenden? Wie hoch sind die kognitiven Anforderungen, wenn man zu Kooperation und Ehrlichkeit aufgerufen ist? Glaubt wirklich jemand, dass es eine Frage der kognitiven Fähigkeiten ist, wenn man im Diktatorspiel nichts abgibt?

Menschen sind bei allen Beschränkungen erstaunlich rational

und gehen mit ihren beschränkten kognitiven Ressourcen verblüffend vernünftig um. Die neuere Forschung entdeckt zunehmend, dass das menschliche Verhalten sich gerade auch in komplexen Entscheidungssituationen als relativ robust und rational erweist, allen Unkenrufen zum Trotz. Und wie sehr wir uns »reinfuchsen« können, wenn es um unseren eigenen Vorteil geht! Zu welchem Ausmaß an Intelligenz und Aufmerksamkeit wir befähigt sind, zeigt sich beispielsweise, wenn es darum geht, rechtliche Vorteile auszuschöpfen, sei es bei der Steuererklärung[1] oder wenn Arbeitsverträge verhandelt werden. Der vermeintliche Mangel an Rationalität ist genau wie der Hinweis auf die Abwesenheit eines freien Willens letztlich nur eine Ausrede. Und wenn wir mal nicht weiterwissen, können wir uns Rat holen. Wieso soll es ausgerechnet bei moralischen Entscheidungen nicht funktionieren, sich »reinzufuchsen« und Rat zu suchen? Wir können eine Menge tun – wenn wir wollen.

Aufklären ist gerade auch im Speziellen hilfreich: indem konkrete Hinweise uns dabei helfen, autonom und verantwortungsbewusst zu handeln. Zum Beispiel bei Konsumentscheidungen: Über den CO_2-Ausstoß von Motoren oder den Energieverbrauch von Elektrogeräten wird heute schon verpflichtend informiert. Aber hier sollte man noch viel mehr tun. Wieso muss nicht jedes Produkt mit seinem »CO_2-Fußabdruck« gekennzeichnet werden? Stellen wir uns vor, wir stünden in der Obstabteilung vor der Wahl zweier Apfelsorten und wüssten, wie stark sie jeweils das Klima belasten. Oder stellen wir uns vor, dass Videos, Infografiken, Broschüren, Label und Poster uns beim Kauf von Fleisch, Kleidung oder Elektronikgeräten wirklich in die Lage versetzen würden zu *wissen*, welche Konsequenzen die Herstellung der Produkte für Mensch und Umwelt nach sich zog. Wenn wir beim Kauf von Eiern durch anschauliche Videos lernen oder daran erinnert werden, welches Leben eine »konventionelle« Legehenne im Vergleich zu einer »Biohenne« führen muss, dann entscheiden wir uns möglicherweise eher für die etwas teureren Eier. Tatsächlich belegen Studien, dass die Kennzeichnung von Konsumgütern in Supermärkten die Nachfrage etwa nach klimafreundlichen Produkten erhöht.[2]

Proaktive und verpflichtende Herstellungsinformationen machen es für Konsumenten überhaupt erst möglich, ihr Verhalten entsprechend ihrer Moralvorstellungen zu gestalten. Dass die Industrie und ihre Verbände erbittert dagegen kämpfen, belegt ja nur, dass solche Informationen wirksam wären. Schließlich entspricht es liberalen Vorstellungen vom souveränen Konsumenten, dass er frei und selbstbestimmt entscheidet, was aber gerade *voraussetzt,* dass er gut und umfassend informiert ist. Mehr Transparenz und Information ist »markt- und liberalkonform« und sollte von jedem unterstützt werden, der ein Interesse an rationalen Entscheidungen hat.

Wie Verhaltensänderungen mit innovativen Formen der Aufklärung erreicht werden können, möchte ich an einem Beispiel erläutern.[3] Es geht um die Wirkung von Erinnerungshilfen beim Energieverbrauch, genauer gesagt um »Warmduscher«: Duschen ist der zweitgrößte einzelne Verbrauchsfaktor im Haushalt und macht etwa 14 bis 18 Prozent des durchschnittlichen häuslichen Energieverbrauchs aus. Aber wer weiß das schon? Könnte der Verbrauch gesenkt werden, wenn beim Duschen der Wasser- und Energieverbrauch in Echtzeit angezeigt würde?

In einer Studie mit 636 Schweizer Haushalten bekam jeder ein sogenanntes *Smart Shower Meter* installiert. Gut sichtbar direkt am Duschkopf montiert, zeigt das Gerät auf einem kleinen Display je nach Experimentalbedingung unterschiedliche Informationen an. In einer Studiengruppe wurde lediglich die aktuelle Wassertemperatur angezeigt, in einer anderen hingegen während jeder Dusche zusätzlich die bereits verbrauchte Wassermenge in Litern, die aufgewendete Energie in Kilowattstunden und die Energieeffizienz. Diese Informationen führten zu einer Reduktion des Energieverbrauchs um 22 Prozent und einer Reduktion des gesamten Energieverbrauchs der Haushalte um 5 Prozent. Der Effekt setzte unmittelbar ein, nachdem die »Aufklärung« mit der Bereitstellung des Geräts begonnen hatte, und blieb über die gesamte Zeit des Experiments, immerhin zwei Monate, konstant.

Sich ehrlich machen

Kommen wir zu einer heiklen Forderung: Rauskommen aus der selbsterschaffenen Wohlfühlecke, in der wir es uns trotz egoistischen Verhaltens mit einem guten Selbstbild gemütlich machen. Einem Selbstbild, das wir uns aus selektiver Wahrnehmung, rosa gefärbter Erinnerung, der Verweigerung von Handlungsoptionen und astreinen Ausreden geschaffen haben. Wer das nicht will, muss sich ehrlich machen.

Einige der Mechanismen, die uns Sand in die Augen streuen und uns weismachen, wir seien moralisch auf Kurs, habe ich weiter oben beschrieben. Sie bedienen den Wunsch, gleichzeitig die Vorteile eigennützigen Verhaltens einzustreichen und ein positives Selbstbild aufrechtzuerhalten. Wer ihnen nicht erliegen will, der sollte:

Wissen wollen. Oft verschließen wir die Augen vor den Konsequenzen unseres Handelns, um vor uns (und anderen) nachher sagen zu können, wir hätten es nicht gewusst. Wer sich ehrlich macht, informiert sich über die Folgen seines Tuns und denkt über Handlungsoptionen und Alternativen nach. Natürlich kann man nicht alles wissen, und immer wieder wird man zu Recht bekennen müssen, man habe es nicht besser wissen können. Aber darum geht es hier nicht. Es geht darum, sich im Rahmen des Möglichen zu erkundigen, die Augen nicht zu verschließen und sich aktiv der Frage zu stellen, was das eigene Verhalten bewirkt.

Entscheidungssituationen nicht vermeiden. Oft gehen wir moralisch fordernden Fragestellungen einfach aus dem Weg. Wir vermeiden den Kontakt zu Bedürftigen, wechseln bildhaft gesprochen die Straßenseite, wenn wir einen Bettler sehen. Diese Strategie setzt darauf, einen moralischen Konflikt erst gar nicht entstehen zu lassen. Man weicht einer Entscheidungssituation aus, einer »Prüfung«. Die Strategie funktioniert aber nur, wenn man bereit ist, sich etwas vorzumachen. Denn wenn wir Entscheidungen vermeiden, indem wir etwa die Straßenseite wechseln, treffen wir ja de facto sehr wohl eine Entscheidung – zuungunsten der Moral. Sich ehrlich machen heißt, Entscheidungssituationen und Konflikten nicht aus dem Weg zu gehen. Vielleicht scheitert man dann in der jeweiligen Situation und gibt dem Bettler dennoch nichts. Aber scheitern ist ehrlich. Wer ausweicht, kann nicht einmal scheitern, er hat sich immer schon gegen das Gute entschieden. Hier noch ein Tipp für alle, die gerne mal »ausweichen«, das aber eigentlich bereuen oder sich schlecht dabei fühlen: Wenn man es unangenehm findet, unfreiwillig zum Spenden aufgefordert zu werden, wieso nicht einfach folgendes tun. Einmal in Ruhe hinsetzen und sich überlegen, wie viel man eigentlich spenden möchte, vielleicht 1 Prozent des Einkommens oder 2 oder 5? Eine gute Spendenorganisation auswählen und einmal im Jahr den entsprechenden Betrag überweisen. Dann tut man Gutes und braucht sich nicht schlecht zu fühlen, wenn man nicht jedem Spendenaufrufen folgt.

Keine Tricks. Wer ehrlich mit sich selbst sein möchte, verzichtet auf moralische Buchhaltung, auf Greenwashing oder Virtue Signaling. Gibt sich nicht zufrieden mit dem kleinlichen Verrechnen von Gefälligkeiten und dem Verweis auf die gute Tat von vorgestern. *So tun als ob* ist ein mächtiger Feind der guten Tat, der sich in schönen Reden, symbolischen Handlungen, gut in

Szene gesetzten Miniwohltaten gefällt, die mit gutem Verhalten so wenig zu tun haben wie die schön gefilterte Instagram-Welt mit dem wahren Leben. Sich ehrlich machen heißt auch, dass wir die Hoheit über unser Gedächtnis erlangen und uns an die »Heldentaten« der Vergangenheit nicht zu rosig erinnern, auch wenn es uns schwerfällt.

Keine simplen Ausreden. Man sei in Eile gewesen, habe es total vergessen, habe vorgehabt, es gleich morgen zu machen ... Wer ehrlich sein will, muss *Bullshit als Bullshit entlarven.* Anderen keinen Mist erzählen, und sich selbst auch nicht. Auch wenn uns Lügengeschichten guttun, weil sie uns und anderen suggerieren, unser egoistisches Verhalten sei so schlimm eigentlich nicht gewesen – es ist nicht redlich, derartige Geschichten selbst in die Welt zu setzen oder weiterzutragen. Lügengeschichten zu teilen macht nicht nur mehr Leute darauf aufmerksam, es verschafft ihnen zusätzliche Legitimation: Wenn so viele darüber reden, muss ja etwas dran sein.

Im sozialen Gefüge operieren wir wie *Relais.* Wir entscheiden, welche eigenen Geschichten wir erzählen und welche gehörten Geschichten wir weitererzählen. Was wir in der Social-Media-Welt teilen, liken oder retweeten. Wir tragen Verantwortung dafür, was gesprochen wird. Wenn ich eine Lügengeschichte in Umlauf bringe, um mich reinzuwaschen, wird sie womöglich noch von vielen anderen als Ausrede missbraucht. Gerade mithilfe von Twitter und Co. verbreiten sich Lügen viral. Stattdessen sollte man wann immer möglich versuchen, falsche Geschichten aufzudecken und als Unwahrheiten zu kennzeichnen. Faktencheck betreiben.[4] Aufklären. Selbstkritik üben. Eigene Fehler eingestehen, sie korrigieren und richtigstellen. Und sich dabei einer klaren und exakten Sprache bedienen. Klar und deutlich benennen, was ist, was gilt, was Stand des Wissens und der Forschung ist. Der Kampf gegen Bullshit ist gleichermaßen mühsam und wichtig.

Denken statt fühlen. Unsere Emotionen entscheiden gerne mit. Und oft ist das richtig und sinnvoll. Oft aber eben auch nicht. Wer sich ehrlich machen will, prüft die Beweggründe seines Handelns. Ist es vielleicht Neid, der mich antreibt? Ist es in Wahrheit mein Ehrgeiz, der mich zu unmoralischem Verhalten verleitet? Bin ich gerade gestresst und angespannt? Dann ist es besser, erst einmal runterzukommen und nachzudenken, bevor man handelt. Abkühlphasen einzulegen lohnt sich fast immer und fördert Entscheidungen, die in Einklang mit unseren Werten stehen.

Die Liste ließe sich fortsetzen. Weil wir uns so gerne etwas vormachen. Aber seien wir ehrlich: Sind uns aufrichtige Egoisten nicht sogar sympathischer als larmoyante und geschwätzige *Pseudo-Altruisten?* Tatsächlich wurde diese Frage in einer Reihe von psychologischen Experimenten untersucht. Und es zeigt sich, dass wir Heuchler häufig negativer beurteilen als Menschen, die unmoralisch handeln, dies aber wenigstens zugeben.[5]

Reputationseffekte nutzen

Es ist uns nicht egal, wie andere über uns denken. Wir alle streben nach Anerkennung, wollen geschätzt und geliebt werden. Wie ich ausgeführt habe, spielt der Wunsch nach einer guten, untadeligen Reputation eine wichtige Rolle, damit wir uns trotz hoher Kosten anstrengen, ein guter Mensch zu sein. Eine positive Reputation, ein gutes soziales Image verbessert unsere Chancen auf attraktivere Partner, bessere Karrieren und andere gesellschaftliche Annehmlichkeiten. Ein Bundesverdienstkreuz, die Einladung zum Abendessen mit Polit-Prominenz, die Mitgliedschaft in exklusiven Clubs, die nützliche Kontakte und Netzwerke verheißen, oder auch der Retweet meines neuesten Beitrags durch einen reichweitenstarken Twitterer – all diese Formen reputationsbasierter Anerkennung sind Antreiber und Beschleuniger der guten Tat. Und diese gilt es gesellschaftlich zu nutzen.

Reputationseffekte lassen sich grundsätzlich dadurch realisieren, dass spezifische Handlungen einer konkreten Person zugeordnet werden können, im Gegenteil zu anonymem Verhalten. Hierdurch wird unmoralisches Verhalten abgeschreckt, weil niemand bei einem Fehltritt beobachtet werden möchte, und prosoziales Verhalten attraktiver macht, weil man sich gerne im Licht der guten Tat sonnt. Gesellschaften können diesen Antrieb moralischen Handelns für das Gemeinwohl einsetzen.

Ein erstes Beispiel sei die Steuerdatentransparenz. In Norwegen kann man ohne großen Aufwand die Steuererklärung der Nachbarn einsehen. Neben Namen, Geburtsjahr und Wohnort erfahren die Bürger so auch das Nettovermögen, das steuerpflichtige Einkommen und die Höhe der Steuer ihrer Mitbürger. In Schweden und Finnland ist das ähnlich. Könnte es sein, dass eine derartige Transparenz die Steuermoral bzw. das Steueraufkommen steigert? Dass aus Sorge, beim Steuerbetrug ertappt zu werden, sich die Bereitschaft zur Ehrlichkeit erhöht?

Um das herauszufinden, machten sich Wissenschaftler eine Änderung in der Zugänglichkeit der Daten zunutze, die der norwegische Staat ab 2001 über das Internet zur Verfügung stellte. Dies vereinfachte und erhöhte zugleich die Nachfrage nach den Daten und vergrößerte daher auch das Risiko, beim Schummeln erwischt zu werden. In der Tat zeigt sich, dass das gemeldete Einkommen von Geschäftsinhabern um fast 3 Prozent und das Gesamtsteuereinkommen um 0,2 Prozent stiegen[6] – beides aufgrund einer erleichterten Transparenz und der damit verbundenen Abschreckung, die in der Sorge vor einem Reputationsverlust bestand.

Mich erinnert das an den Ankauf von Bankdaten. In seiner Zeit als nordrhein-westfälischer Finanzminister kaufte Norbert Walter-Borjans mehrere CDs mit Insider-Informationen über mutmaßliche Steuerhinterzieher. Für elf CDs mit Datensätzen zu einem Anlagevolumen von über 100 Milliarden Schweizer Franken bezahlte Nordrhein-Westfalen 17,9 Millionen Euro. Ein gutes Geschäft, denn daraus resultierten laut NRW-Finanzministerium Mehreinnahmen von rund 5 Milliarden Euro, die zu einem Großteil auf Selbstanzeigen zurückgingen: Wohl auch aus Angst vor Enttarnung und um rechtlich gravierenderen Folgen zuvorzukommen, zeigten sich allein zwischen Frühjahr 2010 und 2016 bundesweit 120 000 Bürger selbst an.[7] Transparenz motiviert offenbar zu mehr Ehrlichkeit bei den Angaben.

Ähnlich verhält es sich mit der Veröffentlichung von Zusatzverdiensten von Politikern. Wenn Wähler erfahren, welche Summe ein Abgeordneter z. B. von einem amerikanischen IT-Unternehmen für Beratungstätigkeiten erhält, überlegt er es sich zweimal, ob es sich dafür lohnt, seine Glaubwürdigkeit aufs Spiel zu setzen.

Ein weiteres Beispiel für eine positive Wirkung von Deanonymisierung ist die Debattenkultur in Online-Foren. Wer sich schon einmal öffentlich zu politischen Themen positioniert hat, kennt die teilweise hasserfüllten, niederträchtigen oder bestenfalls unsachlichen Reaktionen, die im Schutz der Anonymität gepostet werden. Das schadet nicht nur der Debattenkultur, es schreckt manchen zum Nachteil des Allgemeinwohls auch vor politischen Stellungnahmen und politischem Engagement ab. Mir scheint, dass mit einem Klarnamen versehene Meinungsäußerungen weniger verletzend, weniger aggressiv und stärker auf Fakten bedacht sind.

Rassismus, Sexismus, Morddrohungen und andere Arten von Hassbotschaften sind trauriger Alltag im Internet.[8] Und Online-Aggressionen führen dann durchaus auch zu realen Handlungen. In einem aktuellen Forschungspapier wird beispielsweise gezeigt, dass der Konsum von ausländerfeindlichen Nachrichten auf Facebook zu Hassverbrechen gegenüber Geflüchteten führen kann.[9] Anonymität spielt dabei eine wichtige Rolle. Es fällt sehr viel leichter, Morddrohungen oder sexistische Sprüche gegen eine Politikerin zu verbreiten, wenn man es als *User647* tut und nicht mit seinem Namen.

Um nicht missverstanden zu werden: Es geht nicht darum, Meinungen zu unterdrücken, sondern um eine Versachlichung der Debatten und einen respektvolleren Umgang mit Andersdenkenden, eine Grundvoraussetzung für den demokratischen Wettstreit um bessere Lösungen. Sollte man die (vermeintliche[10]) Anonymität in Online-Foren also vollständig aufheben? Nein. Denn für verfolgte oder diskriminierte Gruppen ist der Schutz der Anonymität wichtig, um frei und offen im Internet zu kommunizieren, ohne sich persönlicher Bedrohung auszusetzen. Selbst Ärzte, die per Twitter über das Impfen oder die Lage auf den Intensivstationen während der Coronapandemie informieren, sehen sich aus Furcht vor gewalttätigen Reaktionen radikaler Impfgegner gezwungen, Pseudonyme zu verwenden.[11] Aber es wäre ratsam, Anonymität zu reduzieren. Wer extreme Meinungen äußern will, sollte wissen, dass sie auf ihn zurückfallen können. Sinnvoll wäre, Reputationseffekte gezielt zu nutzen und zu fordern, dass User von Online-Foren ihren Klarnamen bei den Betreibern oder Redaktionen hinterlegen müssen, wenn sie für ihre Posts einen Alias verwenden. Manche Betreiber sozialer Medien wie LinkedIn oder Quora versuchen, eine Klarnamenpflicht durchzusetzen. Aber ohne staatlichen Druck wird es nicht gehen.

Kommen wir zu einem letzten Beispiel, dem proaktiven Fundraising. Ich diskutiere es am Beispiel der Forschungsförderung, aber die Argumente gelten auch für viele andere gemeinnützige Bereiche, sei es Hilfe für Behinderte, Natur- und Umweltschutz oder die Förderung von Kultur, Kunst und Sport.

Deutsche Hochschulen sind chronisch unterfinanziert. Es gibt hier ein unvorteilhaftes Verhältnis von Studierenden zu Lehrenden, und sie verlieren viele erstklassige Talente vor allem an Universitäten in den USA, die wesentlich attraktivere Bedingungen für Forscher anbieten können. Die amerikanischen Topinstitute zählen auch deshalb zu den führenden der Welt, weil sie gut ausgestattet sind und Geld haben, vor allem privates Geld, häufig von Spendern, die ganze Institute oder Lehrstühle finanzieren, die anschließend ihren Namen tragen.[12] Und wieso auch nicht? Professionelle Manager werben in den USA proaktiv um Unterstützung, sprechen die Reichen und Superreichen an und betreuen sie sowohl juristisch als auch in Bezug auf Reputation und Vermarktung.

Solche Aktivitäten sucht man in der deutschen Hochschullandschaft meist vergeblich. Hier gibt man sich in der Regel mit öffentlichen Finanzzuweisungen zufrieden und verweist auf die Unabhängigkeit der Forschung. Als ob nobelpreisbelohnte Forschung weniger wert sei, wenn sie in privat finanzierten Instituten erdacht würde. Vielleicht lohnt es sich, daran zu erinnern, dass es auch in Deutschland einmal anders war, dass *die* deutsche Erfolgsgeschichte schlechthin, die Gründung der Kaiser-Wilhelm-Gesellschaft im Jahr 1911, weitgehend privat finanziert war. Die von ihr geförderten Forschungsinstitute erlangten akademische Weltgeltung, ausgezeichnet mit 15 Nobelpreisen, darunter Forschertitanen wie Albert Einstein, Otto Hahn oder Werner Heisenberg. Maßgeblichen Anteil an diesem Erfolg hatten die privaten Zuwendungen von Bankern, Industriellen und wohlhabenden Bürgern. Wenn öffentliche Hochschulen es nicht lernen und schaffen, auch privates Geld einzuwerben und anzunehmen, wird die rein öffentlich finanzierte Forschung von Amazon, Google und Co. abgehängt. Leider ist Deutschland hier schlecht aufgestellt, es herrschen Ängstlichkeit und Kleinmut. Aber auch der Gesetzgeber ist aufgerufen, transparente und verlässliche Rahmenbedingungen für privates Engagement zu schaffen.

Man mag einwenden, es sei nicht das vornehmste Motiv der guten Tat, wenn man nur deshalb prosozial handele, um vor sich und anderen gut dazustehen. Stimmt vielleicht. Aber ist das wichtig? Ist es gesellschaftlich betrachtet nicht viel bedeutsamer, *dass* Gutes getan wird, ungeachtet der Gründe dafür? Fragt ein krebskrankes Kind danach, wer ihm sein schwieriges Leben ein bisschen erleichtert und einen Clown dafür bezahlt, auf der Krankenstation für ein Lachen zu sorgen? Oder die Eltern in ihrem schwierigen Schicksal zu unterstützen? Ist es nicht viel wichtiger, dass der Clown überhaupt kommt, die Eltern psychische Hilfe erhalten und die Forschung gegen Krebs gefördert wird? Ich fahre jedenfalls lieber über eine Brücke, die den Namen eines Spenders trägt, als jeden Tag einen Riesenumweg machen zu müssen, weil es *keine* Brücke gibt. Ich setze mich gerne auf eine Parkbank mit Blick auf einen See, egal ob eine Messingplakette mich daran erinnert, wer sie finanziert hat. Wieso also soll ein Lehrstuhlinhaber keine gute und engagierte Lehre und Forschung machen, nur weil sein Lehrstuhl nach einem Geldgeber benannt ist?

Ein Einwand lautet: Wäre es nicht besser, wenn privates Geld der öffentlichen Hand zur Verfügung gestellt wird, damit eine demokratisch legitimierte Verwendung sichergestellt ist? Kann man ausschließen, dass private Geldgeber nicht doch versteckt Einfluss nehmen und Dinge in die falsche Richtung lenken? Mag sein. Aber weder geht es darum, die öffentliche Hand abzuschaffen, noch einer unregulierten Einflussnahme von Interessengruppen das Wort zu reden. Das kann man transparent machen und gesetzlich regeln. Man muss es nur wollen.

Entscheidungsarchitekturen optimieren

Die Wahrscheinlichkeit prosozialen Handelns hängt ab von Umständen, Situationen und Kontexten. Die schlechte Nachricht: Viele dieser Situationen führen zu einer Diffusion von Verantwortung, sei es durch Delegation, Autoritätsbeziehungen, Gruppenentscheidungen oder Verhalten auf Märkten. Die gute: Kontexte sind kein Naturschicksal, sondern können gestaltet werden. Es liegt in unserer Hand, durch die geschickte Wahl von Entscheidungsarchitekturen dem Guten auf die Sprünge zu helfen. Drei Ansatzpunkte möchte ich im Folgenden näher beleuchten.

Zunächst die Zuschreibung *individueller Verantwortung*. Wir haben gesehen, dass gerade dann, wenn Entscheidungen durch das Handeln mehrerer Akteure zustandekommen, der Einzelne sich seiner Verantwortung zum Beispiel leicht mit dem Hinweis darauf entledigen kann, jemand anderes werde sich schon um die Dinge kümmern bzw. man selbst habe ja nur Anweisungen befolgt. Die Logik von Delegation, Autorität und Arbeitsteilung erzeugt ein für die Moral ungünstiges Klima.

Firmen, Verwaltungen und Organisationen, die sich um das Gemeinwohl sorgen und sich soziale Verantwortung auf ihre Fahnen schreiben, sollten tunlichst darauf achten, dass es klare Verantwortlichkeiten und Zuständigkeiten für Entscheidungsprozesse gibt. Es muss eindeutig sein, wer wofür Verantwortung trägt und im Falle eines Fehlverhaltens der Organisation zur Rechenschaft gezogen werden kann. Die Übertragung einer als diffus wahrgenommenen »Gruppenverantwortung« muss in die Verantwortung einzelner Personen überführt werden. Jedem Einzelnen muss klar sein, dass es auf ihn persönlich ankommt, mit eindeutig vereinbarten und zugeschriebenen Verantwortlichkeiten. Jeder muss wissen, dass er persönlich »haftet« und sich nicht hinter den Entscheidungen anderer verstecken oder mit dem Fehlverhalten anderer herausreden kann.

Wo immer möglich, sollten Organisationen danach streben, dass Mitarbeiter im Bewusstsein handeln, pivotal zu sein. Auch wenn aus Effizienzgründen Arbeitsvorgänge in arbeitsteiligen Teams und Gruppen erledigt werden müssen, darf kein Zweifel bestehen, wer am Ende persönlich für die Ergebnisse geradesteht.

Unter allen Umständen muss der Eindruck vermieden werden, dass immer noch mal »irgendjemand« überprüft, kontrolliert, und wenn nötig korrigiert. Dass es am Ende die Gruppe, die Abteilung oder »irgendwelche« Kollegen waren, die verantwortlich sind. Um die Bereitschaft, individuelle Verantwortung zu übernehmen, zu erhöhen, muss letztere entsprechend honoriert und belohnt werden.

Ein zweiter Ansatzpunkt für eine am Gemeinwohl orientierte Organisation ist die Implementierung von Entscheidungsarchitekturen, die *aktive Entscheidungen erfordern*. Wie wir gesehen haben, empfinden wir Unterlassungen in der Regel moralisch akzeptabler als aktive Handlungen, auch wenn die Folgen des Handelns identisch sind. Dinge einfach »geschehen lassen« zu können, macht Organisationen für moralische Fehltritte anfällig. Entscheidungsarchitekturen sollten den Fokus daher auf aktives Entscheiden und Handeln legen; sie sollten aktives Entscheiden erzwingen, um es einer genaueren »moralischen« Prüfung durch Mitarbeiter zu unterwerfen. Organisationelle Routinen, die eine aktive Bestätigung und aktive Zustimmung erfordern, sind weniger anfällig für unerwünschte Folgen als inaktive Automatismen.

Ein dritter Ansatzpunkt, durch optimierte Entscheidungsarchitekturen die Chancen gemeinwohlorientierten Verhaltens zu fördern, besteht in der *geschickten Wahl von Defaults oder Voreinstellungen*. Was damit gemeint ist, möchte ich mit einem Beispiel aus meiner Forschung veranschaulichen.[13] In Zusammenarbeit mit einer großen Spendenplattform fragten wir uns, ob das Spendenverhalten für wohltätige Einrichtungen dadurch beeinflusst werden kann, dass man eine Spende »voreinstellt«, also bereits bei der Online-Eingabe des Betrags einen Spendenvorschlag sieht.

Wenn Sie auf Online-Spenden-Plattformen Ihre bevorzugte Wohltätigkeitsorganisation gefunden haben, werden Sie in der Regel aufgefordert, in einem dafür vorgesehenen Feld einen Geldbetrag einzutragen und dann auf das Feld »Spenden« zu klicken. Wir stellten nun verschiedene Geldbeträge (10, 20 und 50 Euro) vorab ein, sodass zufällig jeweils einer davon angezeigt wurde und man dann auch einfach direkt auf »Spenden« klicken konnte. Es waren aber nur Vorschläge, jeder Spender konnte den voreingestellten Betrag beliebig ändern und einen anderen spenden. Insgesamt beobachten wir das Verhalten der Leute bei etwa 680 000 Website-Besuchen mit 23 000 Spenden und einem Aufkommen von 1,17 Millionen Euro. Der häufigste Wert der tatsächlich getätigten Spenden entsprach genau dem voreingestellten Betrag. Waren also 20 Euro voreingestellt, spendeten die meisten Leute 20 Euro, waren hingegen 50 Euro voreingestellt, waren es auch 50 Euro. Das Ergebnis ist insofern bemerkenswert, als es sich ja um eine nicht-bindende Voreinstellung handelte und es jedem freigestellt war, einen x-beliebigen anderen Betrag zu spenden.[14]

Die Rolle von nicht-bindenden Voreinstellungen wurde auch in anderen gemeinwohlrelevanten Kontexten gezeigt. Das vielleicht prominenteste Beispiel ist die Widerspruchslösung bei Organspenden. In einer ersten deskriptiven Studie wurde gezeigt, dass Organspenden in solchen Ländern häufiger sind, in denen die »Voreinstellung« besagt, dass man automatisch Organspender ist, es sei denn, man widerspricht aktiv.[15] Obwohl es jedem freisteht zu widersprechen, üben die jeweils gültigen Voreinstellungen eine enorme Handlungsmacht aus. Länder mit Widerspruchslösung haben Konsensraten nahe 100 Prozent, während diese in Ländern ohne eine solche Regelung bei lediglich 4 bis 27 Prozent liegen. Die Zahlen variieren in anderen Studien, aber der Hauptbefund bleibt bestehen: Entscheidungsarchitekturen durch Voreinstellungen können prosoziales Organspendeverhalten beeinflussen.[16]

Das zeigt sich auch in Studien zum Konsum umweltfreundlicher Energie. Es spielt eine Rolle, welche Art von Vertrag »voreingestellt« ist, wenn Sie Energie für zu Hause kaufen. In den meisten

Städten Deutschlands sind meines Wissens konventionelle Energieformen der voreingestellte Standard, und die meisten Haushalte beziehen konventionell produzierten Strom. Verschiedene Studien legen nahe, dass eine einfache Änderung der Voreinstellung zu mehr Konsum erneuerbarer Energie beitragen kann: so z. B. im Schwarzwälder Luftkurort Schönau, wo laut einer Studie 99 Prozent aller Haushalte sogenannte Grüne Energie bezogen, obwohl im Dorf zum damaligen Zeitpunkt nur wenige die Grünen wählten.[17] Weitere Forschungspapiere bestätigen die Ergebnisse aus Schönau: Gemeinsam mit Wissenschaftlern stellte ein Stromanbieter in Deutschland die Default-Einstellungen der Energieverträge um, wodurch die Nachfrage nach Grünem Strom kausal und um fast das zehnfache anstieg.[18] Gleiches ergab eine Studie in der Schweiz, die das Verhalten von über 200 000 Haushalten und 8000 Unternehmen untersuchte.[19] Mit konventionellem Strom als Voreinstellung konsumierten hier über 97 Prozent der Haushalte und Unternehmen Energie aus konventionellen Quellen. Nach einem Wechsel der Voreinstellung zu Grüner Energie bezogen weniger als 17 Prozent der Haushalte und 25 Prozent der Unternehmen konventionellen Strom, obwohl der Grüne Strom zwischen 3,6 und 14,3 Prozent teurer war. Über die Änderung in der Voreinstellung wurde ausführlich per Post aufgeklärt, sie geschah also keineswegs heimlich oder hinter dem Rücken der Verbraucher. Aber selbst fünf Jahre nach der Einführung bezogen weiterhin 80 Prozent der Haushalte und 71 Prozent der Unternehmen ihre Energie aus erneuerbaren Quellen.[20]

Voreinstellungen fördern auch anderweitig umweltfreundliches Verhalten. An einer schwedischen Universität wurde beispielsweise die Standardeinstellung der Drucker geändert, von einseitig auf zweiseitig. Hierdurch reduzierte sich der Papierverbrauch um 15 Prozent. Oder ein anderes Beispiel: Heizungen sind wahre Energiefresser – im durchschnittlichen Haushalt wird

73 Prozent der Energie von Heizungen verbraucht.[21] Selbst kleine Änderungen der Raumtemperatur können deshalb große Wirkungen auf den CO_2-Ausstoß haben. Im Zuge eines Experiments wurde die Grundtemperatur in einigen Räumen eines größeren Bürogebäudes reduziert, statt 20 Grad betrug die voreingestellte Temperatur nur 19 Grad. Die Ergebnisse der Studie zeigen, dass der Energieverbrauch dadurch nachhaltig gesenkt wurde.[22]

Weshalb Voreinstellungen bzw. Widerspruchslösungen wirksam sind, hat verschiedene Gründe. Zum einen sind wir häufig unaufmerksam, myopisch oder faul und folgen einfach dem, was uns vorgeschlagen wird. Vielleicht denken wir auch, dass wir »bei Gelegenheit« die Voreinstellung ändern, also zum Beispiel einen Organspendeausweis beantragen oder einen anderen Stromtarif wählen sollten. Aber dann verschieben wir diese Absicht wieder, und so bleibt es bei den Default-Optionen. Letztere wirken aber mitunter auch dadurch, dass sie eine normative Bedeutung entfalten oder darüber informieren, was angemessen scheint. Bei der Spendenplattform mag eine konkrete Voreinstellung naheleben, dass dies ein typischer oder normativ erwünschter Betrag ist. Allerdings kommt es in solchen Fällen darauf an, *wer* die Voreinstellung vorgenommen hat. Dem Vorschlag einer vertrauenswürdigen, am Gemeinwohl orientierten und gut informierten Einrichtung, wie etwa dem Verbraucherschutz, wird man eher folgen wollen als einer gewinnorientierten oder schlecht informierten privaten Einrichtung.[23]

Unabhängig vom jeweiligen Wirkkanal können wir uns als Gesellschaft der Hilfestellung durch die optimierte Wahl von Entscheidungsarchitekturen versichern. Die Kritik, es handle sich bei der Nutzung von Defaults um Manipulation oder versteckte Gängelung, ist sachlich unbegründet und unterschätzt zudem die Mündigkeit der Menschen. Denn es geht hier um niederschwellige Politikinstrumente, die den Akteuren jederzeit die Möglichkeit offenhalten, sich anders zu entscheiden, d. h. der Voreinstellung nicht zu folgen. Kritikern sei auch gesagt, dass es eine Welt ohne Voreinstellung gar nicht gibt. Entweder man ist per Default Organspender, oder man ist per Default kein Organspender. *Tertium non datur.* Eine neutrale Option existiert nicht. Immer ist irgendetwas der Default. Und weil das so ist, sollte der demokratisch gewählte Souverän, der Gesetzgeber, sich überlegen, wie er durch kluge Wahl von Voreinstellungen gemeinwohlförderndem Verhalten auf die Sprünge helfen kann.

Andere mit Respekt behandeln

Man kann es nicht oft genug betonen: Reziprozität ist ein entscheidender Treiber menschlichen Verhaltens. Wer möchte, dass Menschen sich fair, kooperativ und freundlich verhalten, der behandle sie in ebendieser Weise. Wer das Gegenteil erreichen will, der behandle sein Gegenüber unfair, mit Missachtung, Geringschätzung und Arroganz.

Ein wichtiges Anwendungsbeispiel dieser Einsicht ist, wie ich dargelegt habe, die Arbeitsbeziehung. Wer auf motivierte und leistungsbereite Arbeitnehmer setzt, sollte sie fair behandeln: mit anständiger Bezahlung, Entwicklungschancen, Freiräumen und guten Arbeitsbedingungen. Wer hingegen kranke Mitarbeiter, Sabotage und schwächere Leistungen in Kauf nehmen will, der setze auf Druck, Angst und Ausbeutung. Ein kluges Management wird sich positive Reziprozität zunutze machen und negative Reziprozität wann immer möglich vermeiden. Denn unfaires Verhalten zerstört nicht nur Motivation, sondern auch Wohlbefinden und Gesundheit, also ein gewaltiges Motivations- und Glückspotenzial. Mitarbeiter fair und respektvoll zu behandeln ist folglich ökonomisch sinnvoll. Verteilungs- und Effizienzfragen lassen sich nicht trennen. Fairnessfragen *sind* Effizienzfragen.

Reziprozität entfaltet sich in allen unseren Beziehungen, sei es mit Freunden, Bekannten oder Nachbarn. Immer gilt das eiserne Prinzip der Gegenseitigkeit. Neben den berühmten kleinen Geschenken, die die Freundschaft erhalten, machen zum Beispiel Aufmerksamkeit, Hilfeleistungen und Freundlichkeit aus Beziehungen gute Beziehungen. Auch das Eingeständnis von Fehlverhalten, die Fähigkeit, sich zu entschuldigen und dem anderen etwas nachsehen zu können, zählen dazu.

Und es ist wichtig, Beziehungen positiv zu beginnen, mit einem Vertrauensvorschuss, der dem Gegenüber gute Absichten zubilligt. Denn mittels Reziprozität erzeugen wir permanent selbsterfüllende Prophezeiungen. Wenn ich positiv auf jemanden zugehe und ihm zu Anfang ein Minimum an Vertrauen schenke, besteht die Chance, dass meine positive Erwartung tatsächlich belohnt wird, dass sich eine freundschaftliche und kooperative Beziehung ergibt. Ich sage »Chance«, weil ich nie sicher sein kann, dass mein Gegenüber tatsächlich gute Absichten hegt. Dann muss ich mein Verhalten ändern. Aber wenn ich bereits bei der ersten Begegnung mit pessimistischen Erwartungen beginne, verspiele ich sogar diese Chance. Ein echter *Non-Starter*.

Was im Kleinen gilt, gilt auch im Großen. Wer seine Stellung in der Gesellschaft als unfair erlebt, wird sich weniger verantwortlich für das Gemeinwohl fühlen, eine für die Gesellschaft weniger produktive Rolle spielen oder sie sogar aktiv bekämpfen. Er wird das politische System in Frage stellen, der Demokratie und ihren liberalen Werten den Rücken kehren. Die Gefahren der gesellschaftlichen Spaltung sind kaum zu unterschätzen. Zwei Formen, in denen sich wahrgenommene Unfairness ausdrückt, scheinen mir in diesem Zusammenhang besonders bedeutsam zu sein: mangelnde Anerkennung und wachsende Ungleichheit. Beide hinterlassen das Gefühl, von einer fairen gesellschaftlichen Teilhabe ausgeschlossen zu sein. Sie triggern Ablehnung und Gewalt.

Anerkennung steht und fällt damit, zuzugestehen, dass jeder Mensch Respekt verdient. Nicht als Träger einer Funktion, durch die Verkörperung einer Leistung oder aufgrund des Nachweises gesellschaftlicher Produktivität – sondern als Mensch. Es ist deshalb so wichtig, aufeinander zuzugehen, miteinander zu reden, im Gespräch zu bleiben. Wer ein ehrliches Interesse am gesellschaftlichen Zusammenhalt hat, sollte sich verkneifen, Andersdenkende bloßzustellen und sie der Lächerlichkeit preiszugeben; sollte stattdessen nicht müde werden, positive Gesprächsangebote zu machen.

Ein konkretes Beispiel ist die Initiative »Deutschland spricht«, ein von *Zeit Online* initiiertes Projekt, das das briq-Institut wissenschaftlich evaluiert hat.[24] Konkret ging es darum, herauszufinden, was es mit Menschen macht, wenn sie sich mit Andersdenkenden zu einem politischen Vieraugengespräch treffen. Hierzu wurden vor und nach der eigentlichen Zusammenkunft politische Einstellungen und Stereotype gemessen. Insgesamt nahmen mehrere Tausend Teilnehmer an den Gesprächen teil, wobei das gesamte politische Spektrum von links nach rechts vertreten war.

Die Ergebnisse offenbaren eine interessante Asymmetrie, die davon abhängig ist, ob das Gespräch zwischen politisch eher *Gleichgesinnten* oder eher *Andersdenkenden* stattfand. Bei Letzteren führte das Gespräch zu einem signifikanten Abbau von Stereotypen. Insbesondere verringerte sich die Zustimmung zu Aussagen wie etwa jenen, dass sich Werte und Vorstellungen Andersdenkender deutlich von den eigenen unterschieden oder dass Andersdenkende schlecht informiert seien und im Allgemeinen Probleme hätten, komplexe Zusammenhänge zu verstehen. Auch konnten sich die Teilnehmer nun eher vorstellen, Leute mit anderen Sichtweisen und Werten in ihren Bekanntenkreis aufzunehmen. Ebenso stieg die Zustimmung zu den Aussagen, dass man Menschen in Deutschland eher vertrauen könne und sich die meisten Menschen in Deutschland umeinander kümmerten. Die Gespräche mit Andersdenkenden hatten also positive Effekte auf den gesellschaftlichen Zusammenhalt.

Sprachen hingegen politisch eher Gleichgesinnte miteinander, blieben Vorurteile unverändert, und die Bereitschaft, Andersdenkende zu treffen, nahm tendenziell sogar ab. Gleichzeitig bestärkten sich die Gesprächspartner in ihren schon vor dem Treffen ähnlichen politischen Ansichten.

Die Resultate zeigen, wie wichtig es ist, mit Leuten in Kontakt zu treten, die eine andere Meinung haben als man selbst, und dass wir umso weniger bereit sind, Meinungen Andersdenkender in Betracht zu ziehen, je mehr wir uns mit Gleichgesinnten austauschen. Polarisierung verstärkt sich, wenn wir in unserer Echokammer verharren. Sie zu überwinden setzt die Bereitschaft voraus, sich in die Zwänge und Vorstellungen des Gegenübers hineinzudenken. Das bedeutet keineswegs, dass man die Positionen eines Andersdenkenden teilen oder übernehmen muss, sondern anerkennt und respektiert, dass er grundsätzlich etwas mitzuteilen hat. Zuhören ist wichtiger als Reden.

Im Zusammenhang mit der Impfdebatte habe ich mich verschiedentlich in Interviews pointiert geäußert, Impfverweigerung als das beschrieben, was sie ist, nämlich die Verweigerung von Kooperation, und gefordert, Impfgegner stärker an den Folgen der durch sie (mit-)verursachten gesellschaftlichen Kosten zu beteiligen – was nach meiner Überzeugung gerecht ist und Anreize richtig setzt. Wenig überraschend riefen diese Stellungnahmen heftige Reaktionen hervor, weitgehend positiv, aber eben auch ablehnend und mitunter extrem aggressiv. Ich erhielt sehr böse Briefe, die wir gleichwohl fast alle beantworteten. Was mich überrascht hat: Viele der sehr aggressiven Diskutanten schrieben auf diese Erwiderung ihrerseits noch einmal, und zwar erstaunlich positiv. Der Tenor lautete: *Ich teile zwar nach wie vor nicht Ihre*

Überzeugung, aber die Tatsache, dass Sie mein Schreiben beantwortet haben, finde ich toll. Ich habe schon sehr viele Briefe geschrieben und bisher fast nie eine Antwort bekommen. Der Ton war nun um ein Vielfaches freundlicher, versöhnlicher, manchmal fast freundschaftlich. Mich hat das sehr beeindruckt.

Damit es zu wechselseitiger Anerkennung kommen kann, muss es Gesellschaften gelingen, Räume zu schaffen, in denen sich unterschiedliche Menschen begegnen können. Der Wehr- und Zivildienst war ein solcher Raum. Aber auch Vereine, Jugendzentren und intakte Nachbarschaften vermögen das zu leisten. Kontaktmöglichkeiten sind aber seltener geworden (von den bestehenden Beschränkungen in der Coronapandemie ohnehin mal abgesehen). Vor allem mache ich hierfür die zunehmenden Ungleichheiten verantwortlich, in deren Folge sich die Lebenswirklichkeiten gesellschaftlicher Gruppen weiter auseinanderentwickeln. Beispielhaft genannt seien Trennungen zwischen Stadt und Land, zwischen Jungen und Alten, zwischen bildungsnahen und bildungsfernen oder armen und reichen Mitbürgern. Traf man sich früher »zufällig« mit den unterschiedlichsten Leuten auf der Straße, im Hof, in der Kirche, in der Kneipe oder beim Dorf- oder Straßenfest, dominieren heute zunehmend virtuelle soziale Kontakte mit Menschen, die uns sehr ähnlich sind, unsere Werte teilen und bestätigen. Hinzu kommt, dass hohe Mieten die Segregation zwischen Arm und Reich verstärken, ebenso ein Bildungssystem, das – wie es in Deutschland der Fall ist – de facto stark nach Herkunft selektiert.

Menschen mit Respekt zu behandeln fördert mittels Reziprozität das Gemeinwohl. Respekt äußert sich im Bemühen und der Fähigkeit, von Gesellschaften unverschuldete Ungleichheiten zu bekämpfen, aufeinander zuzugehen und seine Mitbürger anzuerkennen. Anderen Respekt vorzuenthalten ist moralisch problematisch und unproduktiv.

Sozialen Normen Geltung verschaffen

Gesellschaften funktionieren und prosperieren, wenn sie ihre Kooperationsprobleme lösen. Und sie scheitern, wenn sie das nicht schaffen. Wie ich ausgeführt habe, können soziale Normen dabei behilflich sein, wahrscheinlich ist das sogar der Grund ihrer Existenz. Sie kennzeichnen, was als sozial und normativ gewünschtes Verhalten zu gelten hat. Sie durchzusetzen bedeutet nichts anderes, als kooperative Menschen in ihrer Kooperation zu unterstützen und nicht-kooperative in ihrem Egoismus in die Schranken zu weisen. Eine Gesellschaft, die Kooperation bestraft, weil sie die Kooperierenden nicht besserstellt als die Nicht-Kooperierenden, kann meines Erachtens nicht funktionieren. Wer kooperiert, muss einen Vorteil haben, darf nicht der Dumme sein.

Wir sollten uns soziale Normen zu mächtigen Verbündeten machen, indem wir ihnen Geltung verschaffen. Hierfür gibt es zahlreiche Anknüpfungspunkte. Zum einen ist jeder Einzelne aufgefordert, unkooperatives Verhalten zu sanktionieren, aufzustehen und zu sagen: *So nicht! Ist nicht in Ordnung.* Fehlverhalten ist als solches zu benennen und zu brandmarken.

Die Sanktionierung von Normverstößen ist nicht nur wirksam, indem sie eigennütziges Verhalten diszipliniert. Sie fördert Kooperation auch dadurch, dass sie die Geltung und Anwesenheit von Normen unterstreicht. Es ist daher wichtig, an die Tatsache zu erinnern, dass viele von uns sich an soziale Normen halten.

Nehmen wir noch einmal die Corona-Impfkampagne als Beispiel. Sich impfen zu lassen heißt zu kooperieren, weil sich neben den individuellen Vorteilen einer Impfung Vorteile für die Gesellschaft ergeben. Es beeinflusst das Infektionsgeschehen positiv, rettet Leben und hilft dabei, die sozial, ökonomisch und psychisch extrem teuren Lockdown-Maßnahmen zu verkürzen. Außerdem ist es solidarisch mit Menschen, die sich nicht impfen lassen können oder dürfen, beispielsweise aus medizinischen Gründen. Hieraus folgt zunächst, dass wir Impfverweigerung als das bezeichnen müssen, was sie ist: ein unkooperatives, antisoziales und zutiefst eigennütziges Verhalten. Es verdient die gesellschaftliche Ächtung genau wie andere Formen mangelnder Kooperation, sei es Korruption, Schwarzfahren, das Verbreiten von Lügen oder die Verschmutzung der Umwelt. Impfverweigerung ist Trittbrettfahren.

Es ist wichtig, daran zu erinnern, dass die überwältigende Mehrheit in Deutschland impfbereit ist oder sich hat impfen lassen. Das gerät häufig in den Hintergrund, weil sich Impfgegner mit ihren pseudowissenschaftlichen oder kruden Freiheitsbegriffen so viel Gehör verschaffen. Was bitte soll das für ein Freiheitsbegriff sein, der nicht darauf achtet, ob er die *Freiheit anderer* einschränkt? Und Letztere wird ganz erheblich eingeschränkt, ökonomisch, sozial, psychisch und gesundheitlich. Wir lassen uns einen Diskurs von einer Minderheit Impfunwilliger aufoktroyieren und vergessen allzu leicht, dass die meisten von uns vernünftig sind und an einem Strang ziehen. Dessen muss man sich vergewissern und es sich bewusst machen. Nicht zuletzt, weil wir – wie ich ausführlich beschrieben habe – bedingt kooperative Wesen sind. Je mehr wir davon überzeugt sind, dass Normen Geltung haben und sich andere kooperativ verhalten, desto höher ist die Bereitschaft, sich ebenfalls für Kooperation zu entscheiden.

Hiermit ist ein politisches Instrument benannt, das man mit dem Begriff Erwartungsmanagement beschreiben kann: Aufklären darüber, was gilt und was die meisten von uns für richtig halten. Auch beim Kampf gegen den Klimawandel kann sich Erwartungsmanagement produktiv erweisen, wie ich kürzlich gemeinsam mit Peter Andre, Teodora Boneva und Felix Chopra zeigen konnte.[25]

Für unsere Studie rekrutierten wir eine repräsentative Stich-

probe von rund 8000 US-Amerikanern. Als Maß für die Bereitschaft, gegen den Klimawandel zu kämpfen, erhielten die Teilnehmer von uns 450 Dollar. Sie konnten entscheiden, wie viel sie
davon für sich behalten oder an atmosfair spenden wollten, eine
Organisation, die die Kompensation von Treibhausgasen durch
erneuerbare Energien betreibt. Je höher der Betrag an atmosfair,
desto höher die Bereitschaft des entsprechenden Teilnehmers,
sich für das Klima zu engagieren. In einem ersten Schritt untersuchten wir, wovon die Bereitschaft abhängt (vgl. Abbildung 24).
Es zeigte sich, dass die Teilnehmer sehr unterschiedliche Einstellungen zum Klima hatten, aber systematisch mehr spendeten,
wenn sie altruistisch waren. Das ergibt durchaus Sinn. Klima ist
ein globales öffentliches Gut und Klimaschutz daher ein kooperativer Akt. Anders gesagt: Der Kampf gegen den Klimawandel
ist gelebter Altruismus.

Weitere Determinanten klimafreundlichen Verhaltens sind die
Geduld und der sogenannte moralische Universalismus. Teilnehmer mit höherem Geduld-Level waren eher bereit, sich zu engagieren, als ungeduldigere Zeitgenossen. Das ist insofern einleuch-
tend, als sich die Folgen heutiger Klima-Aktivitäten erst in der
Zukunft zeigen werden. Hinzu kommt, dass von meinem eigenen klimafreundlichen Verhalten nicht nur mein direktes Umfeld
profitiert, sondern die ganze Welt. Hier kommt der moralische
Universalismus ins Spiel. Gemeint ist damit, ob und wie sehr wir
in unserem altruistischen Verhalten zwischen Fremden und Mitgliedern der eigenen Gruppe unterscheiden.[26] Menschen, die in
ihrem moralischen Handeln universaler sind, verhalten sich klimafreundlicher.

Wir finden auch klare Hinweise auf bedingte Kooperation. So
waren positiv reziproke Teilnehmer bereit, mehr zu spenden. Aber
auch solche, die glaubten, dass andere sich engagierten. Hierzu
stellten wir zwei Fragen. Wir wollten wissen, (a) wie hoch Teil-

nehmer die Bereitschaft der US-Bevölkerung einschätzten, sich für den Klimaschutz zu engagieren (wahrgenommenes Verhalten), und (b) wie hoch sie die Überzeugung der US-Bevölkerung einschätzten, dass man versuchen *sollte,* gegen den Klimawandel zu kämpfen (wahrgenommene Normen). Je höher ein Teilnehmer den Anteil der Bevölkerung einschätzte, desto höher war seine Spende für atmosfair. Das gilt für das wahrgenommene Verhalten genauso wie für wahrgenommene Normen (siehe Abbildung 24). (Übrigens stellten wir in dieser Studie auch fest, dass Frauen tendenziell mehr für den Klimaschutz spenden als Männer, und Demokraten mehr als Republikaner.)

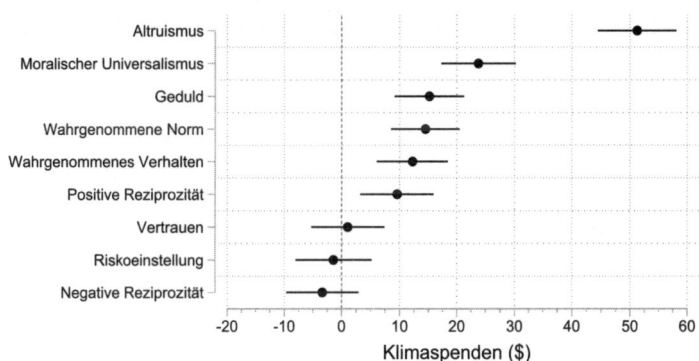

Abb. 24: Determinanten klimafreundlichen Verhaltens. Die Grafik zeigt, wie viel mehr oder weniger jemand mit einer bestimmten Eigenschaft im Durchschnitt spendet.

Menschen sind also umso eher bereit, sich für den Klimaschutz zu engagieren, je altruistischer und geduldiger sie sind und je höher sie die Bereitschaft ihrer Mitbürger einschätzen, gegen den Klimawandel zu kämpfen. Allerdings finden wir in unserer Untersuchung auch, dass diese Einschätzungen im Schnitt zu pessimistisch sind.

Das ist ein wichtiges und überraschendes Ergebnis: Die meisten US-Bürger unterschätzen systematisch die Bereitschaft ihrer Mitbürger zum Klimaschutz, eine Form sogenannter pluralistischer Ignoranz. Abbildung 25 zeigt diesen Zusammenhang für »wahrgenommenes Verhalten« (s. Panel A) sowie »wahrgenommene Normen« (Panel B). Die durchgezogene Linie zeigt dabei jeweils den wahrgenommenen Durchschnitt, die gestrichelte Linie den tatsächlichen Durchschnitt.

Aus Sicht bedingter Kooperation ist es ein misslicher Befund, dass die Kooperationsbereitschaft anderer unterschätzt wird. Und es drängt sich die Frage auf, ob die Chancen für den Klimaschutz verbessert werden könnten, wenn man die Leute über ihre Fehleinschätzung informieren, sie also über die tatsächlich höhere Bereitschaft ihrer Mitbürger aufklären würde.

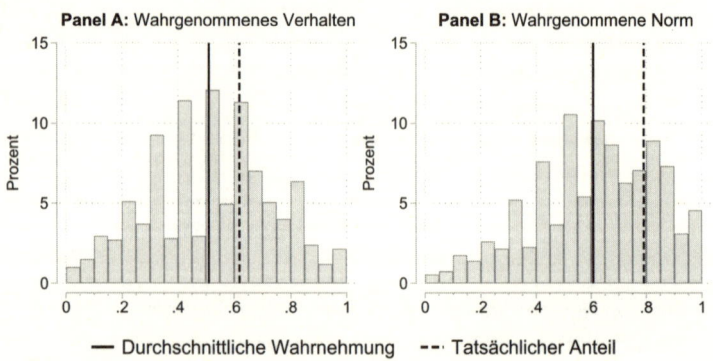

Abb. 25: Tatsächlicher und wahrgenommener Anteil der US-Bevölkerung, der sich für den Klimawandel engagiert (Panel A) bzw. findet, dass man sich engagieren soll (Panel B).

Um das herauszufinden, klärten wir eine Gruppe von Teilnehmern über die tatsächliche Kooperationsbereitschaft ihrer Mitbürger auf. Mit anderen Worten, wir korrigierten den falschen

Pessimismus, die pluralistische Ignoranz. Wenn jemand z. B. zuvor (fälschlicherweise) geglaubt hatte, nur 20 oder 30 Prozent der Amerikaner seien bereit, sich für den Klimaschutz zu engagieren, erfuhr er nun, dass es tatsächlich 62 Prozent sind. Glaubte er, dass vielleicht nur 40 Prozent der Meinung seien, dass man gegen den Klimawandel kämpfen sollte, lernte er nun, dass der korrekte Anteil bei fast 80 Prozent liegt.

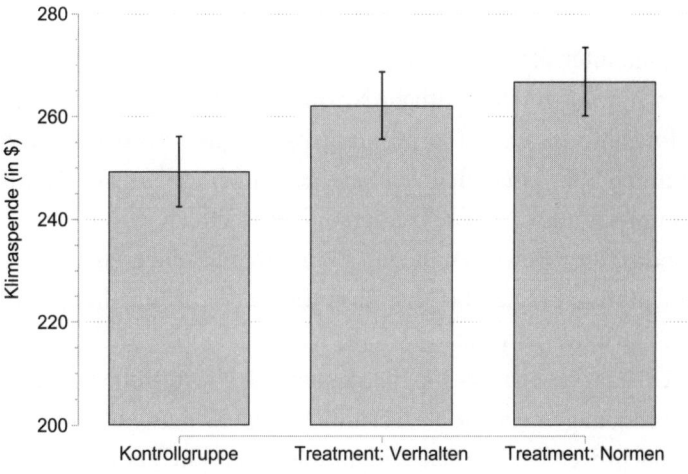

Abb. 26: Kausale Effekte der Information über Verhalten und Normen in der Gesellschaft.

Diese Art der Aufklärung und Information führte zu höheren Klimaspenden an atmosfair. Wenn über den tatsächlichen Anteil in der Bevölkerung, der sich engagiert, informiert wurde, stieg die Klimaspende um 12 Dollar (vgl. Abbildung 26). Korrigierte man die falschen Einschätzungen über wahrgenommene Normen, stiegen die durchschnittlichen Spenden sogar um 16 Dollar. Ein kausaler Effekt von Erwartungsmanagement auf klimafreundliches Verhalten: Die Bereitschaft, Geld an eine Organisation zu spenden, die CO_2 kompensiert, ist signifikant höher, wenn die Teilnehmer über die tatsächliche Bereitschaft ihrer Mitbürger informiert werden. Der Effekt ist besonders ausgeprägt bei Leuten, die eigentlich eine geringe Bereitschaft zum Klimaschutz haben, weil sie den Klimawandel leugnen oder skeptisch beurteilen. Gerade diese Zeitgenossen sind typischerweise schwer zu überzeugen, was die Bedeutung von Erwartungsmanagement noch einmal unterstreicht.

Verhaltensänderungen und die Akzeptanz klimapolitischer Maßnahmen können also gestärkt werden, wenn es gelingt, Klimaschutz als gesellschaftliche Norm zu verankern. Entsprechende Informations- und Überzeugungskampagnen kosten nicht viel, könnten aber potenziell viel bewegen, auch weil es sich hier um komplementäre, sich selbst verstärkende Effekte handelt: je stärker das Normbewusstsein, desto klimafreundlicher das Verhalten, und je ausgeprägter das klimafreundliche Verhalten, desto stärker das Normbewusstsein.

Unsere Studie zeigt Möglichkeiten auf, wie mithilfe von Erwartungsmanagement soziale Normen für den Klimaschutz produktiv gemacht werden können. Indem man Menschen bewusst macht, dass andere kooperationswillig sind, kann die Kooperationsbereitschaft vergrößert werden. Ein ähnlicher Effekt zeigte sich auch in einem Feldexperiment an der Universität Zürich.[27] Verbunden mit der Aufforderung, für bedürftige Kommilitonen zu spenden, erfuhren 1000 Studenten, dass in der Vergangenheit 64 Prozent der Teilnehmer gespendet hatten, während 1000 anderen Studenten mitgeteilt wurde, dass die Zahl bei nur 46 Prozent gelegen hatte. (Gelogen wurde hier übrigens nicht, weil sich die Zahlen auf unterschiedliche Zeiträume in der Vergangenheit bezogen.) Auf diese Weise wurden also die Erwartungen über die soziale Norm variiert. Es kam wie erwartet: In der 64-Prozent-Bedingung waren die Spenden höher als in der 46-Prozent-Bedingung.

Soziale Normen sind schwerfällig. Sie brauchen viel Zeit, um sich zu wandeln und ihre gemeinwohlfördernde Wirkung zu entfalten. Umso wichtiger ist es, für sie einzustehen und über ihre Geltung zu informieren. Hieraus ergibt sich auch eine Forderung an die mediale Berichterstattung. Dass Minderheitenmeinungen häufig überproportional stark wahrgenommen werden, liegt auch an einem falschverstandenen journalistischen Gleichheitsethos, auch »falsche Ausgewogenheit« genannt. Gemeint ist die Unsitte, dass Minderheitenmeinungen eine unangemessene Geltung eingeräumt wird. Um sich nicht dem Vorwurf mangelnder Ausgewogenheit auszusetzen, wird in Talkshows oder Streitgesprächen paritätisch Meinungen Raum geboten, die objektiv falsch sind und Außenseiterpositionen repräsentieren. Hierdurch wird der Eindruck erweckt, Letztere seien gleichwertig mit dem wissenschaftlichen Konsens oder damit, was eine überwältigende Mehrheit für richtig erachtet. Eine gute Absicht verkehrt sich dann in ihr Gegenteil, wie die Diskussionen um Impfen oder Klimawandel leider immer wieder belegen.[28]

Positive Vorbilder schaffen

Wie wir werden, was und wer wir sind, ist eine der faszinierendsten Fragen der Menschheit, deren Beantwortung letztlich gleichwohl noch in weiter Ferne liegt. Sicher aber ist, dass die Umgebung, in der wir leben und aufwachsen, auf die Entwicklung unserer Persönlichkeit, auch unserer moralischen Persönlichkeit, einen maßgeblichen Einfluss hat. Tatsache ist auch, dass wir als Gesellschaft Einfluss nehmen können auf ebendiese Umgebung. Es liegt zumindest teilweise in unserer Hand, ob Kinder Zuwendung erfahren, sich angenommen fühlen dürfen, soziale Interaktionschancen bekommen, in ihrer kognitiven und sozio-emotionalen Entwicklung positiv unterstützt werden oder nicht. Gesellschaften, die sich der Förderung des Gemeinwohls verpflichtet fühlen, sollten bemüht sein, für möglichst günstige Entwicklungschancen prosozialer Entwicklungsmuster zu sorgen. Denn es macht einen Unterschied, wer wir sind. Nicht nur die Situationen machen es uns leichter oder schwerer, uns altruistisch zu verhalten, sondern auch unsere Persönlichkeit.

Wie ich oben beschrieben habe, sind positive Vorbilder entscheidend bei der Entwicklung von Persönlichkeit. Vorbilder sind wichtig, weil Kinder Verhalten imitieren. Durch die Imitation von Vorbildern üben wir bestimmte Verhaltensweisen ein, sie werden Teil unserer alltäglichen Lebenspraxis und schließlich Teil unserer Identität. Wir alle sind aufgerufen, Kindern ein positives Vorbild zu sein. Immer. Und überall. Das gilt für uns als Eltern, Erzieher, Lehrer, aber auch für Freunde und Nachbarn, für Politiker, Künstler, Musiker und Sportler. Aber wie oft scheitern wir an uns selbst und geben ein eher mittelmäßiges Vorbild ab? Scheitern an Stress, Zeitnot und anderen Anforderungen des Alltags; ich weiß, wovon ich spreche. Zugleich sollten wir versuchen, möglichst keine negativen Vorbilder abzugeben, denn sie sind gleichermaßen wirksam. Das konnten meine Kollegen Nico Voigtländer und Joachim Voth am Beispiel des Antisemitismus belegen.[29] Ihre Studie zeigt, dass die Nazi-Indoktrination mit ihrem Fokus auf Rassenhass nachhaltig effektiv war. Deutsche, die während der Nazi-Zeit aufwuchsen und zur Schule gingen, sind selbst heute noch antisemitischer als jene, die unmittelbar vorher oder nachher geboren und sozialisiert wurden.

Man könnte ein eigenes Buch zu den Möglichkeiten und Grenzen gesellschaftlicher Vorbilder schreiben. Lassen Sie mich stattdessen kurz eine bestimmte Form der Förderung betonen, für deren Wirksamkeit es gute Evidenz[30] und den Nachweis der Machbarkeit gibt: die bereits erwähnten *Mentoringprogramme*. Sie stellen eine vielversprechende Möglichkeit dar, um die Persönlichkeitsentwicklung von Kindern positiv zu fördern. Beim Mentoring wird einem Kind, Jugendlichen oder jungen Erwachsenen mit Unterstützungsbedarf für einen längeren Zeitraum eine Bezugsperson zur Seite gestellt. Dieses vergleichsweise einfache und noch dazu kostengünstige Konzept entfaltet eine bemerkenswert positive Wirkung auf den Bildungs- und Lebensweg; besonders Kinder aus sozioökonomisch schwächeren Haushalten profitieren davon.

Die Effekte von Mentoring sind nicht nur wirksam, sie sind auch in hohem Maße effizient. In der in Kapitel 6 besprochenen Studie zum Einfluss des Mentoringprogramms »Balu und Du«, finden wir beispielsweise, dass ein Euro, der für ein Kind investiert wird, einen Mehrwert von mindestens 3,84 Euro hervorruft. Das kann man ausrechnen, indem man die Kosten des Programms mit dem Wert ins Verhältnis setzt, der dadurch entsteht, dass die Kinder später bessere Berufschancen und höhere Einkommen haben.[31] Und diese Rechnung beinhaltet nur den Effekt, den das Programm auf die Prosozialität von Kindern hatte. Der Gesamteffekt ist noch wesentlich höher, da Effekte wie etwa verbesserte Bildungsübergänge, eine höhere Lebenszufriedenheit und eine bessere Gesundheit noch hinzukommen. Für ähnliche frühkindliche Interventions-Studien rechnet der Ökonom und Nobelpreisträger James Heckman mit einem noch besseren Kosten-Nutzen-Verhältnis: Seinen Berechnungen nach liegt die Rendite für einen aufgewendeten Euro bei 7 bis 12 Euro.[32] Ein gutes Geschäft also.

Mit Mentoring kann Chancenungleichheit reduziert und die sozio-emotionale Entwicklung gefördert werden. Die Unterstützung dieser Programme kann daher einen wichtigen und effizienten Beitrag für die Verbesserung des Gemeinwohls leisten. Hierfür müssen keine neuen Programme entwickelt werden. In den letzten Jahren ist die Mentoring-Szene in Deutschland stark gewachsen und stellt die notwendigen Strukturen zur Verfügung.

Es gibt zahlreiche kleine lokale, oft ehrenamtlich organisierte Mentoringprogramme, aber auch eine Reihe großer, bundesweit etablierter, hauptamtlich geführter Akteure. Diese haben nachhaltige und skalierbare Mentoringprogramme aufgebaut und bundesweit umfassende Erfahrung in der Begleitung von Tausenden Kindern und Jugendlichen gesammelt.[33]

Diese Programme sollten unterstützt und ausgebaut werden. Vor allem in einer Zeit von Schulschließungen und Homeschooling. Einer ganzen Generation von Kindern fehlt es an sozialer Interaktion. Sie trägt die Hauptlast der Pandemie. Mit einem massiven Ausbau von Mentoringprogrammen können wir zumindest ein bisschen gegensteuern. Wir sind es den Kindern schuldig.

Forschung fördern

Es mag eigennützig erscheinen, als Forscher zu fordern, man solle Forschung fördern. Ist es auch! Aber ich glaube, ich habe gute weitere Gründe dafür. Wenn wir unseren Planeten nicht völlig ruinieren wollen, müssen wir verstehen, wie wir unser Verhalten ändern können, als Konsumenten, Wirtschaftslenker, Wähler oder Politiker. Aber das setzt ein besseres Verständnis unseres Verhaltens voraus. Und hier ist die Forschung gefragt. Es ist ein Witz, wie wenig wir über uns selbst wissen. Wie sich unsere Persönlichkeit entwickelt, wie wir auf Situationen und Stimmungen reagieren. Wie wir den Zusammenhalt in der Gesellschaft fördern können, ebenso wie unsere Talente und unsere Bereitschaft zu prosozialem Handeln.

Nicht, dass wir nichts wüssten. Aber mit Blick auf die epochalen Herausforderungen ist es doch erschreckend wenig. Wir brauchen daher eine bessere Ausstattung von Forschern und Forschungseinrichtungen, um damit die Voraussetzungen für Spitzenforschung zu schaffen. Um die theoretische und empirische

Arbeit zu leisten, die nötig ist, um uns über uns selbst aufzuklären. Um wissenschaftlich begründete Strategien zu entwickeln, wie wir den Herausforderungen von Ungleichheit, Klimawandel, Ausbeutung, Armut, Diskriminierung und Ausgrenzung begegnen können. Um herauszufinden, wie wir Kindern bessere Startchancen ermöglichen, um ein selbstbestimmtes und selbstbewusstes Leben zu führen. Wie wir klimafreundliches Verhalten auf allen Ebenen erreichen können, angefangen beim Konsumenten bis hin zu polit-ökonomischen Fragen internationaler Vereinbarungen, etwa Klima-Clubs und Handelsabkommen. Vergessen wir nicht, dass bei aller Bedeutung für technologische Lösungen am Ende unser *Verhalten* den Ausschlag gibt. Mir kommt es manchmal so vor, als wüssten wir mehr über die Zusammensetzung des Staubs auf dem Mond als über die menschliche Psyche. Fördern wir die Erforschung menschlicher Verhaltensweisen!

Zudem brauchen wir eine Kultur evidenzbasierter Politikgestaltung.[34] Die Coronakrise hat einmal mehr gezeigt, welche zentrale und produktive Rolle wissenschaftliche Beratung für die Politikgestaltung spielen kann. Kein Zweifel: Evidenz ist eine zentrale Voraussetzung für eine rationale und effiziente Auswahl politischer Maßnahmen. Und das nicht nur in medizinisch-naturwissenschaftlichen Fragen, sondern auch in Bezug auf sozialwissenschaftliche Befunde. Was wie eine Selbstverständlichkeit klingt, ist allerdings weitgehend Illusion, vor allem in Deutschland.

In sozialwissenschaftlichen Fragen regiert meist der »gesunde Menschenverstand«, der – bei allem Respekt – so gesund oft nicht ist. Zahllose Fallstricke behindern rationale Einsichten auf Seiten politischer und behördlicher Entscheidungsträger. Systematische Fehler entstehen hier durch »starke Intuitionen«, fehlerhaften Umgang mit Wahrscheinlichkeiten und statistischen Informationen, der Fehlinterpretation von Korrelation als Kausalität, der

Nichtbeachtung von Selektionseffekten, unterschiedliche Verzerrungen im Urteils- bzw. Denkprozess oder die Vernachlässigung von Folgewirkungen und Ausweichreaktionen. Der Mangel an Evidenz oder falscher Umgang mit Daten führt deshalb regelmäßig zu Fehlschlüssen, die noch verstärkt werden durch politischen Druck, Stimmungen und Umfragen sowie die Tatsache, dass gerade Entscheidungsträger in ihrem Urteil häufig zu selbstsicher sind. Oft geht daher gerade das Gutgemeinte nach hinten los.

Ein Beispiel? Vor einigen Jahren führten manche US-Bundesstaaten die Maßnahme »Ban the Box« ein, die es Arbeitgebern untersagt, in Bewerbungsunterlagen nach Vorstrafen zu fragen. Hintergrund: In den USA ist ein vergleichsweise hoher Teil der männlichen schwarzen Bevölkerung arbeitslos und vorbestraft. Das Verbot sollte es schwarzen US-Amerikanern erleichtern, die erste Hürde im Bewerbungsverfahren zu überwinden. Belastbare Evidenz zur Wirksamkeit solcher Maßnahmen gab es nicht. Diese wurde Jahre später von den Ökonominnen Amanda Agan und Sonja Starr nachgeliefert.[35] Für die Studie verschickten sie 15 000 fiktive Online-Bewerbungen vor und nach Einführung der Maßnahme. Um die Diskriminierung von Schwarzen zu messen, gaben sie den Bewerbern zufällig Namen, die typischerweise mit weißen bzw. schwarzen Personen assoziiert werden. Vor der Einführung von »Ban the Box« erhielten Bewerber mit einem »weiß«klingenden Namen sieben Prozent häufiger einen Rückruf. Nach der Einführung war die Wahrscheinlichkeit um 43 Prozent höher. Die Studie zeigt also, dass das gesetzliche Verbot Diskriminierung von schwarzen US-Amerikanern nicht reduziert, sondern verstärkt hat. Der Befund lässt sich auf statistische Diskriminierung zurückführen: Arbeitgeber, die keine Vorbestraften einstellen wollen, aber nicht mehr nach Vorstrafen fragen dürfen, sieben im Zweifel einfach sämtliche schwarzen Bewerber direkt aus.

Bei zentralen politischen Vorhaben ist es also geboten, alle wissenschaftlichen Methoden auszuschöpfen, um möglichst effektive Maßnahmen zu identifizieren, statt unkontrolliert irgendetwas einzuführen, das sich sinnvoll anhört. Ein Mittel der Wahl ist die Nutzung randomisierter kontrollgruppenbasierter Studien, ergänzt um Analysen großer Datensätze, vor allem durch die Verknüpfung von administrativen Daten. In vielen Ländern, insbesondere in Skandinavien, erhalten Forscher unter Berücksichtigung datenschutzrechtlicher Anforderungen Zugang zu diesen Daten. Nur so lassen sich sozialpolitische Wirkungen vernünftig analysieren. Nicht so in Deutschland. Hier herrschen Skepsis, Trägheit und Kleinmütigkeit, sowohl sozialen Experimenten als auch der Bereitstellung administrativer Datensätze gegenüber. Die Folge: Deutschland ist notorisch untererforscht. Ein enormer Standortnachteil.

Auch hier ein Beispiel: Mit Daten aus 41 Millionen dänischen Einkommensteuerbescheiden untersuchten Raj Chetty und Co-autoren, wie sich die Altersvorsorge verbessern lässt.[36] Dabei fanden sie heraus, dass eine Erhöhung staatlicher Zuschüsse weitgehend verpufft, weil viele Sparer nicht auf veränderte Anreize reagieren oder allenfalls ihre Rentenpläne umschichten: Im Mittel steigen für jeden Euro an zusätzlichen staatlichen Ausgaben die Spareinlagen nur um einen Cent. Auf der Suche nach effizienteren Alternativen analysierten die Forscher das Sparverhalten von Personen, die zu Firmen gewechselt waren, bei denen man automatisch viel für die Rente spart, es sei denn man entscheidet sich dagegen. Tatsächlich zeigte sich, dass solche Widerspruchslösungen die Sparquote enorm erhöhen (nebenbei bemerkt ein Beleg für die Wirksamkeit der oben angesprochenen Default-Mechanismen). Erkenntnisse wie diese aus Dänemark sind nur möglich, wenn große administrative Datensätze für die Forschung zugänglich und verknüpfbar sind.

Was Deutschland dringend braucht, ist eine Kultur evidenzbasierter Politik. Die hierfür vielleicht wichtigste politische Voraussetzung ist das selbstkritische Denken. Wer sich als Politiker oder Manager einem wissenschaftlichen Test stellt, setzt immer die Möglichkeit des eigenen Irrtums voraus. Das ist aber kein Scheitern, sondern Kennzeichen einer rationalen Fehler- und Wissenschaftskultur. Zu fordern ist weiterhin, wissenschaftliche Evidenz als Grundlage und zur Evaluation als Teil der Gesetzgebung zu verankern und Gesetze regelmäßig auf ihre Wirkung empirisch zu überprüfen und zu hinterfragen. Zudem muss der Datenzugang sowie die Datenverknüpfung für administrative Daten erleichtert werden. Die Daten gehören den Bürgern und Versicherten, sie haben ein Recht auf gute Politik.

Auch muss die verbreitete Scheu vor sozialen Experimenten überwunden werden. Die Wirksamkeit sozialpolitischer Maßnahmen vorab an Experimental- und Kontrollgruppen zu testen, ist weder unmoralisch, noch wird dadurch das Gleichheitsgebot verletzt. Im Gegenteil: Die unkontrollierte Einführung von Maßnahmen hat als unmoralisch zu gelten. Man stelle sich vor, Medikamente würden ohne Wirkungs- und Nebenwirkungsanalyse zugelassen.

Wir müssen alle uns zur Verfügung stehenden Methoden nutzen, um effektive und kosteneffiziente Maßnahmen zu identifizieren. Dabei geht es nicht nur um bessere Politikgestaltung: Evidenz ist auch Gegengift gegen pseudowissenschaftliche Argumente und irrationalen Populismus. Und noch ein letzter Punkt: Evidenzbasierte Politik bedeutet nicht Technokratie. Evidenz kann immer nur Input und Entscheidungshilfe sein, die Entscheidung selbst obliegt immer und ausschließlich dem Souverän.

Regulieren

In diesem Buch geht es primär um individuelles Verhalten, nicht um regulatorisches oder staatliches Handeln. Aus diesem Grund war bislang zu Regulierungsfragen wenig zu hören, und so wird es auf den letzten Seiten auch bleiben. Allerdings sollte die Bedeutung von Regulierung zumindest erwähnt werden, wenn es um mögliche Ansatzpunkte geht, wie sozial wünschbares Verhalten gefördert werden kann. Kurz gesagt lautet die Forderung: Wenn Einsicht und Freiwilligkeit nicht weiterhelfen, dann muss reguliert werden.

Aus Sicht der ökonomischen Theorie ist ein klassischer Anwendungsfall für Regulierung gegeben, wenn Verhalten externe Effekte erzeugt. Märkte funktionieren dann nicht mehr, weil Preise nicht die tatsächlichen Knappheiten widerspiegeln. In diesem Fall müssen selbst hartgesottene Marktliberale einräumen, dass es wohlfahrtserhöhend sein kann, wenn der Gesetzgeber regulierend eingreift. Wie ich weiter oben angerissen habe, erzeugen Markttransaktionen regelmäßig externe Effekte, das heißt, es werden Geschäfte zu Lasten Dritter abgeschlossen. Die Liste ist lang und reicht von Schmerz und Leid für Arbeitnehmer ohne Arbeitsschutz über Tierquälerei bis hin zur Zerstörung der Umwelt und den daraus resultierenden Auswirkungen auf das Klima. Weil »Dritte« betroffen sind, preisen Marktteilnehmer die externen Kosten nicht ein und erzeugen so insgesamt ineffiziente Ergebnisse. Um dies zu korrigieren, muss man gesetzliche Vorgaben machen, wie sie uns etwa bei der CO_2-Bepreisung, dem Verbot bestimmter Produkte, Vorschriften für die Finanzindustrie oder dem Lieferkettengesetz begegnen.

Die für mich vielversprechendste Regulierung zur Lösung des Klimaproblems sind sogenannte Klima-Clubs: Es steht außer Frage, dass die zu bewältigende Aufgabe einzelne Individuen und Länder überfordert. Wenn ein Land vorangeht und höhere Abgaben für klimaschädliche Emissionen beschließt, besteht neben Wettbewerbsnachteilen für die heimische Wirtschaft insbesondere die Gefahr von *Carbon Leakage,* also der Verlagerung klimaschädlicher Produktion in Länder mit geringeren Standards. Zudem ist problematisch, dass der Preis für Energie sinkt, wenn ein Land seinen Energieverbrauch reduziert, wodurch es in anderen Ländern zu einer höheren Nachfrage kommen kann.

Eine Lösung dieser internationalen Trittbrettfahrer-Problematik hat der Ökonom und Nobelpreisträger William Nordhaus mit seiner Klima-Club-Idee[37] vorgeschlagen, die man allgemein auf soziale und ökologische Standards erweitern sollte: Mehrere Länder schließen sich zusammen und vereinbaren eine strikte Klimapolitik, z. B. über eine entsprechende CO_2-Bepreisung. Gleichzeitig fordern sie für alle Länder außerhalb des Clubs eine CO_2-Importsteuer, wodurch Wettbewerbsnachteile ausgeglichen werden und ein Anreiz erzeugt wird, dem Club beizutreten. Die EU sollte hier vorangehen, am besten gemeinsam mit den USA und China. Denn alle drei Wirtschaftsräume zusammen sind verantwortlich für etwa die Hälfte des weltweiten Ausstoßes klimaschädlicher Gase.

Regulierung ist ein weites Feld und ein eigener Forschungsbereich der Wirtschaftswissenschaften, was eine auch nur im Ansatz angemessene Diskussion an dieser Stelle ausschließt. Es gibt aber einen Aspekt, der uns im Zusammenhang mit der in diesem Buch aufgeworfenen Frage nach individueller Verantwortung interessiert und den ich erwähnen möchte: Es ist die Rolle des *Wählers.* Aus Sicht des Individuums ist Regulierung deshalb bedeutsam, weil es darüber im demokratischen Prozess abstimmt. Es ist jedem klar, dass etwa die Frage nach Tempolimit, CO_2-Preis oder Tierwohlverordnungen eine Frage politischer Mehrheiten ist. Und es ist auch klar, welche Parteien sich hier mehr oder weniger stark engagieren. Als Wähler steht man daher vor folgender Entscheidung: Ist man bereit, langsamer zu fahren und mehr für Energie oder Lebensmittel zu bezahlen, wenn es insgesamt das Gemeinwohl fördert? Oder dominieren Eigennutz und kurzfristige Einkommensmaximierung? Berücksichtigt man bei seiner Wahlentscheidung auch die Bedürfnisse Dritter, im eigenen Land und global, oder reflektiert sie lediglich die eigenen materiellen Interessen? Worauf ich hinauswill: Jede Wahlentscheidung ist selbst ein *Akt prosozialer Erwägungen*. Ob man will oder nicht.

Mehr Kant wagen

In früheren Zeiten verhielten sich die Menschen auch deshalb moralisch, um ein gottgefälliges Leben zu führen. Moral gründete in religiösen Vorstellungen von Gut und Böse, tradiert durch Riten und Glaubenspraxen, angeleitet von Priestern und weiterem »Bodenpersonal« Gottes auf Erden. Der Deal war dabei recht einfach: Wer nicht pariert, schmort in der Hölle. Unabhängig davon, dass weder die Existenz noch die Nichtexistenz supernatürlicher Mächte bewiesen werden kann, hat die Angst vor Fegefeuer und göttlichem Gericht nachweislich an Einfluss verloren, zumindest in modernen Gesellschaften. Mit dem Wegfall religiöser Anleitung standen die Denker der Aufklärung vor der gewaltigen Aufgabe, Moral auf einfache, universelle und abstrakte Prinzipien zu gründen. Dieses Letztbegründungsproblem moralischen Verhaltens kennzeichnet den philosophischen Diskurs westlicher Prägung.

Sehr holzschnittartig wird er von der Rivalität zweier theoretischer Großentwürfe bestimmt. Auf der einen Seite stehen die Utilitaristen, die das moralisch richtige Verhalten an den *Konsequenzen* für andere festmachen, verbunden mit der Forderung, den Nutzen der Menschen zu mehren. Moralisch geboten ist demnach ein Verhalten, das anderen nützt. Das Verhalten wird an seinen Konsequenzen gemessen. Sie entscheiden darüber, was gut und was böse ist. Auf der anderen Seite steht eine deontologische und regelbasierte Moral, wie sie von Immanuel Kant und seinen Anhängern formuliert und gefordert wird. Hier sind es nicht die Konsequenzen, auf die unser Verhalten gerichtet sein soll, sondern die Absichten und die Einsicht in Richtig und Falsch. Gut ist, was als richtig erkannt wird, unabhängig von seinen Konsequenzen. Eine von vielen Ausprägungen dieser Ethik ist der berühmte kategorische Imperativ, wonach ein Verhalten als moralisch gilt, von dem man wollen kann, dass es als Prinzip einer allgemeinen Gesetzgebung gelte. Man soll sich also so verhalten, wie man es sich auch von seinen Mitmenschen wünschen würde.

Beide Ansätze, utilitaristischer Konsequenzialismus und regelbasierte Ethik, weisen fundamentale Probleme auf und führen mitunter zu absurden Handlungsforderungen. Und längst gibt es in der philosophischen Debatte Mischformen und unzählige Weiterentwicklungen; es wäre ja auch verwunderlich, wenn es nach über 200 Jahren intensiver Diskussion anders wäre. Mir geht es hier aber darum zu fragen, ob wir angesichts globaler Herausforderungen überhaupt eine Alternative zu Kant haben. Ob es nicht sinnvoll ist zu fordern, dass wir der Kant'schen Ethik zu mehr Geltung verhelfen sollten.

Hier ist das Argument: An verschiedenen Stellen habe ich gezeigt, dass es angesichts von Arbeitsteilung, Entscheidungen in Gruppen, durch Delegation oder auf Märkten häufig zu einer Diffusion von Verantwortung kommt. Das bedeutet, dass wir in unserer modernen, arbeitsteiligen und komplexen Welt regelmäßig Entscheidungen treffen, bei denen wir nicht pivotal sind, die aus Sicht des Individuums keine unmittelbaren negativen Konsequenzen haben. Wenn ich sicher sein kann, dass jemand anderes an meiner Stelle das Billig-T-Shirt, das Masthähnchen oder den SUV kauft, warum soll ich es dann nicht selbst tun? Wenn es de facto kaum einen Unterschied für das Weltklima macht, ob ich nun nach Mallorca fliege oder nicht, wieso soll ich es dann unterlassen?

Wenn ich es nicht mache, macht es jemand anders – diese beinharte Logik lässt das Schwert utilitaristischer Ethik stumpf werden. In Situationen, in denen ich nicht pivotal bin, verliert der Konsequentialismus seinen Biss, seine handlungsregulierende Macht. Da dieses Argument für jeden gilt und kollektive Ergebnisse die Summe individueller Entscheidungen sind, kann eine utilitaristische Ethik dem Guten nicht zur Geltung verhelfen. Sie ist wehrlos auf Märkten und in Gruppen, wenn es wahrscheinlich ist, dass es immer jemand anderen gibt, der statt meiner handelt, der mich ersetzt und meine Weigerung wirkungslos – inkonsequentiell – macht. Wenn ich mir zu Recht sagen kann, dass es keinen Unterschied macht, wie ich mich verhalte, dann handle ich aus konsequentialistischer Perspektive nicht unmoralisch, auch wenn ich das kollektive Ergebnis dieser Handlungen moralisch verwerflich finde.

Demnach ist mein Verhalten unter Anwendung utilitaristischer Ethik in vielen zentralen und relevanten Kontexten moralisch nicht zu beanstanden, weil es mit Blick auf finale Konsequenzen keinen Unterschied macht, wie ich mich verhalte. Diese Kontexte habe ich weiter oben beschrieben. Sie sind dadurch gekennzeichnet, dass ich als Einzelner nicht pivotal bin. Und sie sind allgegenwärtig. Das ist das Problem.

Wir brauchen also mehr Kant. Denn eine regelbasierte Ethik ist auch in Kontexten diffuser Verantwortung wirkmächtig. Weil sie nicht danach fragt, was die Konsequenzen sind, sondern danach, was richtig und falsch ist. Die Kant'sche Ethik bietet einen verlässlichen moralischen Kompass auch in Situationen, in denen der Einzelne nicht pivotal ist. Die Entschuldigung »wenn ich es nicht tue, macht es jemand anders« »hilft« dem Akteur nicht weiter. Weil Handlungsweisen auch dann moralisch falsch bleiben, wenn sie durch das Verhalten anderer inkonsequentiell werden. Wenn es, um das Experiment mit den Mäusen aufzugreifen, falsch ist, eine Maus für Geld dem Tod auszuliefern, dann bleibt diese Handlung falsch, auch wenn die Maus durch das Verhalten anderer ohnehin sterben wird. Wenn es falsch war, als Arzt an der Rampe eines Konzentrationslagers Menschen zu selektieren, blieb es auch dann falsch, wenn der Arzt sich sagen konnte, er würde sonst durch andere Ärzte ersetzt werden. Wenn es falsch ist, aus Profitinteresse Waffen in Krisengebiete zu liefern, bleibt es falsch, auch wenn andere ihre Waffen dorthin exportieren. Wenn es falsch ist, ein mit Kinderarbeit oder ökologisch fragwürdigen Methoden hergestelltes Billig-T-Shirt zu kaufen, bleibt der Kauf moralisch problematisch, auch wenn das T-Shirt sonst von jemand anderem gekauft wird.

Im Gegensatz zur konsequentialistischen Logik des Utilitarismus bleibt die moralische Bewertung einer Handlung bei Kant auch dann intakt, wenn der Entscheidungskontext das Individuum von der unmittelbaren Verantwortung für die Konsequenzen entlastet. Genau aus diesem Grund verspricht in arbeitsteiligen und komplexen Gesellschaften nur eine an Kant orientierte Ethik eine normative Orientierung.

Um es noch einmal anders zu sagen: Ist ein Individuum in seiner Entscheidung pivotal, dann entfalten beide Ethikentwürfe eine moralische Perspektive. Im Mäuse-Experiment ist das zum Beispiel in der Situation der Fall, in der ein Teilnehmer die binäre Wahl trifft, entweder die Maus zu retten oder sie für 10 Euro dem Tod zu überantworten. Da die Handlung unmittelbare Konsequenzen hat, kann man in dieser Situation entweder mit den Konsequenzen für die Maus (Leid und Tod) argumentieren oder mit einer Kant'schen Ethik, die dem Imperativ folgt, man solle nicht töten. Sobald aber in einer Gruppe entschieden wird und der Einzelne sich sagen kann, dass seine Handlung wahrscheinlich für das Ergebnis irrelevant ist, funktioniert nur noch der Imperativ als moralisches Korrektiv. Angesichts der Tatsache, dass wir permanent in Gruppen, in Organisationen oder auf Märkten Entscheidungen treffen, scheint mir die Forderung nach »mehr Kant« für die Förderung des Gemeinwohls unerlässlich. (Dies ist übrigens ein zutiefst utilitaristisches Argument.)

Der Kampf gegen den Klimawandel ist ein gutes Beispiel. Der Beitrag, den ein *Einzelner* leisten kann, ist, man muss es so sagen, minimal. Für die Abwendung der Erderwärmung spielt es de facto kaum eine Rolle, ob ich mich klimafreundlich verhalte oder nicht.

Ist es deshalb entschuldbar, nichts zu tun? Ich meine nein. Die Frage, ob ein Verhalten aufgrund der eigenen Unbedeutendheit entscheidend ist oder nicht, kann im Allgemeinen nicht Maßstab einer moralischen Bewertung sein. Auch wenn es schwerfällt, ist und bleibt es moralisch richtig, wenn der Einzelne kooperiert und damit das Gemeinwohl fördert. Übermäßiger Konsum von Ressourcen ist moralisch falsch. Auf das Klima angewendet, könnte man die Kant'sche Forderung etwa so formulieren: Welchen Konsumpfad soll ich wählen, von dem ich wollen kann, dass ihn 7,5 Milliarden Menschen auch wählen? Wie sähe der aus? Wie viel Platz wäre dort für einen SUV, jeden Tag Fleisch oder Flugreisen?

In einer bodenständigen Variante begegnet uns der kategorische Imperativ auf öffentlichen Toiletten, wo es heißt, dass man sie bitte so verlassen möge, wie man sie vorfinden möchte. Aber was, wenn man das Wort »Toilette« durch das Wort »Welt« ersetzt? Angesichts epochaler Herausforderungen wie dem Klimawandel scheint mir der kategorische Imperativ aktueller denn je. Die Forderung lautet dann abgewandelt, dass *wir* – die heutige Generation – unseren Nachfahren die Welt so hinterlassen sollen, wie wir sie vorfinden möchten.

Epilog in aller Kürze

Was auch immer man meint und sich überlegt, am Ende gilt die in ihrer Schlichtheit großartige Bemerkung des wunderbaren Erich Kästner:

> *Es gibt nichts Gutes.*
> *Außer man tut es.*

Dem ist nichts hinzuzufügen.

Dank

Alle Bücher haben viele Väter und Mütter. Dieses auch. Und deshalb von Herzen: Danke!

Großer Dank geht zuallererst an meine fantastischen Koautoren und Koautorinnen, die einen maßgeblichen Anteil an der hier diskutierten Forschung haben; ohne die meine Forschung so schlichtweg unmöglich gewesen wäre. Ich freue mich auf weitere gemeinsame Arbeiten! Danken möchte ich auch meinen tollen Doktoranden und Mitarbeitern, die mir beim Erstellen des Manuskripts mit Kommentaren, Korrekturen und Recherchen eine unerlässliche Hilfe waren. Ein Riesen-Dank an Markus Antony, Mark Fallak, Luca Henkel, Sven Heuser und Lasse Stötzer. Vielen Dank auch an meine Agentin Franziska Günther und den Siedler Verlag, insbesondere Jens Dehning, für Rat, Geduld und seinen sehr produktiven Input! Danken möchte ich an dieser Stelle auch meinem Doktorvater Ernst Fehr, meinem Doktoranden-Mentor Simon Gächter (ohne den ich den Weg in die Forschung nicht gefunden hätte) und den Vielen, die mir über die letzten Jahre hinweg große Unterstützung zuteil haben werden lassen: allen voran die Universitäten Zürich und Bonn sowie die Deutsche Post Stiftung, mit deren Hilfe und Zuwendung ich das *Institute on Behavior and Inequality* (briq) habe gründen dürfen. Danke auch an die zahlreichen Institutionen, die meine Forschung finanziell und ideell unterstützt haben: die Deutsche Forschungsgemeinschaft (DFG) mit dem Leibniz-Preis-Programm, den Sonderforschungsbereichen TR 15 und CRC TR 224 sowie dem Exzellenzcluster »ECONtribute«, der European Research Council

(ERC) mit den Projekten »PREFERENCES« und »MORALITY«, der Eleven – Verein für Kinder- und Jugendförderung e.V., das Sozio-oekonomische Panel (SOEP) am DIW Berlin, die Volks-wagenStiftung, der Schweizerische Nationalfonds (SNF) und die Universitäten Harvard und Oxford. Zu guter Letzt gilt mein besonders *herzlicher* Dank Teodora Boneva, nicht nur für wert-volle Diskussionen und Hinweise fachlicher Art, sondern auch jede Menge Zuspruch. Und meinem Bruder, Volkmar Falk und meinen Eltern, Hildegard und Werner Falk, für eine unbedingte, lebenslange Unterstützung und Liebe.

Danke!

Anhang

Anmerkungen

Einleitung

1   B. Gert und J. Gert, »The Definition of Morality«, *The Stanford Encyclopedia of Philosophy* (Spring 2016 Edition).
2   Zur Kritik an und Rolle von Experimenten in den Sozialwissenschaften vgl. A. Falk und J. J. Heckman, »Lab experiments are a major source of knowledge in the social sciences«, *Science* 326, Nr. 5952 (2009): S. 535–538.
3   Eine Übersicht über meine Forschungsarbeiten finden Sie hier: https://www.briq-institute.org/people/armin-falk

Kapitel 1

1   A. Falk und T. Graeber, »Delayed Negative Effects of Prosocial Spending on Happiness«, *Proceedings of the National Academy of Sciences* 117.12 (2020): 6463–6468.
2   Durch die erfolgreichen Behandlungen wurden übrigens nicht nur Leben gerettet, sondern zudem laut Operation ASHA fast 100 Millionen US-Dollar an erwartetem zusätzlichem Lebenseinkommen generiert.
3   Für ein spieltheoretisches Modell, das im Detail erläutert, was Verhaltensökonomen unter Moral verstehen, siehe R. Bénabou, A. Falk und J. Tirole, »Narratives, Imperatives, and Moral Reasoning«, *NBER Working Paper* 24798 (2018).
4   B. Gert und J. Gert, »The Definition of Morality«, *The Stanford Encyclopedia of Philosophy* (Spring 2016 Edition).
5   Beispiele dafür, dass wir uns kooperativer verhalten, wenn (a) die Kosten der Kooperation geringer sind oder (b) der Nutzen aus Kooperation höher, finden sich in vielen sogenannten Öffentliche-Gut-Experimenten, die ich ausführlicher in Kapitel 4 beschreibe. Zwei Studien hierzu sind: J. K. Goeree., C. A. Holt und S. K. Laury, »Private Costs and Public Benefits: Unraveling the Effects of Altruism and Noisy Behavior«, *Journal of Public Economics* 83, Nr. 2 (2002): S. 255–276. und S. Gächter und B. Herrmann, »Reciprocity, Culture and Human Cooperation: Previous Insights and a New Cross-Cultural Experiment«, *Philosophical Transactions of the Royal Society* 364 (2009): S. 791–806.
6   U. Gneezy, E. A. Keenan und A. Gneezy, »Avoiding Overhead Aversion in Charity«, *Science* 346, Nr. 6209 (2014): S. 632–635.

7 Die Probanden gaben an, ab welchem Geldbetrag sie lieber das Geld nehmen, statt ein Leben zu retten. Um verlässliche Werte zu ermitteln, haben wir hierzu die sogenannte Preislisten-Methode verwendet, die in der experimentellen Forschung häufig Anwendung findet. Die Probanden wurden für aufsteigende Geldbeträge jeweils gefragt, ob sie lieber das Geld wollen (Option A) oder einem Menschen das Leben retten (Option B). Die Geldbeträge stiegen von 10 bis 250 Euro, in 10-Euro-Schritten, sodass jeder Teilnehmer 25 binäre Entscheidungen traf. Eine der Entscheidungen wurde dann vom Computer zufällig ausgewählt und implementiert. Da jede Entscheidung ausgewählt und daher relevant sein kann, stellt man sicher, dass jede Entscheidung von den Probanden ernst genommen wird. Vgl. hierzu A. Falk und T. Graeber, »Delayed Negative Effects of Prosocial Spending on Happiness«, *Proceedings of the National Academy of Sciences* 117, Nr. 12 (2020): 6463 – 6468.

8 Zur Evolutionsgeschichte des Altruismus vgl. E. O. Wilson, *Die soziale Eroberung der Erde* (München 2014).

Kapitel 2

1 R. Bénabou, A. Falk, L. Henkel und J. Tirole, »Eliciting Moral Preferences: Theory and Experiment«, *Working Paper* (2020).

2 Der aufmerksame Leser wird sich vielleicht wundern, warum der Wert sich etwas von jenem in Kapitel 1 unterscheidet. Zum einen ist eine gewisse Bandbreite an Effektgrößen in der experimentellen Forschung ganz normal. Es gibt zwischen den beiden Studien aber auch einige geringfügige Unterschiede im Versuchsaufbau, die ich im Rahmen dieses Buchs nicht erläutern kann. Der interessierte Leser möge beide Studien im Original lesen.

3 D. Ariely, A. Bracha und S. Meier, »Doing Good or Doing Well? Image Motivation and Monetary Incentives in Behaving Prosocially«, *American Economic Review* 99, Nr. 1 (2009): S. 544 – 555.

4 Ähnliche Befunde zeigen sich in: Z. Bašić, A. Falk und S. Quercia, »Self-image, social image, and prosocial behavior«, *Working Paper* (2020).

5 Armin Falk, »Facing yourself – A note on self-image«, *Journal of Economic Behavior & Organization* 186 (2021): S. 724 – 734.

6 R. W. Carlson, M. A. Maréchal, B. Oud, E. Fehr und M. J. Crockett, »Motivated misremembering of selfish decisions«, *Nature Communications* 11, Nr. 1 (2020): S. 1 – 11.

7 Ein ähnlicher Mechanismus beeinflusst auch die Erinnerung an Feedback zu unseren eigenen Fähigkeiten. Während wir uns lange an positives Feedback erinnern, vergessen wir negative Rückmeldungen schneller. Das trägt dazu bei, dass wir unsere eigene Leistungsfähigkeit systematisch überschätzen. Siehe dazu F. Zimmermann, »The dynamics of motivated beliefs«, *American Economic Review* 110, Nr. 2 (2020): S. 337 – 361.

8 Für eine Übersicht vgl. C. Engel, »Dictator games: A meta study«, *Experimental Economics* 14, Nr. 4 (2011): S. 583 – 610.

9 Im englischen Original kaum weniger schwülstig: »YOU. Are a pioneer in using recycled cups. Everything we do, you do. Your business lets Starbucks do business in a way that's better for the planet. …«

10 M. Kouchaki und A. Jami, »Everything we do, you do: The licensing effect of prosocial marketing messages on consumer behavior«, *Management Science* 64, Nr. 1 (2018): S. 102 – 111.

11 Der Kraftstoffverbrauch bei Hybridantrieben unterscheidet sich extrem je nachdem, ob man auf die offiziellen Testwerte/Typengenehmigungen (gut für das Image) oder die tatsächlichen Verbräuche schaut. Zur Frage, wie viel Elektro wirklich genutzt wird, vgl. J. Jöhrens, D. Räder, J. Kräck, L. Mathieu, R. Blanck und P. Kasten, »Plug-in hybrid electric cars: Market development, technical analysis and CO2 emission scenarios for Germany«, *Study on behalf of the German Federal Ministry for the Environment, Nature Conservation and Nuclear Safety* (2020). P. Plötz, C. Moll, G. Bieker, P. Mock und Y. Li, »Real-world usage of plug-in hybrid electric vehicles: Fuel consumption, electric driving, and CO2 emissions«, *icct White Paper* (2020).

12 B. Monin und D. T. Miller, »Moral credentials and the expression of prejudice«, *Journal of Personality and Social Psychology* 81, Nr. 1 (2001): S. 33 – 43.

13 D. A. Effron, J. S. Cameron und B. Monin, »Endorsing Obama licenses favoring Whites«, *Journal of Experimental Social Psychology* 45, Nr. 3 (2009): S. 590 – 593.

14 E. Polman und Z. Y. Lu, »Are people more selfish after giving gifts?«, *Journal of Behavioral Decision Making* (2021): S. 1 – 11. Bei Interesse (😉) hier die Website: ashleymadison.com. Für eine Übersichts-Studie zum Thema vgl. I. Blanken, N. van de Ven und M. Zeelenberg, »A meta-analytic review of moral licensing«, *Personality and Social Psychology Bulletin* 41, Nr. 4 (2015): S. 540 – 558.

15 Für eine Übersicht vgl. C. West und C. Zhong, »Moral cleansing«, *Current Opinion in Psychology* 6 (2015): S. 221 – 225.

16 U. Gneezy, A. Imas und K. Madarász, »Conscience Accounting: Emotion Dynamics and Social Behavior«, *Management Science* 60, Nr. 11 (2014): S. 2645 – 2658.

17 J. Dana, R. A. Weber und J. X. Kuang, »Exploiting moral wiggle room: experiments demonstrating an illusory preference for fairness«, *Economic Theory* 33, Nr. 1 (2007): S. 67 – 80.

18 Hier ein paar genauere Angaben zur Versuchsanordnung: Die Diktatoren können zwischen zwei Optionen A und B entscheiden. Wählen sie Option A, erhalten sie selbst 6 Dollar, während sie bei Option B »nur« 5 Dollar erhalten. Was der Empfänger bekommt, ist für den Diktator zunächst unklar. Es gibt zwei Möglichkeiten. In Situation 1 erhält der Empfänger bei Option A 5 Dollar und bei Option B nur 1 Dollar. Bei Situation 2 ist es genau anders herum, also 1 Dollar bei Option A und 5 Dollar bei Option B. Bevor der Diktator sich für eine Option entscheidet, kann er herausfinden, in welcher Situation sich die beiden Spieler befinden. Würde er erfahren, dass sie in Situation 1 sind, ist die Wahl klar. Dann wäre Option A für beide gut, er selbst bekommt 6 Dollar und der Empfänger 5 Dollar. Würde er aber raus-

finden, dass sie sich in Situation 2 befinden, ist die Entscheidung schwierig: Bei Option A würde der Diktator seine 6 Dollar bekommen, der Empfänger aber nur 1 Dollar, was ziemlich unfair ist. Bei Option B hingegen würden beide 5 Dollar verdienen, was eindeutig die faire Lösung wäre, für den Diktator aber statt 6 eben nur einen Gewinn von 5 Dollar bedeutet.

19 Mein Kollege Paul Klemperer, Professor für Ökonomik an der Oxford University, wies mich auf verschiedene Tagebucheinträge seines berühmten Verwandten Victor Klemperer hin, die beispielhaft dafür stehen, dass bereits im März 1942 bekannt war, dass in Auschwitz Gräueltaten begangen wurden.

20 T. Broberg, T. Ellingsen und M. Johannesson, »Is generosity involuntary?«, *Economic Letters* 94, Nr. 1 (2007): S. 32 – 37. Siehe auch: J. Dana, D. M. Cain und R. M. Dawes, »What you don't know won't hurt me: Costly (but quiet) exit in dictator games«, *Organizational Behavior and Human Decision Processes* 100, Nr. 2 (2006): S. 193 – 201.

21 S. DellaVigna, J. A. List und U. Malmendier, »Testing for Altruism and Social Pressure in Charitable Giving«, *The Quarterly Journal of Economics* 127, Nr. 1 (2012): S. 1 – 56.

22 J. Andreoni, J. M. Rao und H. Trachtman, »Avoiding the Ask: A Field Experiment on Altruism, Empathy, and Charitable Giving«, *Journal of Political Economy* 125, Nr. 3 (2017): S. 625 – 653.

23 C. L. Exley und J. B. Kessler, »Motivated errors«, *NBER Working Paper* 26595 (2019).

24 J. Bruner, »The Narrative Construction of Reality«, *Critical Inquiry* 18, Nr. 1 (1991): S. 1 – 21.

25 Dan P. McAdams, *Power, intimacy, and the life story: Personological inquiries into identity* (Homewood, IL 1985). Vgl. auch Dan P. McAdams, »The Psychology of Life Stories«, *Review of General Psychology* 5, Nr. 2 (2001): S. 100-122.

26 Vgl. S. Michalopoulos und M. M. Xue, »Folklore«, *The Quarterly Journal of Economics* 136, Nr. 4 (2021): S. 1993 – 2046. Der »Folklore-Datensatz« mit tiefen Einblicken in die Geschichte und mündlichen Überlieferungen von rund 1000 Bevölkerungsgruppen hilft, heutige Unterschiede zwischen Kulturen zu erklären. Ein für unseren Kontext spannendes Beispiel: Gemeinschaften, die sich früher primär Geschichten erzählten, in denen antisoziales oder betrügerisches Verhalten hart bestraft wurde, vertrauen anderen Menschen heute stärker und sind im Durchschnitt wohlhabender.

27 Wie gut sich religiöse Textbausteine zur Rechtfertigung unmoralischen Tuns eignen, zeigt die »christliche« Motivation für eines der großen Verbrechen des 19. Jahrhunderts: die Vertreibung und Verfolgung – den Völkermord – an den amerikanischen Ureinwohnern. 1830 verabschiedete der US-Kongress den sogenannten Indian Removal Act, der die Vertreibung der indigenen Bevölkerung legalisierte. Dieser grausamen und zutiefst unchristlichen Politik ging ein jahrelanger Diskurs voraus, der die Legitimität des Völkermordes zum Ziel hatte. Kern der auch im Parlament vorgetragenen Legitimation war eine Geschichte: Exodus, das zweite Buch Mose.

Die Ureinwohner Amerikas wurden in dieser Erzählung als Verkörperung des Bibeltextes gedeutet. Und die biblischen Geschichten wurden so interpretiert, dass die Ureinwohner es »verdienten« umgesiedelt zu werden, weil sie gescheitert waren, den »göttlichen Auftrag« zu erfüllen, »das Feld zu bestellen« und sich die »Erde untertan« zu machen. Am Ende ist es nicht nur nicht moralisch falsch, die Ureinwohner zu massakrieren, es ist sogar eine heilige Pflicht. Und einen Landgewinn gibt es noch obendrein. Vgl. hierzu: R. M. Keeton, »The Race of Pale Men Should Increase and Multiply: Religious Narratives and Indian Removal«, in L. Presser und S. Sandberg, Narrative Criminology: Understanding Stories of Crime (New York und London 2015).

28 R. Bénabou, A. Falk und J. Tirole, »Narratives, Imperatives, and Moral Reasoning«, *NBER Working Paper* 24798 (2018).

29 Siehe hierzu auch: G. M. Sykes und D. Matza, »Techniques of Neutralization: A Theory of Delinquency«, *American Sociological Review* 22, Nr. 6 (1957): S. 664 – 670.

30 Scott Waldman, »Shell Grappled with Climate Change 20 Years Ago, Documents Show«, *Scientific American* (5. April 2018).

31 Siehe dazu auch eine Studie, die zeigt, wie sehr Geschichten minderheitenfeindliche Äußerungen befördern: L. Bursztyn, I. K. Haaland, A. Rao und C. P. Roth, »Disguising prejudice: Popular rationales as excuses for intolerant expression«, *NBER Working Paper* 27288 (2020).

32 Beispiele u. a. aus »Klimawandel-Fakten: 7 Klimaleugner-Argumente im Faktencheck«, *Weltverbesserer.de*, 1. März 2020.

33 ARD-DeutschlandTrend, »86 Prozent sagen, der Mensch sei schuld«, *tagesschau.de*, 17. Mai 2019.

34 A. Leiserowitz, E. Maibach, S. Rosenthal, J. Kotcher, J. Carman, X. Wang, J. Marlon, K. Lacroix und M. Goldberg, »Climate Change in the American Mind, March 2021«, *Yale Program on Climate Change Communication* (2021).

35 Eigene Berechnung basierend auf dem *Gallup World Poll 2010*. Anmerkung: Die Datengrundlage ist aus 2010 und daher relativ alt. Glücklicherweise erheben wir (Peter Andre, Teodora Boneva, Felix Chopra und ich) gemeinsam mit Gallup gerade eine weltweit repräsentative Stichprobe in über 100 Ländern. Es geht um Einschätzungen und Präferenzen zum Thema Klimawandel. Besuchen Sie gerne meine Website, wenn Sie sich über den Fortgang der Studien informieren möchten.

36 Ich verdanke den Hinweis Christoph Semken, der dazu forscht (»The Marginal Impact of Emission Reductions«, *Work in Progress*).

37 In diesem Zusammenhang ist es interessant daran zu erinnern, dass reiche Personen überproportional viel CO_2 produzieren. Laut einer Studie von Oxfam produzieren die reichsten 1 Prozent der Weltbevölkerung doppelt so viel CO_2-Emissionen wie die ärmsten 50 Prozent: T. Gore, »Confronting carbon inequality: Putting climate justice at the heart of the COVID-19 recovery«, *Oxfam Media Briefing*, 21. September 2020.

38 Dass wir andere »herabwürdigen«, um unser eigenes Verhalten zu recht-

fertigen, war auch Gegenstand eines Experiments, bei dem gezeigt wurde, wie der vermeintliche Eigennutz des Mitspielers herangezogen wird, die eigene unmoralische Handlung zu legitimieren. Vgl. R. Di Tella, R. Perez-Truglia, A. Babino und M. Sigman, »Conveniently upset: Avoiding altruism by distorting beliefs about others' altruism«, *American Economic Review* 105, Nr. 11 (2015): S. 3416–3442.

39 Zitiert nach: C. Schmitz-Bering, »Vokabeln im Nationalsozialismus«, *Dossier Sprache und Politik,* Bundeszentrale für politische Bildung (2010).

40 Geschichten liefern bis heute auch mächtigen Treibstoff für den Antisemitismus. Eine der einflussreichsten Fake-Storys aller Zeiten sind die Protokolle der Weisen von Zion, eine Fälschung mit antisemitischer Absicht. Juden wird hier unterstellt, eine Weltverschwörung anzuzetteln, um die Macht an sich zu reißen. Eine erste Version erschien 1903 auf Russisch, weitere Ausgaben in den USA und Deutschland folgten. Obwohl bereits in den 1920er-Jahren belegt worden war, dass die vermeintlichen Protokolle über Treffen von Verschwörern die Erfindung von Antisemiten waren, halten dieses Machwerk immer noch viele für wahr und begründeten damit antisemitische Umtriebe; so lässt sich blanker Antisemitismus als Akt der Selbstverteidigung tarnen. Auch innerhalb der Europäischen Union werden antisemitische Geschichten erzählt, etwa von Viktor Orbán, der in seinem persönlichen Kreuzzug gegen den Philanthropen und Milliardär George Soros auch vor antisemitischen Untertönen nicht zurückschreckt. Ein Opfer dieser Politik ist die von Soros mitfinanzierte, liberale und sehr erfolgreiche Central European University. Sie wurde mit fadenscheinigen Argumenten um Zulassungsfragen aus dem Land vertrieben und siedelte nach Wien über.

41 Vgl. A. Bandura, »Moral disengagement in the perpetration of inhumanities«, *Personality and Social Psychology Review* 3, Nr. 3 (1999): S. 193–209.

42 A. Tversky und D. Kahneman, »The framing of decisions and the psychology of choice«, *Science* 211, Nr. 4481 (1981): S. 453-458.

43 Das Beispiel basiert auf M. Spranca, E. Minsk und J. Baron, »Omission and commission in judgment and choice«, *Journal of Experimental Social Psychology* 27, Nr. 1 (1991): S. 76–105.

44 J. Abeler, J. Calaki, K. Andree und C. Basek, »The power of apology«, *Economics Letters* 107, Nr. 2 (2010): S. 233–235.

45 Der Wunsch, »konsistent« in seinen Ansichten und Meinungen zu sein oder zu erscheinen, führt auch dazu, dass wir trotz besseren Wissens an unserer geäußerten Meinung festhalten, auch wenn das mit materiellen Nachteilen verbunden ist. Vgl. hierzu A. Falk und F. Zimmermann, »Information Processing and Commitment«, *The Economic Journal* 613, Nr. 1 (2018): S. 1983-2002. A. Falk und F. Zimmermann, »Consistency as a Signal of Skills«, *Management Science* 63, Nr. 7 (2017): S. 2197–2210.

46 R. J. Lifton und G. Mitchell, *Hiroshima in America: Fifty years of denial* (New York 1995), S. 31 f. und S. 66.

47 A. Falk und N. Szech, »Competing image concerns: Pleasures of skill and moral values«, *Working Paper* (2019).

48 Max Rauner, »Dieser Mann hat der Wissenschaft die Smarties geklaut«, *Zeit Online*, 17. Juni 2014.

49 B. Fehrle, C. Höges und S. Weigel, »Der Fall Relotius: Abschlussbericht der Aufklärungskommission«, *Der Spiegel*, 25. Mai 2019.

Kapitel 3

1 A. M. Isen und P. F. Levin, »Effect of feeling good on helping: Cookies and kindness«, *Journal of Personality and Social Psychology* 21, Nr. 3 (1972): S. 384 – 388.

2 C. D. Batson, J. S. Coke, F. Chard, D. Smith und A. Taliaferro, »Generality of the ›glow of goodwill‹: Effects of mood on helping and information acquisition«, *Social Psychology Quarterly* 42, Nr. 2 (1979): S. 176 – 179.
G. A. Blevins und T. Murphy, »Feeling Good and Helping: Further Phonebooth Findings«, *Psychological Reports* 34, Nr. 1 (1974): S. 326 – 326. P. F. Levin und A. M. Isen, »Further studies on the effect of feeling good on helping«, *Sociometry* 38, Nr. 1 (1975): S. 141 – 147. J. Weyant und R. D. Clark, »Dimes and helping: The other side of the coin«, *Personality and Social Psychology Bulletin* 3, Nr. 1 (1976): S. 107 – 110.

3 G. Kirchsteiger, L. Rigotti und A. Rustichini. »Your morals might be your moods«, *Journal of Economic Behavior & Organization* 59, Nr. 2 (2006): S. 155 – 172.

4 M. Drouvelis und B. Grosskopf, »The effects of induced emotions on prosocial behaviour«, *Journal of Public Economics* 134 (2016): S. 1 – 8.

5 Eine frühe und einflussreiche Studie hierzu ist: George Loewenstein, »Emotions in economic theory and economic behavior«, *American Economic Review* 90, Nr. 2 (2000): S. 426 – 432.

6 D. Hirshleifer und T. Shumway, »Good day sunshine: Stock returns and the weather«, *The Journal of Finance* 58, Nr. 3 (2003): S. 1009-1032. M. J. Kamstra, L. A. Kramer und M. D. Levi, »Winter blues: A SAD stock market cycle«, *American Economic Review* 93, Nr. 1 (2003): S. 324 – 343.

7 S. Schnall, J. Haidt, G. L. Clore und A. H. Jordan, »Disgust as Embodied Moral Judgment«, *Personality and Social Psychology Bulletin* 34, Nr. 8 (2008): S. 1096 – 1109.

8 Allerdings berichten die Autoren keine Effekte auf Unterschiede im prosozialen Verhalten. Und auch die Replizierbarkeit der Befunde ist unklar: J. F. Landy und G. P. Goodwin, »Does incidental disgust amplify moral judgment? A meta-analytic review of experimental evidence«, *Perspectives on Psychological Science* 10, Nr. 4 (2015): S. 518 – 536.

9 Bundesministerium für Familie, Senioren, Frauen und Jugend, »Frauen vor Gewalt schützen: Formen der Gewalt erkennen«, *Hintergrundinformation*, 22. Dezember 2021.

10 D. Ariely und G. Loewenstein, »The heat of the moment: The effect of sexual arousal on sexual decision making«, *Journal of Behavioral Decision Making* 19, Nr. 2 (2006): S. 87 – 98.

11 Im Original lautet die Formulierung »high but sub-orgasmic level of arousal«.
12 D. Card und G. B. Dahl, »Family violence and football: The effect of unexpected emotional cues on violent behavior«, *The Quarterly Journal of Economics* 126, Nr. 1 (2011): S. 103–143.
13 O. Eren und N. Mocan, »Emotional judges and unlucky juveniles«, *American Economic Journal: Applied Economics* 10, Nr. 3 (2018): S. 171–205.
14 I. Munyo und M. A. Rossi, »Frustration, euphoria, and violent crime«, *Journal of Economic Behavior & Organization* 89 (2013): S. 136–142.
15 R. H. Smith, W. G. Parrott, E. F. Diener, R. H. Hoyle und S. H. Kim, »Dispositional Envy«, *Personality and Social Psychology Bulletin* 25, Nr. 8 (1999): S. 1007–1020.
16 J. K. Maner, D. T. Kenrick, D. V. Becker, T. E. Robertson, B. Hofer, S. L. Neuberg, A. W. Delton, J. Butner und M. Schaller, »Functional projection: how fundamental social motives can bias interpersonal perception«, *Journal of Personality and Social Psychology* 88, Nr. 1 (2005): S. 63–78.
17 Armin Falk, »Status inequality, moral disengagement and violence«, *Working Paper* (2020).
18 M. Bauer, J. Cahlíková, J. Chytilová, G. Roland und T. Zelinsky. »Shifting Punishment on Minorities: Experimental Evidence of Scapegoating«, *NBER Working Paper* 29157 (2021).
19 L. S. Newman und T. L. Caldwell, »Allport's ›Living Inkblots‹: The Role of Defensive Projection in Stereotyping and Prejudice«, in: J. F. Dovidio, P. Glick und L. A. Rudman (Hrsg.), *On the Nature of Prejudice: Fifty Years after Allport* (Malden, MA 2005): S. 377–392.
20 Götz Aly, *Warum die Deutschen? Warum die Juden? Gleichheit, Neid und Rassenhass – 1800 bis 1933* (Frankfurt 2011).
21 A. Falk, A. Kuhn und J. Zweimüller, »Unemployment and right-wing extremist crime«, *Scandinavian Journal of Economics* 113, Nr. 2 (2011): S. 260–285. Zu dieser Studie motiviert haben mich damals die Anschläge auf Asylunterkünfte, vor allem der in Rostock-Lichtenhagen.
22 J. R. Blau und P. M. Blau, »The cost of inequality: Metropolitan structure and violent crime«, *American Sociological Review* 47, Nr. 1 (1982): S. 114–129. Morgan Kelly, »Inequality and Crime«, *The Review of Economics and Statistics* 82, Nr. 4 (2000): S. 530–539. Richard Wilkinson, »Why is violence more common where inequality is greater?«, *Annals of the New York Academy of Sciences* 1036, Nr. 1 (2004): S. 1–12. R. Wilkinson und K. Pickett, *The spirit level: Why more equal societies almost always do better* (London 2009).
23 David Yanagizawa-Drott, »Propaganda and conflict: Evidence from the Rwandan genocide«, *The Quarterly Journal of Economics* 129, Nr. 4 (2014): S. 1947–1994.
24 Es gilt auch: Korrelationen zwischen dem Geschlechterverhältnis und Wahlergebnissen für die AfD sind positiv und signifikant.
25 A. Falk und C. Zehnder, »A city-wide experiment on trust discrimination«, *Journal of Public Economics* 100 (2013): S. 15–27.
26 J. Berg, J. Dickhaut und K. McCabe, »Trust, Reciprocity, and Social History«, *Games and Economic Behavior* 10, Nr. 1 (1995): S. 122–142.

27 H. Tajfel und J. Turner, »An Integrative Theory of Intergroup Conflict«, *The Social Psychology of Intergroup Relations* (1979): S. 33 – 37.
28 H. Tajfel, M. G. Billig, R. P. Bundy und C. Flament, »Social categorization and intergroup behaviour«, *European Journal of Social Psychology* 1, Nr. 2 (1971): S. 149 – 178.
29 Y. Chen und S. X. Li, »Group identity and social preferences«, *American Economic Review* 99, Nr. 1 (2009): S. 431 – 457.
30 In Tajfel et al. ist die Zuordnung zufällig; den Teilnehmern wird lediglich mitgeteilt, dass sie in der Gruppe aufgrund ihrer Präferenzen sind. Da eine solche Art von Täuschung in der ökonomischen Forschung nicht gerne gesehen wird, verwenden die Autoren die wahren Präferenzen. In ihrem Forschungspapier können die Autoren sicherstellen, dass dieses Vorgehen keine Nachteile hat und die Messungen der Effekte nicht beeinträchtigt.
31 M. Shayo und A. Zussman, »Judicial ingroup bias in the shadow of terrorism«, *The Quarterly Journal of Economics* 126, Nr. 3 (2011): S. 1447 – 1484. O. Gazal-Ayal und R. Sulitzeanu-Kenan, »Let my people go: Ethnic ingroup bias in judicial decisions-evidence from a randomized natural experiment«, *Journal of Empirical Legal Studies* 7, Nr. 3 (2010): S. 403 – 428.
32 D. Arnold, W. Dobbie und C. S. Yang, »Racial bias in bail decisions«, *The Quarterly Journal of Economics* 133, Nr. 4 (2018): S. 1885-1932; F. Goncalves und S. Mello, »A few bad apples? Racial bias in policing«, *American Economic Review* 111, Nr. 5 (2021): S. 1406-1441; Jeremy West, »Racial bias in police investigations«, *UC Santa Cruz Discussion Paper* (2018).
33 S. Iyengar und S. J. Westwood, »Fear and loathing across party lines: New evidence on group polarization«, *American Journal of Political Science* 59, Nr. 3 (2015): S. 690 – 707.
34 Philippa Foot, »The Problem of Abortion and the Doctrine of Double Effect«, *Oxford Review* 5 (1967): S. 5 – 15.
35 Bundesverfassungsgericht, Urteil vom 15. Februar 2006 – 1 BvR 357/05.
36 Christoph Luetge, »The German Ethics Code for Automated and Connected Driving«, *Philosophy & Technology* 30 (2017): S. 547 – 558.
37 E. Awad, S. Dsouza, R. Kim, J. Schulz, J. Henrich, A. Shariff, J.-F. Bonnefon und I. Rahwan, »The moral machine experiment«, *Nature* 563, Nr. 7729 (2018): S. 59 – 64.
38 J.-F. Bonnefon, A. Shariff und I. Rahwan, »The social dilemma of autonomous vehicles«, *Science* 352, Nr. 6293 (2016): S. 1573 – 1576.
39 J. D. Greene, R. B. Sommerville, L. E. Nystrom, J. M. Darley und J. D. Cohen, »An fMRI investigation of emotional engagement in moral judgment«, *Science* 293, Nr. 5537 (2001): S. 2105 – 2108.
40 R. Bénabou, L. Henkel und A. Falk, »Perceptions and Realities: Kantians, Utilitarians and Actual Moral Decisions«, *Unveröffentlichtes Manuskript* (2022).
41 E. W. Dunn, L. B. Aknin und M. I. Norton, »Spending money on others promotes happiness«, *Science* 319, Nr. 5870 (2008): S. 1687 – 1688.
42 Lara B. Aknin et al., »Does spending money on others promote happiness?:

A registered replication report«, *Journal of Personality and Social Psychology* 119, Nr. 2 (2020): S. 15 – 26.

43 L. B. Aknin, C. P. Barrington-Leigh, E. W. Dunn, J. F. Helliwell, J. Burns, R. Biswas-Diener, I. Kemeza, P. Nyende, C. E. Ashton-James und M. I. Norton, »Prosocial Spending and Well-Being: Cross-Cultural Evidence for a Psychological Universal«, *Journal of Personality and Social Psychology* 104, Nr. 4 (2013): S. 635 – 652.

44 Jonathan Haidt, »The emotional dog and its rational tail: a social intuitionist approach to moral judgment«, *Psychological Review* 108, Nr. 4 (2001): S. 814 – 834.

45 J. Haidt und S. Kesebir, »Morality«, *Handbook of Social Psychology* (2010): S. 797 – 832.

46 U. Gneezy und A. Imas, »Materazzi effect and the strategic use of anger in competitive interactions«, *Proceedings of the National Academy of Sciences* 111, Nr. 4 (2014): S. 1334-1337. George Loewenstein, »Out of control: Visceral influences on behavior«, *Organizational Behavior and Human Decision Processes* 65, Nr. 3 (1996): S. 272 – 292.

Kapitel 4

1 Armin Falk, »Gift Exchange in the Field«, *Econometrica* 75, Nr. 5 (2007): S. 1501 – 1511.

2 K. L. Tidd und J. S. Lockard, »Monetary significance of the affiliative smile: A case for reciprocal altruism«, *Bulletin of the Psychonomic Society* 11, Nr. 6 (1978): S. 344 – 346.

3 Für eine formale Definition und ein Modell zu Reziprozität vgl. A. Falk und U. Fischbacher, »A theory of reciprocity«, *Games and Economic Behavior* 54, Nr. 2 (2006): S. 293 – 315.

4 A. Falk, E. Fehr und U. Fischbacher, »Testing theories of fairness – Intentions matter«, *Games and Economic Behavior* 62, Nr. 1 (2008): S. 287 – 303.

5 In unendlich wiederholten Spielen gilt das Folk-Theorem. Aber selbst in endlich oft wiederholten Spielen kann reziprokes Verhalten durch rationale und eigennützige Agenten gestützt werden, sobald etwas Unsicherheit darüber besteht, dass es reziproke Typen gibt, vgl. D. M. Kreps, P. Milgrom, J. Roberts und R. Wilson, »Rational cooperation in the finitely repeated prisoners' dilemma«, *Journal of Economic Theory* 27, Nr. 2 (1982): S. 245 – 252. Vgl. hierzu auch: S. Gächter und A. Falk, »Reputation and Reciprocity: Consequences for the Labour Relation«, *The Scandinavian Journal of Economics* 104, Nr. 1 (2002): S. 1 – 26.

6 E. Fehr, G. Kirchsteiger und A. Riedl, »Does Fairness Prevent Market Clearing? An Experimental Investigation«, *The Quarterly Journal of Economics* 108, Nr. 2 (1993): S. 437 – 459.

7 Es gibt auch Varianten des Experiments, bei dem die Arbeitnehmer eine »reale« Arbeitsleistung wählen, wie etwa das Lösen einfacher Zähl-, Kalkulations- oder Rechercheaufgaben.

8 E. Fehr und A. Falk, »Wage rigidity in a competitive incomplete contract market«, *Journal of Political Economy* 107, Nr. 1 (1999): S. 106 – 134.

9 E. Fehr und A. Falk, »Wage rigidity in a competitive incomplete contract market«, *Journal of Political Economy* 107.1 (1999): S. 106 – 134.

10 Truman F. Bewley, *Why wages don't fall during a recession* (Cambridge, MA 1999).

11 Zur sogenannten Effizienzlohnhypothese, die basierend auf Reziprozität erklärt, warum Firmen Nominallöhne nicht senken wollen, was unfreiwillige Arbeitslosigkeit zur Folge haben kann, vgl. G. A. Akerlof und J. L. Yellen, »The Fair Wage-Effort Hypothesis and Unemployment«, *The Quarterly Journal of Economics* 105, Nr. 2 (1990): S. 255 – 283.

12 S. Kube, M. A. Maréchal und Clemens Puppe, »The currency of reciprocity: Gift exchange in the workplace«, *American Economic Review* 102, Nr. 4 (2012): S. 1644 – 1662.

13 Zu »Vertrauen ist gut, Kontrolle ist besser« schrieb Christoph Drösser auf *Zeit Online* am 22. März 2000: »… Nach den mir vorliegenden Quellen ist der Ausspruch in Lenins hinterlassenen Werken nicht zu finden. Reclams Zitaten-Lexikon schreibt, der Satz sei ›die schlagworthafte Verkürzung einer Überzeugung, wie sie Lenin mehrfach geäußert hat‹, und zitiert aus dem 1914 verfassten Aufsatz Über Abenteurertum: ›Nicht aufs Wort glauben, aufs strengste prüfen – das ist die Losung der marxistischen Arbeiter.‹ Büchmanns Geflügelte Worte kommen der Sache schon näher. Sie verweisen auf eine alte russische Redewendung, die zu Lenins Lieblingssätzen gezählt haben soll: *Dowjerjaj, no prowjerjaj:* ›Vertraue, aber prüfe nach.‹ Woran man mal wieder sieht: Die schönsten Zitate sind von den Autoren, denen sie zugeschrieben werden, so nie erfunden worden.«

14 A. Falk und M. Kosfeld, »The hidden costs of control«, *American Economic Review* 96, Nr. 5 (2006): S. 1611 – 1630.

15 Die Punkte, die der Arbeitnehmer abgibt, repräsentieren Verschiedenes, etwa eine höhere Arbeitsleistung, eine bessere Arbeitsqualität, eine höhere Motivation oder längere Arbeitszeiten, Dinge also, die dem Arbeitgeber Profit einbringen und dem Mitarbeiter Kosten bereiten. Die Auszahlungen im Experiment waren für den Arbeitnehmer: 120 – Punkte, die er abgibt. Für den Arbeitgeber: 2*Punkte, die er erhält. Beide erhalten also beispielsweise die gleiche Auszahlung, wenn der Arbeitnehmer 40 Punkte abgibt (120 – 40 = 80 und 2* 40 = 80).

16 Niklas Luhmann, *Vertrauen: Ein Mechanismus der Reduktion sozialer Komplexität* (Stuttgart 1968).

17 Dieser Kollege war nicht der geniale Jean Tirole, was ich für die Leser zu Protokoll gebe, die ihn zwar kennen, aber nicht gut genug.

18 S. D. Salamon und S. L. Robinson, »Trust that binds: The impact of collective felt trust on organizational performance«, *Journal of Applied Psychology* 93, Nr. 3 (2008): S. 593 – 601.

19 N. Bloom, J. Liang, J. Roberts und Z. J. Ying, »Does working from home work? Evidence from a Chinese experiment«, *The Quarterly Journal of Economics* 130, Nr. 1 (2015): S. 165 – 218.

20 Einen guten Überblick über die Vor- und Nachteile bietet Michael Beck-
    mann, »Working-time autonomy as a management practice«, *IZA World of
    Labor* 230 (2016).

21 B. Y. Lee und S. E. DeVoe, »Flextime and Profitability«, *Industrial Relations*
    51, Nr. 2 (2012): S. 298 – 316.

22 W. Güth, R. Schmittberger und B. Schwarze, »An experimental analysis of
    ultimatum bargaining«, *Journal of Economic Behavior & Organization* 3,
    Nr. 4 (1982): S. 367 – 388.

23 D. J. de Quervain, U. Fischbacher, V. Treyer, M. Schellhammer, U. Schnyder,
    A. Buck und E. Fehr, »The neural basis of altruistic punishment«, *Science* 305,
    Nr. 5688 (2004): S. 1254 – 1258.

24 A. B. Krueger und A. Mas, »Strikes, Scabs, and Tread Separations: Labor Strife
    and the Production of Defective Bridgestone/Firestone Tires«, *Journal of
    Political Economy* 112, Nr. 2 (2004): S. 253 – 289.

25 A. Falk, E. Fehr und U. Fischbacher, »On the nature of fair behavior«, *Econo-
    mic inquiry* 41, Nr. 1 (2003): S. 20 – 26.

26 A. Falk, E. Fehr und U. Fischbacher, »Testing theories of fairness – Inten-
    tions matter«, *Games and Economic Behavior* 62, Nr. 1 (2008): S. 287 – 303.

27 A. Falk, F. Kosse, I. Menrath, P. E. Verde und J. Siegrist, »Unfair pay and
    health«, *Management Science* 64, Nr. 4 (2018): S. 1477 – 1488.

28 K. Fliessbach, B. Weber, P. Trautner, T. Dohmen, U. Sunde, C. E. Elger und
    A. Falk, »Social comparison affects reward-related brain activity in the
    human ventral striatum«, *Science* 318, Nr. 5854 (2007): S. 1305 – 1308.

29 J. Abeler, A. Falk, L. Götte und D. Huffman, »Reference points and effort
    provision«, *American Economic Review* 101, Nr. 2 (2011): S. 470 – 492.

30 Häufig beurteilen wir auch als fair, was uns selbst einen Vorteil bringt.
    Unsere Gerechtigkeitsvorstellungen reflektieren dann nicht, was »objek-
    tiv« fair und gerecht ist, sondern vielmehr, was wir als »gerecht« darstellen
    können, obwohl es unserem Eigennutz entspricht, vgl. James Konow, »Fair
    Shares: Accountability and Cognitive Dissonance in Allocation Decisions«,
    American Economic Review 90, Nr. 4 (2000): S. 1072 – 1091.

31 L. Chancel, T. Piketty, E. Saez, G. Zucman et al., »World Inequality Report
    2022«, *World Inequality Lab*. Die zugehörige Website bietet einen ausführli-
    chen Überblick über den aktuellen Stand der Ungleichheit: https://wir2022.
    wid.world/

32 C. Schröder, C. Bartels, K. Göbler, M. M. Grabka und J. König, »MillionärIn-
    nen unter dem Mikroskop: Datenlücke bei sehr hohen Vermögen geschlos-
    sen – Konzentration höher als bisher ausgewiesen«, *DIW Wochenbericht* 29
    (2020): S. 511 – 521.

33 U. Fischbacher, S. Gächter und E. Fehr, »Are People Conditionally Coopera-
    tive? Evidence from a Public Good Experiment«, *Economics Letters* 71, Nr. 3
    (2001): S. 397 – 404. A. Falk und U. Fischbacher, »›Crime‹ in the lab – detec-
    ting social interaction«, *European Economic Review* 46, Nr. 4 – 5 (2002):
    S. 859 – 869. A. Falk, U. Fischbacher und S. Gächter, »Living in two neigh-
    borhoods - Socialinteraction effects in the laboratory«, *Economic Inquiry* 51,
    Nr. 1 (2013): S. 563 – 578.

34 Präziser formuliert: Wenn die durchschnittliche bedingte Kooperation (Beitrag bei gegebenem Gruppendurchschnitt) flacher ist als die 45-Grad-Linie (was sie fast immer ist) und sich bei den bedingt kooperativen Teilnehmern adaptive Erwartungen haben (d. h., dass sie ihre Erwartungen in Abhängigkeit vom gerade Erlebten bilden und das mechanisch fortschreiben), dann ergibt sich im Gleichgewicht eine Kooperation von null.

35 M. Rege und K. Telle, »The impact of social approval and framing on cooperation in public good situations«, *Journal of Public Economics* 88, Nr. 7 – 8 (2004): S. 1625-1644. S. Gächter und E. Fehr, »Collective action as a social exchange«, *Journal of Economic Behavior & Organization* 39, Nr. 4 (1999): S. 341 – 369.

36 James Colman, *Foundations of Social Theory* (Cambridge, MA 1998).

37 E. Fehr und S. Gächter, »Cooperation and punishment in public goods experiments«, *American Economic Review* 90, Nr. 4 (2000): S. 980 – 994. S. auch: A. Falk, E. Fehr und U. Fischbacher, »Driving Forces behind Informal Sanctions«, *Econometrica* 73, Nr. 6 (2005): S. 2017 – 2030.

38 Die Theorie wurde von dem Kriminologen George L. Kelling und dem Politikwissenschaftler James Q. Wilson 1982 im Magazin *The Atlantic* erstmals aufgestellt (George L. Kelling und James Q. Wilson, Broken Windows, *The Atlantic,* März 1982). Namensgebend ist der oft zitierte Satz: »Ein nicht repariertes zerbrochenes Fenster ist ein Signal, dass es niemanden interessiert ...« Die Autoren argumentierten, dass selbst kleinste kriminelle Handlungen wie Graffitis, wilde Müllkippen und andere Formen von Vandalismus zu einem sich selbst verstärkenden Kreislauf führen können. Die Idee ist, dass im öffentlichen Raum soziale Normen nicht eindeutig sind und Menschen nach Signalen suchen, welche Norm in der aktuellen Umgebung vorherrscht. Dieser Zusammenhang wurde vielfach empirisch untersucht, allerdings mit gemischten Ergebnissen. Daher bleibt wissenschaftlich umstritten, inwieweit sich etwa ein härteres Vorgehen der Polizei an sozialen Brennpunkten mit dem »Broken Window«-Phänomen begründen lässt.

39 R. B. Cialdini, C. A. Kallgren und R. R. Reno, »A Focus Theory of Normative Conduct: A Theoretical Refinement and Reevaluation of the Role of Norms in Human Behavior«, *Advances in Experimental Social Psychology* 24 (1991): S. 201 – 234.

40 Siehe auch: K. Keizer, S. Lindenberg und L. Steg, »The Spreading of Disorder«, *Science* 322, Nr. 5908 (2008): S. 1681 – 1685.

Kapitel 5

1 B. Bartling, und U. Fischbacher, »Shifting the blame: On delegation and responsibility«, *The Review of Economic Studies* 79, Nr. 1 (2012): S. 67 – 87.

2 J. R. Hamman, G. Loewenstein, und R. A. Weber, »Self-interest through delegation: An additional rationale for the principal-agent relationship«, *American Economic Review* 100, Nr. 4 (2010): S. 1826 – 1846.

3   Vgl. D. Alexander und H. Schwandt, »The Impact of Car Pollution on Infant and Child Health: Evidence from Emissions Cheating«, Northwestern University Discussion paper (2021).

4   Sandra Salinski, »Debatte über Fleischbetriebe: Wie funktionieren Werkverträge?«, *tagesschau.de*, 29. Juli 2020.

5   Annette Niemeyer, »Wie Schlachthöfe Arbeiter aus Osteuropa ausbeuten«, *ndr.de*, 30. März 2020.
    Jana Stegemann, »Fleischbetriebe: Ausbeutung und Elend sind der wirkliche Preis für billiges Supermarktfleisch«, *Süddeutsche Zeitung*, 13. Mai 2020.
    Christoph Höland, »Warum die Fleischindustrie ist, wie sie ist, und wie sie sich ändern kann«, *Redaktionsnetzwerk Deutschland*, 26. Juni 2020.

6   Melanie Arntz et al., »Verbreitung, Nutzung und mögliche Probleme von Werkverträgen – Quantitative Unternehmens- und Betriebsrätebefragung sowie wissenschaftliche Begleitforschung«, *BMAS Forschungsbericht 496* (2017).

7   C. Heine, H. Stoltenberg und S. Schmid, »Bundestag verbietet Werkverträge im Kernbereich der Fleischwirtschaft«, *bundestag.de*, 16. Dezember 2020.

8   Christopher R. Browning, *Ordinary Men: Reserve Police Battalion 101 and the Final Solution in Poland* (New York 1992). Daniel J. Goldhagen, *Hitler's Willing Executioners: Ordinary Germans and the Holocaust* (London 1996).

9   Ihm möchte ich an dieser Stelle für wertvolle Hinweise und die Bereitstellung von Quellen herzlich danken.

10 Vgl. Stefan Hördler, *Ordnung und Inferno: Das KZ-System im letzten Kriegsjahr* (Göttingen 2020). Stefan Hördler, »The Disintegration of the Racial Basis of the Concentration Camp System«, in: D. Pendas, M. Roseman und R. Wetzell (Hrsg.), *Beyond the Racial State: Rethinking Nazi Germany* (Cambridge 2017), S. 482–507. Stefan Hördler, »KZ-System und Waffen-SS. Genese, Interdependenzen und Verbrechen«, in: J. E. Schulte, P. Lieb und B. Wegner (Hrsg.), *Die Waffen-SS. Neue Forschungen* (Paderborn 2014), S. 80–98.

11 Vgl. Stefan Hördler, »Die ›Gefallenen‹. Nationalsozialisten als KZ-Häftlinge«, in: J. Osterloh und K. Wünschmann (Hrsg.), »*… der schrankenlosesten Willkür ausgeliefert«. Häftlinge der frühen Konzentrationslager 1933–1936/37* (Frankfurt/New York 2017), S. 291–316.

12 Simone Erpel (Hrsg.), *Im Gefolge der SS: Aufseherinnen des Frauen-KZ Ravensbrück* (Berlin 2007).
    Jutta Mühlenberg, *Das SS-Helferinnenkorps. Ausbildung, Einsatz und Entnazifizierung der weiblichen Angehörigen der Waffen-SS 1942-1949* (Hamburg 2010).

13 Hannah Arendt hat diese Aussage im Interview mit Bezug auf Immanuel Kant gemacht, vgl. »Hannah Arendt im Gespräch mit Joachim Fest. Eine Rundfunksendung aus dem Jahr 1964«, *HannahArendt.Net* 3, Nr. 1 (2007).

14 Stanley Milgram, »Behavioral Study of Obedience«, *The Journal of Abnormal and Social Psychology* 67, Nr. 4 (1963): S. 371–378.

15 Aufbauend auf der originalen Studie führte Milgram insgesamt 23 Experimentreihen mit über 700 Teilnehmern durch, die meisten zusammengefasst

in seinem 1974 erschienenen Buch *Obedience to Authority: An Experimental View.* Bei diesen variierte er schrittweise bestimmte Faktoren der Umgebung, wodurch sich die Resultate systematisch veränderten.

16 Die umfangreichen Dokumentationen des originalen Experiments wurden zum Teil archiviert, insbesondere Audioaufnahmen der Sessions. Die australische Journalistin Gina Perry hat diese Unterlagen gesichtet und, soweit möglich, mit Teilnehmern gesprochen. Die Ergebnisse veröffentlichte sie 2013 in ihrem Buch *Behind the Shock Machine: The Untold Story of the Notorious Milgram Psychology Experiments.* Ihrer Aussage zufolge stehen die archivierten Protokolle der Experimente teilweise im Widerspruch zu den Aussagen von Milgram.

17 Diana Baumrind, »Some thoughts on ethics of research: After reading Milgram's ›Behavioral Study of Obedience‹«, *American Psychologist* 19, Nr. 6 (1964): S. 421 – 423.

18 Verstärkt werden negative Effekte in Autoritätsbeziehungen noch dadurch, dass Macht und Autorität uns allzu leicht korrumpieren, wie das ebenfalls berühmt-berüchtigte (und wissenschaftlich umstrittene) Stanford-Prison-Experiment nahelegt, vgl. C. Haney, C. Banks, und P. G. Zimbardo, »Interpersonal dynamics in a simulated prison«, *International Journal of Criminology and Penology* 1 (1973): S. 69 – 97.

19 J. M. Darley und B. Latané, »Bystander intervention in emergencies: diffusion of responsibility«, *Journal of Personality and Social Psychology* 8, Nr. 4 (1968): S. 377 – 383. Für eine Übersicht zu dieser Literatur vgl. Peter Fischer et al., »The bystander-effect: a meta-analytic review on bystander intervention in dangerous and non-dangerous emergencies«, *Psychological Bulletin* 137 (2011): S. 517 – 537.

20 A. Falk, T. Neuber und N. Szech, »Diffusion of being pivotal and immoral outcomes«, *The Review of Economic Studies* 87, Nr. 5 (2020): S. 2205 – 2229.

21 Eugene Soltes, *Why They Do It: Inside the Mind of the White-Collar Criminal* (New York 2016), S. 255.
(Im englischen Original: »But the reality is, if at any point in my career I said ›time out, this is bullshit, I can't do it‹ … they would have just found another CFO, but that doesn't excuse it. It would be like saying it's OK to murder someone because if I didn't do it someone else would have.«)

22 Empirische Belege hierfür finden sich auch in unseren Experimenten. Eine kleine Minderheit verzichtet auf Geld und wählt auch dann die moralisch »richtige« Option, wenn sie weiß, dass sie nicht pivotal ist. Vgl. A. Falk, T. Neuber und N. Szech, »Diffusion of being pivotal and immoral outcomes«, *The Review of Economic Studies* 87, Nr. 5 (2020): S. 2205 – 2229.

23 Tom Peck, »If We Don't Sell Arms to Saudi Arabia, Someone Else Will, Says Boris Johnson«, *The Independent*, 26. Oktober 2016.

24 Robert J. Lifton, *The Nazi Doctors: Medical Killing and the Psychology of Genocide* (New York 2017). Siehe auch: John M. Darley, »Social Organization for the Production of Evil«, *Psychological Inquiry* 3, Nr. 2 (1992): S. 199 – 218.

25 Papst Franziskus, *Fratelli tutti: Über die Geschwisterlichkeit und die soziale Freundschaft. Enzyklika* (Freiburg i. Br. 2020).

26 Michael J. Sandel, *What Money Can't Buy: The Moral Limits of Markets* (New York 2012).

27 Ministry of the Environment, Government of Japan, »Minamata Disease: The History and Measures« (2002), online: http://www.env.go.jp/en/chemi/ hs/minamata2002/. Vgl. auch Timothy S.George, *Minamata: Pollution and the Struggle for Democracy in Postwar Japan* (Harvard 2001).

28 Florian Willershausen, »Brand in Textilfabrik: Tödliche Kleidung«, *Zeit Online*, 26. November 2012.

29 A. Falk und N. Szech, »Morals and Markets«, *Science* 340, Nr. 6133 (2013): S. 707–711.

30 In einer weiteren Bedingung (Preisliste) wurden weitere Werte für die individuelle Entscheidungssituation gesammelt. Für 5 Euro waren nur 34,4 Prozent der Teilnehmer bereit, die Maus zu töten. Das heißt, dass der Unterschied zwischen Markt- und individueller Bedingung eigentlich noch viel größer ist.

31 Für ähnliche Befunde vgl. B. Bartling, R. Weber und L. Yao, »Do Markets Erode Social Responsibility?«, *The Quarterly Journal of Economics* 130, Nr. 1 (2015), S. 219–266.

32 Wer möchte, stelle sich ein einfaches Marktdiagramm mit steigender Angebots- und fallender Nachfragekurve vor. Angenommen, alle Käufer haben den gleichen Nutzen aus dem Kauf und alle Verkäufer die gleichen Kosten in der Herstellung. Sie unterscheiden sich nur darin, wie sehr sie moralische Kosten beim Kauf erfahren. Beim Marktgleichgewicht mit Gleichgewichtspreis und Gleichgewichtsmenge handeln dann genau die Käufer und Verkäufer, die die geringsten moralischen Bedenken haben. Potenzielle Marktteilnehmer mit hohen moralischen Standards handeln gar nicht.

33 D. A. Small und G. Loewenstein, »Helping *a* Victim or Helping *the* Victim: Altruism and Identifiability«, *Journal of Risk and Uncertainty* 26, Nr. 1 (2003): S. 5–16.

34 Die Zahlen sind der Website https://ourworldindata.org/ entnommen. Vgl. u.a. Max Roser, »Extreme poverty: how far have we come, how far do we still have to go?«, *Our World in Data*, 22. November 2021.
Max Roser, »Access to basic education: Almost 60 million children in primary school age are not in school«, *Our World in Data*, 2. November 2021. Esteban Ortiz-Ospina, »Global Health«, *Our World in Data*, regelmäßig aktualisiert.

35 Ich gehe darauf im letzten Kapitel kurz ein.

Kapitel 6

1 B. W. Roberts und W. F. DelVecchio, »The Rank-Order Consistency of Personality Traits From Childhood to Old Age: A Quantitative Review of Longitudinal Studies«, *Psychological Bulletin* 126, Nr. 1 (2000): S. 3–25.

2 Christoph Engel, »Dictator games: A meta study«, *Experimental Economics* 14, Nr. 4 (2011): S. 583–610.

3 Die analysierten Studien sind alle im Kern gleich, variieren aber in den Details. Zum Beispiel sind die Geldbeträge höher oder tiefer, die Probanden entscheiden einmal oder mehrmals, oder der Empfänger ist kein anderer Proband, sondern eine Wohltätigkeitsorganisation.

4 Z. Bašiæ, A. Falk und S. Quercia, »Self-image, social image, and prosocial behavior«, *Working Paper* (2020).

5 T. Dohmen, A. Falk, D. Huffman und U. Sunde, »Representative trust and reciprocity: Prevalence and determinants«, *Economic Inquiry* 46, Nr. 1 (2008): S. 84-90. T. Dohmen, A. Falk, D. Huffman und U. Sunde, »Homo reciprocans: Survey evidence on behavioural outcomes«, *The Economic Journal* 119, Nr. 536 (2009): S. 592 – 612.

6 A. Falk, A. Becker, T. Dohmen, D. Huffman und U. Sunde, »The preference survey module: A validated instrument for measuring risk, time, and social preferences«, *Management Science* (im Erscheinen).

7 A. Falk, A. Becker, T. Dohmen, B. Enke, D. Huffman und U. Sunde, »Global evidence on economic preferences«, *The Quarterly Journal of Economics* 133, Nr. 4 (2018): S. 1645 – 1692.

8 Auf der Website https://gps.briq-institute.org/ können Sie sich die Daten zu Altruismus (sowie Reziprozität, Risikoeinstellung und Geduld) selbst herunterladen. Sie können dort auch Länder-Rankings erstellen und finden Verweise zu Hunderten wissenschaftlichen Publikationen, die mittlerweile mit den Daten arbeiten.

9 Außerdem erhoben wir Einstellungen zu Risikobereitschaft und Geduld. Beide Faktoren, Risiko- und Zeitpräferenz, spielen für ökonomische Entscheidungen eine zentrale Rolle, da alle unsere Entscheidungen unter Unsicherheit und mit Konsequenzen für zukünftige Entwicklungen erfolgen. Unterschiede in der Geduld erklären beispielsweise, wieso Länder reicher oder ärmer sind, wie wir in einer Studie zeigen: U. Sunde, T. Dohmen, B. Enke, A. Falk, D. Huffman und G. Meyerheim, »Patience and comparative development«, *Review of Economic Studies* (im Erscheinen).

10 A. Becker, B. Enke und A. Falk, »Ancient origins of the global variation in economic preferences«, *AEA Papers and Proceedings* 110 (2020): S. 319 – 323.

11 Y. Cao, B. Enke, A. Falk, P. Giuliano und N. Nunn, »Herding, Warfare and a Culture of Honor: Global Evidence«, *NBER Working Paper* 29250 (2021).

12 D. Cohen und R. E. Nisbett, »Self-Protection and the Culture of Honor: Explaining Southern Violence«, *Personality and Social Psychology Bulletin* 20, Nr. 5 (1994): S. 551 – 567.

13 A. Falk, A. Becker, T. Dohmen, B. Enke, D. Huffman und U. Sunde, »Global evidence on economic preferences«, *The Quarterly Journal of Economics* 133, Nr. 4 (2018): S. 1645 – 1692.

14 T. Dohmen, A. Falk, D. Huffman und U. Sunde, »Representative trust and reciprocity: Prevalence and determinants«, *Economic Inquiry* 46, Nr. 1 (2008): S. 84 – 90.

15 A. Falk, A. Becker, T. Dohmen, B. Enke, D. Huffman und U. Sunde, »Global evidence on economic preferences«, *The Quarterly Journal of Economics* 133, Nr. 4 (2018): S. 1645 – 1692.

Anmerkungen

16   A. Falk und J. Hermle, »Relationship of gender differences in preferences to economic development and gender equality«, *Science* 362, Nr. 6412 (2018).

17   Zum Beispiel: T. Deckers, A. Falk, F. Kosse und N. Szech, »Homo Moralis: Personal Characteristics, Institutions, and Moral Decision-Making«, *IZA Discussion Paper* 9768 (2016).

18   Vgl. F. Chopra, P. Eisenhauer, A. Falk und T. W. Graeber, »Intertemporal Altruism«, *IZA Discussion Paper* 14059 (2021).

19   Beispiel für diese Literatur: F. Gino, M. E. Schweitzer, N. L. Mead und D. Ariely, »Unable to resist temptation: How self-control depletion promotes unethical behavior«, *Organizational Behavior and Human Decision Processes* 115, Nr. 2 (2011): S. 191–203.

20   D. Knoch, A. Pascual-Leone, K. Meyer, V. Treyer und E. Fehr, »Diminishing reciprocal fairness by disrupting the right prefrontal cortex«, *Science* 314, Nr. 5800 (2006): S. 829–832.

21   Für weitere Informationen siehe www.balu-und-du.de.

22   An dieser Stelle möchte ich meinem ehemaligen Doktoranden, Freund und heutigen Kollegen Fabian Kosse danken. Ohne seinen großartigen Beitrag und Einsatz hätte dieses Projekt so nie realisiert werden können.

23   Dafür bin ich extrem dankbar und möchte an dieser Stelle allen Kindern und ihren Eltern ganz herzlich Danke sagen.

24   F. Kosse, T. Deckers, P. Pinger, H. Schildberg-Hörisch und A. Falk, »The formation of prosociality: causal evidence on the role of social environment«, *Journal of Political Economy* 128, Nr. 2 (2020): S. 434–467.

25   In späteren Befragungswellen wechselten wir allerdings von Sternen und Spielzeug zu Geld.

26   T. Dohmen, A. Falk, D. Huffman, und U. Sunde, »The Intergenerational Transmission of Risk and Trust Attitudes«, *The Review of Economic Studies* 79, Nr. 2 (2012): S. 645–677.

27   F. Kosse, T. Deckers, P. Pinger, H. Schildberg-Hörisch und A. Falk, »The formation of prosociality: causal evidence on the role of social environment«, *Journal of Political Economy* 128, Nr. 2 (2020): S. 434–467.

28   J. Abeler, A. Falk und F. Kosse, »Malleability of preferences for honesty«, *Working Paper* (2021). Für eine »amtliche« Übersicht zum Thema empfehle ich: J. Abeler, D. Nosenzo und C. Raymond, »Preferences for truth-telling«, *Econometrica* 87, Nr. 4 (2019): S. 1115–1153.

29   Nehmen wir an, dass kein Teilnehmer lügt, wenn er seine Glückszahl tatsächlich gewürfelt hat, lässt sich der Anteil der Lügner in dieser Gruppe anhand der Wahrscheinlichkeiten wie folgt berechnen: $(64{,}7 - 16{,}7)/(100 - 16{,}7) = 57{,}6$ Prozent.

30   A. Falk, F. Kosse und P. Pinger, »Mentoring and Schooling Decisions: Causal Evidence«, *IZA Discussion Paper* 13887 (2020).

31   Gautam Rao, »Familiarity does not breed contempt: Generosity, discrimination, and diversity in Delhi schools«, *American Economic Review* 109, Nr. 3 (2019): S. 774–809.

Kapitel 7

1 E. Saez, und G. Zucman, *The Triumph of Injustice: How the Rich Dodge Taxes and How to Make Them Pay* (New York 2019).

2 Jerome K. Vanclay et al., »Customer response to carbon labelling of groceries«, *Journal of Consumer Policy* 34, Nr. 1 (2011): S. 153-160. P. Vlaeminck, T. Jiang und L. Vranken, »Food labeling and eco-friendly consumption: Experimental evidence from a Belgian supermarket«, *Ecological Economics* 108 (2014): S. 180 – 190.

3 V. Tiefenbeck, L. Goette, K. Degen, V. Tasic, E. Fleisch, R. Lalive und T. Staake, »Overcoming Salience Bias: How Real-Time Feedback Fosters Resource Conservation«, *Management Science* 64, Nr. 3 (2018): S. 1458 – 1476.

4 Zur Nachfrage nach Faktenchecks vgl. F. Chopra, I. Haaland und C. Roth, »Do People Demand Fact-Checked News? Evidence from U. S. Democrats«, *Journal of Public Economics* 205, Article 104549 (2022).

5 Siehe zum Beispiel: J. J. Jordan, R. Sommers, P. Bloom und D. G. Rand, »Why Do We Hate Hypocrites? Evidence for a Theory of False Signaling«, *Psychological Science* 28, Nr. 3 (2017): S. 356 – 368.

6 E. E. Bø, J. Slemrod und T. O. Thoresen, »Taxes on the Internet: Deterrence Effects of Public Disclosure«, *American Economic Journal: Economic Policy* 7, Nr. 1 (2015): S. 36 – 62.

7 brt/Reuters/AFP, »Verdacht der Hinterziehung: NRW gibt Steuerdaten weiter«, *Spiegel Online*, 14. April 2016.

8 Laut einer Umfrage haben insbesondere während der COVID-19-Pandemie viele Frauen im Internet Beleidigungen erfahren. Vgl. Glitch UK und EVAW, »The Ripple Effect: COVID-19 and the Epidemic of Online Abuse«, September 2020.

9 K. Müller und C. Schwarz, »Fanning the Flames of Hate: Social Media and Hate Crime«, *Journal of the European Economic Association* 19, Nr. 4 (2021): S. 2131 – 2167.

10 Auch heute schon sind die wenigsten Menschen in sozialen Foren wirklich anonym unterwegs. Zumindest wenn es um strafbare Handlungen geht, lässt sich die Identität meist über die IP-Adresse ermitteln.

11 Julia Klaus, »Morddrohungen und Polizeischutz – Ärzte in der Pandemie: Bedroht und diffamiert«, *zdf.de Nachrichten*, 25. Januar 2022.

12 Ein aktuelles Beispiel aus meinem Ökonomen-Kollegenkreis: Penny Pritzker stiftete der Harvard-Universität 100 Millionen US-Dollar für den Bau eines neuen Ökonomen-Gebäudes, vgl. John S. Rosenberg, »Penny Pritzker Gives $ 100 Million for New Economics Facility«, *Harvard Magazine*, 21. September 2021.

13 S. Altmann, A. Falk, P. Heidhues, R. Jayaraman und M. Teirlinck, »Defaults and Donations: Evidence from a Field Experiment«, *The Review of Economics and Statistics* 101, Nr. 5 (2019): S. 808 – 826. Für eine Studie zur Rolle von Voreinstellungen bei Spenden zur Kompensation von CO_2, vgl. J. E. Araña und J. L. Carmelo, »Can Defaults Save the Climate? Evidence from a Field

Experiment on Carbon Offsetting Programs«, *Environmental and Resource Economics* 54, Nr. 4 (2013): S. 613–626.

14 Auch bei Blutspenden können sich Entscheidungsarchitekturen positiv auswirken, wie eine Studie in Kooperation mit dem Roten Kreuz zeigte: A. Stutzer, L. Goette und M. Zehnder, »Active Decisions and Prosocial Behaviour: a Field Experiment on Blood Donation«, *The Economic Journal* 121, Nr. 556 (2011): S. 476–493.

15 E. J. Johnson und D. Goldstein, »Do Defaults Save Lives?«, *Science* 302, Nr. 5649 (2003), S. 1338-1339. Vgl. auch: A. Abadie und S. Gay, »The impact of presumed consent legislation on cadaveric organ donation: a cross-country study«, *Journal of Health Economics* 25, Nr. 4 (2006): S. 599–620.

16 Zur Steigerung der Organspenden könnte man auch eine Reziprozitätsregel verwenden: Bei zwei Personen, die die gleiche Bedürftigkeit aufweisen könnte man jene bevorzugen, die einen Organspender-Ausweis besitzt. Das wäre nicht nur gerecht, sondern würde auch Anreize erhöhen, sich als Organspender zu engagieren.

17 D. Pichert, und K. V. Katsikopoulos, »Green defaults: Information presentation and pro-environmental behaviour«, *Journal of Environmental Psychology* 28, Nr. 1 (2008): S. 63–73.

18 F. Ebeling und S. Lotz, »Domestic uptake of green energy promoted by opt-out tariffs«, *Nature Climate Change* 5 (2015): S. 868–871.

19 U. Liebe, J. Gewinner und A. Diekmann, »Large and persistent effects of green energy defaults in the household and business sectors«, *Nature Human Behaviour* 5 (2021): S. 576–585.

20 Für eine Übersicht und weitere Evidenz: M. Kaiser, M. Bernauer, C. R. Sunstein und L. A. Reisch, »The power of green defaults: the impact of regional variation of opt-out tariffs on green energy demand in Germany«, *Ecological Economics* 174, Article 106685 (2020).

21 Umweltbundesamt, »Richtig heizen«, *umweltbundesamt.de*, 7. Oktober 2021.

22 Z. Brown, N. Johnstone, I. Hašèiè, L. Vong, F. Barascud, »Testing the effect of defaults on the thermostat settings of OECD employees«, *Energy Economics* 39 (2013): S. 128–134.

23 S. Altmann, A. Falk und A. Grunewald, »Incentives and Information as Driving Forces of Default Effects«, *IZA Discussion Paper* 7610 (2013).

24 Für das Folgende siehe: Jakob Simmank, Interview mit Armin Falk, »Zuhören ist wichtiger als Reden«, *Die Zeit*, 15. August 2019. Vgl. auch S. Heuser und L. S. Stötzer, »The Effects of Face-To-Face Conversations on Polarization: Evidence from a Quasi-Experiment«, *Working Paper* (2022).

25 P. Andre, T. Boneva, F. Chopra und A. Falk, »Fighting Climate Change: The Role of Norms, Preferences, and Moral Values«, *IZA Discussion Paper* 14518 (2021).

26 Vgl. B. Enke, R. Rodriguez-Padilla und F. Zimmermann, »Moral Universalism: Measurement and Economic Relevance«, *Management Science* (2021).

27 B. S. Frey und S. Meier, »Social Comparisons and Pro-social Behavior: Testing ›Conditional Cooperation‹ in a Field Experiment«, *American Economic Review* 94, Nr. 5 (2004): S. 1717–1722.

28 Ein Forschungspapier zu diesem Thema ist: G. N. Dixon und C. E. Clarke, »Heightening Uncertainty Around Certain Science: Media Coverage, False Balance, and the Autism-Vaccine Controversy«, *Science Communication* 35, Nr. 3 (2013): S. 358 – 382.

29 N. Voigtländer und H.-J. Voth, »Nazi indoctrination and anti-Semitic beliefs in Germany«, *Proceedings of the National Academy of Sciences* 112, Nr. 26 (2015): S. 7931 – 7936.

30 Beispielhaft seien genannt:
J. Abeler, A. Falk und F. Kosse, »Malleability of Preferences for Honesty«, *IZA Discussion Paper* 14304 (2021).
M. Carlana und E. La Ferrara, »Apart but Connected: Online Tutoring and Student Outcomes during the COVID-19 Pandemic«, *HKS Working Paper* RWP21-001 (2021).
A. Falk, F. Kosse, P. Pinger, H. Schildberg-Hörisch und T. Deckers, »Socioeconomic Status and Inequalities in Children's IQ and Economic Preferences«, *Journal of Political Economy* 129, Nr. 9 (2021), S. 2504 – 2545.
A. Falk, F. Kosse und P. Pinger, »Mentoring and Schooling Decisions: Causal Evidence«, *IZA Discussion Paper* 13387 (2020).
A. Falk, F. Kosse, H. Schildberg-Hörisch und F. Zimmermann, »Self-Assessment: The Role of the Social Environment«, *CESifo Working Paper* 8308 (2020).
F. Kosse, T. Deckers, P. Pinger, H. Schildberg-Hörisch und A. Falk, »The Formation of Prosociality: Causal Evidence on the Role of Social Environment«, *Journal of Political Economy* 128, Nr. 2 (2020): S. 434 – 467.
S. Resnjanskij, J. Ruhose, S. Wiederhold und L. Woessmann, »Can Mentoring Alleviate Family Disadvantage in Adolscence? A Field Experiment to Improve Labor-Market Prospects«, *IZA Discussion Paper* 14097 (2021).
J. Heckman, R. Pinto und P. Savelyev, »Understanding the Mechanisms through Which an Influential Early Childhood Program Boosted Adult Outcomes«, *American Economic Review* 103, Nr. 6 (2013): S. 2052 – 2086.
Bundesministerium für Familie, Senioren, Frauen und Jugend, »Neunter Familienbericht: Eltern sein in Deutschland«, *Deutscher Bundestag Drucksache* 19/27200 (2021).

31 F. Kosse, T. Deckers, P. Pinger, H. Schildberg-Hörisch und A. Falk, »The Formation of Prosociality: Causal Evidence on the Role of Social Environment«, *Journal of Political Economy* 128, Nr. 2 (2020): S. 434-467. Vgl. auch F. Kosse und M. M. Tincani, »Prosociality predicts labor market success around the world«, *Nature Communications* 11, Nr. 1, Art. 5298 (2020).

32 J. J. Heckman, S. H. Moon, R. Pinto, P. A. Savelyev und A. Yavitz, »The rate of return to the HighScope Perry Preschool Program«, *Journal of Public Economics* 94, Nr. 1-2 (2010): S. 114 – 128. Siehe auch die hierfür angelegte Website: https://heckmanequation.org/

33 So beispielsweise die Mentoringprogramme »Balu und Du«, »KinderHelden« und »ROCK YOUR LIFE!«.

34 Das Folgende basiert auf meinem Gastbeitrag: Armin Falk, »Im Land der Kleinmütigen«, *Die Zeit*, 4. Juli 2021.

35 A. Agan und S. Starr, »Ban the Box, Criminal Records, and Racial Discrimi-
    nation: A Field Experiment«, *The Quarterly Journal of Economics* 133, Nr. 1
    (2018): S. 191–235.
36 R. Chetty, J. N. Friedman, S. Leth-Petersen, T. H. Nielsen und T. Olsen,
    »Active vs. Passive Decisions and Crowd-Out in Retirement Savings
    Accounts: Evidence from Denmark«, *The Quarterly Journal of Economics*
    129, Nr. 3 (2014): S. 1141–1219.
37 William Nordhaus, »Climate Clubs: Overcoming Free-Riding in Inter-
    national Climate Policy«, *American Economic Review* 105, Nr. 4 (2015):
    S. 1339–1370. Vgl. auch S. Tagliapietra und G. B. Wolff, »Form a climate club:
    United States, European Union and China«, *Nature* 591 (2021): S. 526–528.

Warum treffen wir, je nach Umständen, völlig unterschiedliche Entscheidungen auf ein und derselben Faktengrundlage?
Wieso kommen zwei Experten, die über identische Informationen verfügen, zu komplett anderen Urteilen? Weshalb
entscheiden wir uns immer wieder falsch, ob im Beruf oder
im Privatleben? In seinem neuen Buch, das in Zusammenarbeit mit Bestsellerautor Cass R. Sunstein und Olivier Sibony
entstanden ist, klärt Daniel Kahneman über die Vielzahl von
oft zufälligen Faktoren auf, die unsere Entscheidungsfindung
stören und häufig negativ beeinflussen – sie sind im Begriff
»Noise« zusammengefasst. Wir müssen lernen, diese »Stör-
geräusche« zu verstehen und mit ihnen umzugehen, nur
dann können wir auf Dauer bessere Entscheidungen treffen.

»Klar geschrieben und voller erhellender Beispiele.«
Frankfurter Allgemeine Zeitung

»Pflichtlektüre für Entscheidungsträger«
DIE ZEIT

Siedler